Het delict als maatstaf

Het delict als maatstaf

| Methodiek voor werken in gedwongen kader |

Anneke Menger

Lous Krechtig

uitgeverij SWP

Reclassering Nederland

Begeleidingscommissie:

Mw. A. Andreas
Beleidsmedewerker, Reclassering Nederland

Mw. Mr. M. Boone
Universitair docent aan het Willem Pompe Instituut van de Universiteit Utrecht

Mw. Drs. J. Bosker
Beleidsmedewerker, Reclassering Nederland

Drs. H.P. Friele
Hoofd Beleid, Reclassering Nederland

L.J. Jagt
Ex-docent en publicist theorieën en methoden van het maatschappelijk werk

Prof. dr. G. van der Laan
Bijzonder hoogleraar grondslagen van het maatschappelijk werk, Universiteit Utrecht: Hoogleraar kwalitatieve onderzoeksmethoden, Rijksuniversiteit van Groningen; Lector informatisering, Hogeschool van Breda

Dr. H.M.P.H.M. Pijnenburg
Senior onderzoeker/projectmanager Academisch Centrum Sociale Wetenschappen Prakticon, Katholieke Universiteit Nijmegen

Mw. Prof. Dr. C. de Ruiter
Bijzonder hoogleraar Forensische psychologie Universiteit van Amsterdam

Prof. Dr. T.A. van Yperen
Senior medewerker NIZW Jeugd; bijzonder hoogleraar onderzoek en ontwikkeling effectieve jeugdzorg, Universiteit Utrecht

Eerste druk, april 2004 (ISBN 90 9018085 0, Reclassering Nederland)
Tweede licht herziene druk, april 2006 (90 6665 691 3, Uitgeverij SWP/Reclassering Nederland)
Derde herziene druk, september 2008

Het delict als maatstaf
Methodiek voor werken in gedwongen kader
Anneke Menger en Lous Krechtig

ISBN 978 90 6665 973 5
NUR 845

Voorwoord

Waar reclasseringswerkers zich bij voorkeur concentreren op zo goed mogelijke resultaten bij elke unieke cliënt en veelal vanuit hun praktijkervaring en intuïtie werken, daar worden ze door verschillende omstandigheden de laatste jaren steeds meer gedwongen zich te verantwoorden in algemene cijfers, liefst wetenschappelijk onderbouwd. De kracht van dit boek is dat het laat zien dat praktijk en wetenschap geen kwestie hoeft te zijn van of-of, maar van en-en.

Voor de geloofwaardigheid van instellingen is het van belang dat die kritisch (laten) onderzoeken in hoeverre hun veronderstelde effectiviteit hard te maken is. Onderzoek naar wat sociale interventies effectief maakt, is daarvoor een belangrijk middel. De laatste jaren wordt veel verwezen naar evidence-based practice: de wetenschappelijk bewezen effectiviteit van praktijken. In de afgelopen jaren hebben we ook gezien dat effectiviteit en productiviteit op één lijn worden gezet. De output die professionele werkers in de reclassering moeten leveren, wordt vastgesteld door managers. Werkers worden afgerekend op criteria die door managers zijn gesteld. Professionals hebben hun expertise de afgelopen jaren steeds meer uit handen gegeven aan managers. Dat hebben zij zelf laten gebeuren. Vroeger kon je reclasseringswerkers horen zeggen: 'Justitie straft, ik sta achter de cliënt'. Dat was natuurlijk een verdwijntruc om zich te onttrekken aan disciplinaire taken. Die taken heeft justitie nu dus naar zich toegetrokken en zakelijk afgeregeld. Dat was te voorspellen. Je kunt je als reclasseringswerker niet afsluiten van de maatschappij. Als je dat doet, word je overgeslagen. Immers, als je je achter de cliënt opstelt, is het logisch dat niemand je ziet staan.

Nu de maatschappelijke conjunctuur is omgeslagen, moeten reclasseringswerkers naar mijn mening niet volgzaam meelopen in de trend tot meer repressie, maar de uitdaging aangaan zich het werken in gedwongen kader dat dit met zich meebrengt juist inhoudelijk toe te eigenen en vorm te geven, passend in de functie die de reclassering in de samenleving heeft. Dit werkt alleen vanuit een behoorlijke werkrelatie die de reclasseringswerker met een verdachte of dader opbouwt. Door repressieve taken te vertalen naar managementoutput en daarop te sturen lijken productiviteit en effectiviteit van werkers samen te vallen. Dat moet worden gecorrigeerd door professionals, in direct contact met de cliënt.

De sociale sector ontleent het model van evidence-based practice aan de medische sector. Maar in de medische sector staat de casuïstiek nog steeds centraal. Een professional is in de eerste plaats te beschouwen als een expert die in het unieke geval adequaat weet te handelen. Professionele experts hanteren een specifieke rationaliteit (casusgeleid redeneren) die voor een belangrijk deel leunt op intuïtie en patroonherkenning. Dat brengt de subjectieve factor terug in het debat over effectiviteit. Want het zijn juist de (boter)zachte factoren van de responsiviteit – zoals we in dit boek kunnen lezen – die de harde evidence leveren. De beste voorspellers zijn dikwijls de zachte factoren, niet alleen in de zorg, dat zie je bijvoorbeeld ook in het onderwijs. Die expertise mag je niet onder het kleed vegen.

Evidence-based practice beslaat maar de helft van het verhaal. De practice-based evidence van professionals vormt de andere helft. Die twee helften passen prima bij elkaar en kunnen niet zonder elkaar. Ervaringskennis is meestal opgebouwd vanuit reflectie op casuïstiek.

Die kan op zijn beurt hypothesen genereren voor nauwkeurige metingen door onafhankelijke onderzoekers, dus evidence-based, en zo de onderzoeksresultaten inbedden.

Zonder professionals geen maatschappelijk middenveld. Zij zijn de filters en vertalers die we niet kunnen missen.

Ik vind het dan ook goed dat er in samenhang met het instrument RISc een methodiek 'Werken in gedwongen kader' is ontwikkeld, welke in dit boek beschreven is. Dat zorgt voor evenwicht tussen de twee invalshoeken die onlosmakelijk bij elkaar horen. Met dit spanningsveld tussen de praktijk van de interventievraagstukken en de onderzoeksvragen van de wetenschap zijn Lous Krechtig en Anneke Menger heel goed omgegaan. Zij laten feilloos zien dat er geen tegenstelling is tussen het ontwikkelen van het instrument en van de methodiek. Zij zijn er in geslaagd methodische consequenties te verbinden aan evidence-based practice. In feite hebben zij aan de theorie practice-based evidence, leren op basis van ervaringen, toegevoegd. Bezien vanuit het handelen van de werker. Professionals moeten durven vertrouwen op hun kennis en ervaring en die inbedden in een wetenschappelijk kader. Niet de methode op zich is effectief, het is de werker die zich een bepaalde methode heeft eigen gemaakt, die al of niet effectief werkt.

Evidence-based practice en practice-based evidence zijn in dit boek de twee markeringspunten: er staat zowel in wat er vanuit onderzoek bekend is over interventies als hoe dat overeenkomt met de effectiviteit van interventies op basis – en dat is belangrijk – van best practices van getalenteerde werkers. Dat leidt tot een wereld waarin professionals van vlees en bloed zich nadrukkelijk tussen de cliënt en de gesystematiseerde kennis plaatsen. Het staat beslist niet haaks op evidence-based practice, maar geeft er juist een kleur aan die past bij de sociale aard van interventies.

Geert van der Laan

Inhoudsopgave

Hoofdstuk 3
Toezicht: het organisatorische kader *47*

Hoofdstuk 4
Het justitiële kader: risicomanagement als onderdeel van toezicht *67*

Hoofdstuk 5
Macht en zelfbeschikking: de legitimeringsvraag *81*

Hoofdstuk 12

Hoofdstuk 13

Hoofdstuk 14

Inleiding

Het werk van de reclassering verandert. Maatschappelijke opvattingen over criminaliteit en criminaliteitsbestrijding wijzigen, wetenschappelijk onderzoek naar effectiviteit van interventies levert nieuwe inzichten op en het vervolgingsbeleid van justitie kent wisselingen. Er is een verschuiving zichtbaar naar meer controle op cliënten, dus een scherpere toezichtstaak. Daarnaast leggen rechters steeds vaker strakkere begeleiding op. Deze methodiekbeschrijving biedt reclasseringswerkers handvatten om daarmee om te gaan. Dit boek is bedoeld voor reclasseringswerkers van Reclassering Nederland (RN), reclassering Leger des Heils en stichting Verslavingsreclassering van GGZ Nederland.

Mission statement

Minder overlast, minder criminaliteit; dat is waar Reclassering Nederland zich hard voor maakt. Door efficiënt toezicht, resultaatgerichte werkstraffen, doelgerichte begeleidingsprogramma's en andere noodzakelijke maatregelen verkleinen we de kans dat delictplegers opnieuw de fout ingaan. We doen dat in de overtuiging dat straffen alleen niet helpt. Reclassering Nederland is daarom een unieke schakel in de strafrechtketen en een onmisbare aanvulling op het werk van rechterlijke macht, politie en gevangeniswezen. We kiezen voor een integere en open werkwijze waarin we actief laten zien wat ons werk voor resultaten oplevert. Daarbij gebruiken we instrumenten die wetenschappelijk verantwoord zijn en aantoonbaar effectief. Wij vinden in beginsel dat iedere delictpleger verantwoordelijk is voor zijn eigen daden en dat dat gedrag beïnvloedbaar is. Onze consequente aanpak van daders levert een veiligere samenleving op en dat kan op brede waardering rekenen in de Nederlandse samenleving.

Visie Reclassering Nederland

- Delictplegers zijn verantwoordelijk voor hun eigen gedrag en dit gedrag is beïnvloedbaar.
- Verdachten en daders kunnen en moeten aangesproken worden op hun gedrag.
- Personen of groepen worden niet bij voorbaat uitgesloten van reclasseringsinterventies. Dit maakt de samenleving onveiliger.
- Als gedragsbeïnvloeding niet haalbaar is, kan de reclassering risicobeheersing uitvoeren in het kader van toezicht.
- De basis is het maken van wederzijdse afspraken en het aanspreken op het nakomen van afspraken.
- Er wordt voortdurend geïnvesteerd om methodes en technieken te ontwikkelen die wetenschappelijk onderbouwd zijn.

Tot nu toe moesten reclasseringswerkers gebruik maken van een methodiek uit het maatschappelijk werk. Er zijn weliswaar artikelen geschreven over de speciale problematiek waar reclasseringswerkers mee te maken krijgen, maar een standaardwerk was er nog niet. Daar was, zeker na de ontwikkeling van het diagnostisch instrument RISc (Recidive Inschattingschalen), wel behoefte aan. Immers: wat heb je aan een goede diagnose als je geen methodiek hebt voor de begeleiding. Vanuit de groeiende behoefte aan inhoudelijke professionalisering van werkers, heeft de RN deze methodiekbeschrijving ontwikkeld.

Begeleiding in gedwongen kader

De begeleiding door de reclassering van de cliënt vindt altijd plaats in gedwongen kader. Dit zorgt voor onvrijwilligheid van de kant van de cliënt bij het eerste contact. Deze ontwikkeling leidt ertoe dat gangbare hulpverleningsconcepten op de tocht komen te staan en er principiële discussies worden gevoerd over de verhouding tussen reclasseringswerker en cliënt, zoals macht in het contact, vraaggerichtheid en eigen verantwoordelijkheid van de cliënt. Dit levert methodische vragen op. Op welke manier kan de reclasseringswerker een cliënt aanspreken? Het is opgelegde begeleiding, dus waarop kan de reclasseringswerker een beroep doen als de cliënt 'niet gemotiveerd' is of lijkt te zijn? Tot waar loopt de verantwoordelijkheid van de reclasseringswerker, welk soort interventies kan worden ingezet om de cliënt tot verandering te bewegen? En wanneer houdt het op? Hoe vindt de reclasseringswerker het evenwicht tussen iemand controleren en aanspreken op ongewenst gedrag enerzijds en iemand begeleiden bij het aanleren van nieuw gedrag en denken anderzijds?

Oplossingen uit de praktijk

Reclasseringswerkers hebben zich aan de veranderingen aangepast en daardoor al werkend competenties ontwikkeld. Zij hebben ontdekt hoe ze in hun relatie met de cliënt moeten opereren en wat het gedwongen kader voor hun methodisch handelen betekent. Er zijn werkers die goede oplossingen hebben gevonden voor wat wel heet 'de combinatie van dwang en begeleiding', en in casuïstiekbesprekingen worden inzichten gedeeld en verbreed. Er zijn, kortom, in de praktijk oplossingen bedacht voor de dilemma's waar zij tegenaan lopen.

Van praktijk naar theoretische onderbouwing

In het kader van het programma Terugdringen Recidive van het ministerie van Justitie zijn twee ontwikkelingen in gang gezet, die nauw aansluiten bij de initiatieven die de reclassering de afgelopen jaren heeft genomen op het gebied van kwaliteit: effectiviteit en transparantie. Het ene is de ontwikkeling van het diagnostisch instrument RISc voor de reclassering, dat aansluit bij de What Works principes. De tweede ontwikkeling is het uitwerken en vastleggen van de methodische principes van het werken in gedwongen kader. Een methodiekbeschrijving voor de reclasseringswerkers bestond nog niet. Recente ontwikkelingen in het buitenland, samengevat als What Works, dienden als inspiratie. Dit boek is het resultaat.

Algemene methodiekbeschrijving

Dit boek is een algemene beschrijving van het reclasseringswerk, waarbij nog niet het onderscheid is gemaakt tussen de units 'Diagnose en Advies' en de units 'Toezicht en Interventies'.

Het is niet gericht op speciale doelgroepen en geeft geen beschrijving van specifieke programma's. Het gaat over algemene principes die van belang zijn bij de verschillende stappen in het werkproces, principes die spelen als een cliënt niet uit eigen beweging bij een begeleider terechtkomt. De rol van de reclasseringswerker bij toezicht komt uitgebreid aan de orde. Onderdelen van de methodiek zijn ook goed bruikbaar bij de executietaken.

Dit boek bestaat uit twee delen. Het eerste deel, kaders en fundamenten, behandelt de kaders en de fundamenten van de methodiek werken in gedwongen kader. Op basis hiervan zijn in deel II de meer praktische handelingsstrategieën en interventiemogelijkheden uitgewerkt.

Drie inzichten als leidraad

In dit boek hebben de auteurs ernaar gestreefd de ingewikkeldheden die reclasseringswerkers tegenkomen in het werk vanuit verschillende invalshoeken te ontwarren. Het bevat inzichten die kunnen helpen bij het kiezen van een strategie, in al die situaties waarin de reclasseringswerkers voor hete vuren komen te staan. Deze inzichten zijn ontleend aan drie verschillende bronnen:

1. What Works literatuur;
2. onderzoek rond 'working with involuntary clients';
3. 'good practices': wat professionele reclasseringswerkers in de praktijk doen.

What Works literatuur

Er is steeds meer wetenschappelijk onderzoek naar de effecten van reclasseringsinterventies. Deze What Works literatuur heeft als centraal gegeven: er zijn reclasseringsinterventies die de kans op recidive aanzienlijk verminderen. Maar niet alle interventies hebben dat effect. Sommige interventies werken zelfs recidiveverhogend. Reclasseringswerkers kunnen niet om deze What Works principes heen. Het gaat hier om het risicoprincipe, het behoefteprincipe, het responsiviteitsprincipe en het principe van de programma-integriteit.

Onderzoek rond 'working with involuntary clients'

Er is ook theorievorming vanuit een ander gezichtspunt: 'Working with involuntary clients', onderzoek naar onvrijwilligheid en de betekenis daarvan in het contact tussen werker en cliënt. Want wie gedrags- en denkpatronen van een cliënt wil beïnvloeden, kan dat niet zonder dat de cliënt daaraan een bijdrage levert. De cliënt is degene die verandert, de werkers zoeken manieren om de cliënt tot verandering te bewegen. Het gaat in deze literatuur bijvoorbeeld over het inschatten met wat voor soort verzet, tegenzin of weerstand je te maken krijgt, hoe je daar in de interactie met de cliënt op ingaat of omheen manoeuvreert. En over het belang van het juiste tempo, van stapsgewijs met de motivatie om te veranderen bezig zijn, van rekening houden met terugval.

Onderlinge samenhang

De verbindende schakel tussen beide inzichten is het begrip 'responsiviteit'. In What Works staat dit voor het gegeven dat de cliënt ontvankelijk moet zijn voor de interventies. Hoe de reclasseringswerkers dit kunnen beïnvloeden, wordt daarin echter niet uitgewerkt. Het gevaar bestaat daardoor dat dit begrip statisch wordt opgevat, net zoals wel gebeurt met het woord 'motivatie'. Iemand zou dan 'wel of niet responsief' zijn, zoals soms ook wel van cliënten gezegd wordt dat ze 'niet gemotiveerd' zijn. Maar wie mensen begeleidt in een onvrijwillig kader, heeft als opgave na te gaan bij welke motivatiebronnen je kunt aansluiten en hoe je langzamerhand de gedrags- en denkpatronen kunt beïnvloeden. Dat komt aan de orde in 'Working with involuntary clients', dat juist heel precies ingaat op het beïnvloeden van de responsiviteit: hoe kan de werker ervoor zorgen dat de cliënt 'respons kan geven', dat de cliënt ontvankelijk is voor dat wat de reclassering kan aanbieden?

'Good practices' van reclasseringswerkers

Wat doen de reclasseringswerkers in de praktijk? Welke theorie, begrippen en inzichten hebben hen geholpen om het werk goed te kunnen doen? Hoe lossen ze de problemen op die ze tegenkomen? Niet alleen wat zij daar over zeggen is belangrijk. De auteurs hebben zich ook gebaseerd op observaties. Zien wat werkers en cliënten doen, levert inzichten op. Soms plakken de werkers daar zelf geen theoretische term op (behalve dan 'gewoon jezelf zijn'), maar kan een observator wel het verschil zien tussen een werker die het gewenste effect sorteert en een werker die dat niet lukt. Ook die inzichten komen in dit boek aan de orde. Zie voor verdere uitleg Verantwoording.

Cliënt of verdachte/dader?

Reclassering Nederland werkt met verdachten en daders die in aanraking kwamen met justitie. Toch wordt in dit boek gesproken over 'reclasseringscliënt'. Het zijn weliswaar verdachten en daders, maar het gaat in dit boek om de werkrelatie tussen reclasseringswerker en verdachte of dader. De term cliënt sluit beter aan bij de methodische inhoud van de relatie, zoals ook een advocaat het heeft over een cliënt.

Hij/zij

Overal waar in dit boek 'hij' of 'hem' staat, zou eigenlijk 'hij/zij' of 'hem/haar' moeten staan. Voor de leesbaarheid van dit boek is voor de mannelijke vorm gekozen.

Deel 1: kaders en fundamenten

Leeswijzer deel 1

Kaders van methodisch handelen

Kaders beperken het handelen en geven grenzen aan waarbinnen de methodiek zich beweegt. De kaders zijn gegeven, het is een realiteit waar reclasseringswerkers niet omheen kunnen: er is wat er is. Van de kaders zou je misschien wensen dat ze anders waren, maar desondanks moet je de grenzen die erdoor gesteld worden, respecteren. De kaders die voor de methodiek van belang zijn, worden geschapen door:

- de wetenschap;
- de reclassering als organisatie;
- justitie als opdrachtgever.

Wetenschap

Vanuit de wetenschap is de effectiviteit van reclasseringsinterventies onderzocht. Wanneer is de kans op effectiviteit van handelen groter en wanneer kleiner? Welke benadering werkt vaker of beter? Welke omstandigheden werken mee of tegen? In een ontwikkelde samenleving, waarin bestrijding van criminaliteit een prioriteit is, vormt wetenschappelijke bewijsvoering over effectieve beïnvloeding van recidive een vanzelfsprekend kader voor het handelen van de reclassering. Dit kader is uitgewerkt in hoofdstuk 2: effectieve reclasseringsinterventies.

Reclassering als organisatie

De reclassering als organisatie bepaalt de context van het handelen van de reclasseringswerkers. Afgesproken procedures beschrijven hoe het primaire proces is georganiseerd, wat de formele beslismomenten daarbinnen zijn en wat de plaats is van diagnostiek en plan van aanpak. Het handelen wordt ingebed in afspraken rond financiering en productie. Dat wat in de organisatie vastligt, vormt eveneens een gegeven kader voor het handelen van de reclasseringswerkers. Dit komt aan de orde in hoofdstuk 3: toezicht.

Justitie als opdrachtgever

De kaders die justitie als opdrachtgever biedt, bepalen de functie en de rol van de reclassering in de strafrechtketen. Het gaat om risicobeheersing én begeleiding en gedragsverandering in het gedwongen kader. Justitie bepaalt onder welke voorwaarden en in welke juridische modaliteit de interventies van de reclassering moeten plaatsvinden. Wat is reclasseringstoezicht, hoe verhoudt de reclasseringswerker zich tot justitie?
Dit kader is uitgewerkt in hoofdstuk 4: risicomanagement als onderdeel van toezicht.

Onderlinge samenhang

Deze drie kaders zijn onderling tamelijk consistent. De wetenschap toont aan dat gerichte gedragsbeïnvloeding in het kader van justitiële interventies werkt, zij het onder heldere specifieke condities. De organisatie biedt een handelingskader voor de vormgeving van deze gecombineerde interventie. Justitie beslist om een verplicht reclasseringscontact op te leggen en benut de reclassering op deze wijze.

Fundamenten

Fundamenten geven stevigheid. Op een wankel fundament moet je heel voorzichtig verder bouwen. Een stevig fundament ondersteunt daarentegen het handelen en geeft de werker de ruimte om keuzes te maken. Binnen de drie kaders die de handelingsruimte begrenzen, is de methodiek gebaseerd op drie fundamenten, die het handelen stevigheid geven. Dit zijn professionele concepten die de specifieke aard van de onvrijwillige interactie tussen cliënt en reclasseringswerker verhelderen en die samenhang brengen in de veelheid van de interventies van reclasseringswerkers. De drie fundamenten zijn:

- gelegitimeerd en professioneel gebruik van macht;
- de onvrijwillige transactie tussen cliënt en reclassering;
- het cognitief-gedragsmatige veranderingsmodel.

Legitimering van macht

De term 'gedwongen kader' roept soms een vorm van benauwdheid op, ook bij reclasseringswerkers. Is macht niet iets dat door justitie en politie wordt gehanteerd? Het verhelderen van de legitimiteit van machtsgebruik in de specifieke werksetting van reclasseringswerker kan de (gevoelde) handelingsruimte vergroten. Dit komt aan de orde in hoofdstuk 5: macht en zelfbeschikking: de legitimeringvraag.

Onvrijwillige transactie

Concepten die zijn ontwikkeld vanuit de vrijwillige hulpverlening zijn niet altijd goed toepasbaar op het werk dat de reclasseringswerker doet. Dit kan een methodisch knelpunt opleveren. Door de onvrijwillige transactie tussen reclasseringswerkers en cliënten theoretisch te verhelderen, kan de handelingsruimte toenemen. Dit aspect wordt behandeld in hoofdstuk 6: onvrijwillige cliënten: gevolgen voor de aard van de interactie.

Het cognitief-gedragsmatige veranderingsmodel

Uit onderzoek blijkt dat interventies die gebaseerd zijn op het cognitief-gedragsmatige model goed werken. Een theoretische uitwerking van dit model is daarom op zijn plaats. Deze uitwerking laat ook zien, dat vele interventies waarvan reclasseringswerkers zich nu al bedienen, op dit model zijn gebaseerd. Inzicht in dit model schept daarom ook samenhang in de op het oog soms zeer verschillende strategieën van de reclasseringswerkers. Dit inzicht biedt hoofdstuk 7: het cognitief-gedragsmatige veranderingsmodel.

Onderlinge verbanden

Deze methodiekbeschrijving legt waar mogelijk verbanden tussen de zes verschillende elementen; drie kaders en drie fundamenten. Als er tegenstrijdigheden lijken te zijn, dan gaan de auteurs in op wat daar aan ten grondslag ligt en hoe deze tegenstrijdigheid is op te lossen.

Afbakening en definiëring term Methodiek

Voorafgaand aan de bespreking van de kaders en fundamenten is in hoofdstuk 1 de term methodiek afgebakend en gedefinieerd.

Hoofdstuk 1

Wat is methodiek?

1.1 Inleiding

Professionals zeggen vaak dat zij zich onderscheiden van vrijwilligers of amateurs doordat zij 'methodisch' te werk gaan. Methodiek onderscheidt dus het professionele handelen van willekeurig handelen. Maar wat is methodiek eigenlijk?

Richting geven en verantwoordingskader

In literatuur over methodiekontwikkeling zijn veel verschillende definities te vinden. Voor dit boek voldoet de al jarenlang algemeen geldende omschrijving van Behrend (Alphen a/d Rijn, 1987):

Een methodiek is: *'een samenhangend stelsel van inzichten, dat richtinggevend is voor het handelen'*. Een methodiek biedt volgens deze definitie houvast, brengt het denken en handelen van de professional binnen een zekere discipline en biedt een verantwoordingskader:

- *richting geven* aan het handelen wil zeggen dat een methodiek het handelen niet rechtstreeks en 'sluitend' kan bepalen. De professional blijft zelf verantwoordelijk voor de keuzen die hij per geval en per situatie maakt. Methodiek helpt de professional bij het bepalen van de inhoudelijke strategie.
- *verantwoordingskader* wil zeggen dat een methodiek weliswaar een instrument van de professional is, maar dat het ook een kader biedt om het professionele handelen voor derden, zoals andere organisaties en de samenleving in bredere zin, inzichtelijk te maken en te verantwoorden.

Speciale reikwijdte

Van der Kamp (Utrecht, 1993) beschrijft een groot aantal kenmerken van een methodiek. Hij benadrukt daarbij dat een methodiek altijd geldt voor een specifiek toepassingsgebied en een specifieke reikwijdte heeft. Een methodiek houdt ook rekening, aldus Van der Kamp, met de beleidsmatige en organisatorische context van het handelen.

Stelsel van inzichten

De omschrijvingen van Behrend en Van der Kamp vormen in combinatie met elkaar het kader voor de methodiek in dit boek. Het is geen receptenboek met instructies die het professionele handelen één-op-één bepalen. Het is wel een stelsel van inzichten dat de reclasseringswerkers kan helpen bij het bepalen van een strategie met een cliënt. Ook kan het de organisatie ondersteunen bij de externe verantwoording van de activiteiten. De methodiek is specifiek: hij geldt voor de vaste begeleiders bij de reclassering, en is ingebed in de beleidsmatige en organisatorische keuzen die de reclassering heeft gemaakt.

1.2 Methodiek of procesgang?

Professionals zijn het er doorgaans moeiteloos over eens, dat het methodische handelen hen onderscheidt van het willekeurige handelen van de amateur. Maar dezelfde professionals raken veelvuldig verstrikt in een geweldige spraakverwarring als het gaat om het onderscheid tussen methodiek en organisatieprocessen of procedures. Vooral de laatste decennia lijken in de beschrijvingen van het primaire proces van een organisatie, methodiek en procesgang steeds meer samen te vallen. Dit heeft ertoe geleid dat professionals – ook reclasseringswerkers – soms geneigd zijn zich te verzetten tegen het fenomeen methodiek. 'Een methodiek legt mijn werk teveel vast', hoor je dan. Of: 'Een methodiek zegt het allemaal wel mooi, maar in de praktijk is het anders. Mijn cliënten houden zich niet zo netjes aan een stappenplan'. Ook wordt methodisch werken soms geassocieerd met registratie, productie, tempo en beheer, alsof een methodiek een manier is om een cliënt zo snel en gestroomlijnd mogelijk door de organisatie te loodsen.

Dergelijke uitspraken roepen het beeld op van methodiek als een stelsel van voorschriften die het handelen rechtstreeks bepalen, die de flexibiliteit en de creativiteit van de werker beperken en die allereerst bedoeld zijn om het professionele handelen onder controle van de organisatie te krijgen. Klaarblijkelijk is de term methodiek de laatste jaren aan erosie onderhevig. Waar komt deze verwarring vandaan?

Procesgang van de cliënt

Een centraal thema in de afgelopen decennia was de relatie tussen de – vroeger betrekkelijk autonoom opererende – professionals met hun organisaties. Door allerlei ontwikkelingen, zoals vermaatschappelijking van de (ook forensische) zorg, veranderende wetgeving en outputfinanciering, moeten instellingen zich veel meer dan voorheen extern verantwoorden: wat doen ze, voor wie doen ze dat, voor welke prijs en waarom zijn zij de (exclusieve) leveranciers van die diensten of producten?

Dit kunnen de instellingen pas goed doen als de professionals duidelijk maken wat zij doen, voor wie, met welk effect, en in welk tempo. Om dit inzichtelijk te maken, zijn de laatste jaren vele beschrijvingen verschenen die de gang van de cliënt door de organisatie verhelderen. Deze beschrijvingen hebben vaak de vorm van stappenplannen, soms aangescherpt met stroomschema's die het proces nog eens helder in een tijdbalk plaatsen: instroommomenten en -varianten, intake, indicatie, verwijzen of plan van aanpak maken, plan van aanpak uitvoeren, evalueren en afsluiten of verwijzen.

Dergelijke beschrijvingen zijn nodig en goed. Ze zijn primair bedoeld als een instrument voor de organisatie. Ze relateren het professionele handelen van de werker aan het beleid en de kaders van de organisatie. Daarmee bieden de beschrijvingen structuur, gezamenlijkheid en een inbedding voor het professionele handelen aan de werker. Dergelijke beschrijvingen worden de laatste jaren nogal eens gepresenteerd als een methodiek. Maar in feite zijn het beschrijvingen van 'de procesgang van de cliënt door de organisatie'. Om verwarring te voorkomen: hier wordt niet de justitiële procesgang bedoeld, maar de verschillende fasen in het werkproces van de reclasseringswerker.

Methodiek als instrument

Deze procesgang van de cliënt valt niet samen met de methodiek. Het kan er hooguit een onderdeel van vormen, het onderdeel dat het professionele handelen verbindt aan de organisatorische context. Een procesgang als stappenplan biedt namelijk weinig aanknopingspunten om professionele interventies af te wegen en geeft geen steun bij de oplossingen van dilemma's die van geval tot geval verschillen. Iets wat een methodiek wel doet.

Professionals, ook reclasseringswerkers, zouden zich de term methodiek weer moeten gaan toe-eigenen. Want een methodiek is primair een instrument van de professionals, dat hen ondersteunt bij het maken van keuzes en het bepalen van een strategie per geval. Geen receptenboek, geen vastliggende handelingsschema's, maar een consistente bron van kennis en mogelijkheden om uit te putten. Voor een reclasseringsmethodiek gaat het daarbij om vragen als: welke factoren spelen een rol bij delictgedrag en hoe kan ik hier alert op zijn bij het risicomanagement? Hoe kan ik mijn controlerende rol inzetten? En hoe kunnen we cliënten motiveren en uitdagen te experimenteren met nieuw gedrag, contact met ons te onderhouden en de interacties aan te gaan? Hoe kunnen wij aannemelijk maken dat dit lonend is voor de cliënt? Hoe kan ik mij bewegen in het spanningsveld tussen structuur en ruimte, tussen controleren en leren, tussen risicomanagement en begeleiding? Hoe kunnen we wensen en hulpvragen herkennen in een houding van afwijzing, weerstand of verzet? Hoe kunnen we daarbij aansluiten, hoe krijgen we het op tafel, hoe kan de weerstand ons op het spoor zetten van wensen en doelen? Hoe kunnen we andere instanties erbij betrekken, welke strategieën zijn denkbaar om de verantwoordelijkheid zoveel mogelijk met hen te delen? Wat doe ik als mijn persoonlijke grenzen dichterbij komen? Hoe weeg ik af of doorgaan zinvol, verantwoord en veilig is?

'EEN METHODIEK BIEDT AANKNOPINGSPUNTEN OM PROFESSIONELE INTERVENTIES TE OVERWEGEN EN GEEFT STEUN BIJ DE OPLOSSINGEN VAN DILEMMA'S'

Transparante dialoog

Dit onderscheid tussen methodiek en procesgang pleit professionals overigens niet vrij van de opdracht na te denken over de manier waarop 'de methodiek van de professionals' zich kan en moet verhouden tot de verantwoordingsplicht die de organisatie naar de samenleving heeft. Dit is allereerst een verantwoordelijkheid van het management. Maar in deze tijd van sociaal ondernemerschap dragen ook professionals hiervoor een medeverantwoordelijkheid. Die kunnen dit echter beter waarmaken wanneer zij beschikken over een goede methodiek als instrument voor hun professionele handelen. Over de verhouding moet onderhandeld worden. Tussen beide werelden zal altijd enige spanning blijven bestaan. Juist daarom is een goede en vooral transparante dialoog nodig over de meest optimale verhouding tussen de eisen van het professionele handelen en de eisen van de organisatie. De kwaliteit van deze dialoog is gebaat bij een helder onderscheid tussen methodiek en procesgang. En de kwaliteit van de procesgang staat of valt met de mate waarin hij is gerelateerd aan de werkelijke professionele mogelijkheden en vereisten. Een eenzijdige nadruk op output en een efficiënte procesgang gaan op den duur ten koste van de inhoudelijke kwaliteit – en daarmee van de effectiviteit – van het werk. De Bruijn (MO, 3/02) spreekt in dit verband van de Wet van de Afnemende Effectiviteit.

'EEN EENZIJDIGE NADRUK OP OUTPUT EN EEN EFFICIËNTE PROCESGANG GAAN OP DEN DUUR TEN KOSTE VAN DE INHOUDELIJKE KWALITEIT EN EFFECTIVITEIT'

1.3 Reclasseringsmethodiek

Een methodiek is dus per definitie specifiek. In dit boek gaat het om een reclasseringsmethodiek, die geldt voor de vaste begeleiders. De context van de methodiek wordt gevormd door de driehoek:

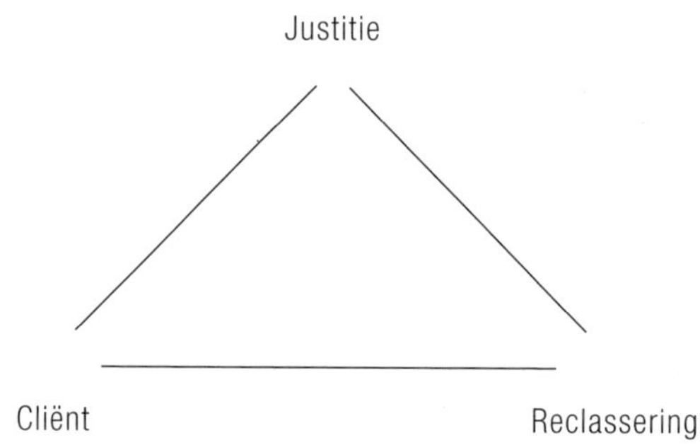

De reclassering werkt met een cliënt in opdracht van justitie. De reclassering heeft de taak delinquenten zodanig te beïnvloeden dat de kans op herhaling van crimineel gedrag kleiner wordt. De vakinhoudelijke middelen die de reclassering ter beschikking heeft, liggen primair op het terrein van de sociaal-agogische beïnvloedingsstrategieën.

Gedwongen kader

Deze middelen worden vaak ingezet in gedwongen kader: een cliënt is op grond van een rechterlijke uitspraak verplicht contact met de reclassering te onderhouden. De reclassering draagt in dergelijke situaties (mede) verantwoordelijkheid voor de bewaking van de strafrechtelijke kaders: reclasseringswerkers controleren of de cliënt zich aan de gestelde kaders houdt. Waar nodig verhelderen zij de kaders voor de cliënt. En in bepaalde en duidelijk omschreven gevallen, zoals elektronisch toezicht of werk- en leerstraffen, is de reclassering verantwoordelijk voor een juiste uitvoering van een opgelegde sanctie. Omdat de reclassering haar werk doet binnen kaders die justitie stelt, is de reclasseringswerker niet alleen verantwoording schuldig aan de eigen organisatie en de cliënt, maar ook aan de betrokken ketenpartners. Op vastgestelde momenten rapporteert de reclassering daarom aan justitie.

Paradox

Bij reclasseringsmethodiek doet zich de specifieke paradox voor dat de sociaal-agogische beïnvloeding plaatsvindt binnen deze justitiële kaders, maar dat de kaders zelf – mits goed benut – ook een sociaal-agogische werking kunnen hebben. Voorafgaand aan een uitspraak tot enige vorm van verplicht reclasseringscontact verklaart de cliënt zich hiertoe bij de beslissende instantie bereid. Bij de start van het toezicht bevestigt hij deze bereidheid nog eens schriftelijk met een handtekening. Hiermee wordt de cliënt formeel medeverantwoordelijk. Deze medeverantwoordelijkheid is een belangrijke sleutel in de reclasseringsmethodiek. Dat deze formele toestemming weinig zegt over de werkelijke mate van 'vrijwilligheid' waarmee een cliënt het reclasseringscontact aangaat, doet aan dit principiële uitgangspunt niets af. Het verschil tussen formele medeverantwoordelijkheid en werkelijke persoonlijke betrokkenheid van de cliënt is een kenmerkend gegeven in de verhouding tussen reclasseringswerker en cliënt. Daarmee is het een centraal sociaal-agogisch thema in de reclasseringsmethodiek.

Vakinhoudelijke en methodische kwaliteit

Een reclasseringsmethodiek is gebaseerd op wetenschappelijke inzichten en biedt vakinhoudelijke aanknopingspunten voor het sociaal-agogisch handelen van de reclasseringswerker. De gebruikswaarde van de methodiek hangt deels samen met de manier waarop de methodiek zich verhoudt tot de geldende procedures, met de procesgang van de cliënten door de organisatie en met de eisen aan doelmatigheid die de organisatie stelt. Deze methodiekbeschrijving houdt rekening met deze procedures. Centraal in dit boek staan echter de vakinhoudelijke en methodische kwaliteit: methodische kwaliteit is een noodzakelijke voorwaarde voor de effectiviteit van reclasseringsinterventies. En efficiency en transparantie in de manier waarop deze interventies worden georganiseerd, moeten zijn afgeleid van de vakinhoudelijke kwaliteitseisen.

1.4 Samenvatting

Methodiek onderscheidt het professionele handelen van willekeurig handelen. Volgens Behrend is een methodiek 'een samenhangend stelsel van inzichten, dat richtinggevend is voor het handelen'. Een methodiek biedt volgens deze definitie houvast, brengt het denken en handelen van de professional binnen een zekere discipline en biedt een verantwoordingskader. Van der Kamp benadrukt daarnaast dat een methodiek altijd geldt voor een specifiek toepassingsgebied en een specifieke reikwijdte heeft. Een methodiek houdt ook rekening met de beleidsmatige en organisatorische context van het handelen.

Deze omschrijvingen vormen samen het kader voor de methodiek in dit boek. Een methodiek biedt aanknopingspunten om professionele interventies af te wegen en geeft steun bij de oplossingen van dilemma's die van geval tot geval verschillen. Een methodiek op deze manier beschouwd is een redelijk consistente bron van kennis en mogelijkheden om uit te putten, maar zeker geen receptenboek.

De methodiek werken in gedwongen kader geldt voor de vaste begeleiders binnen de driehoek justitie, cliënt en reclassering: de reclassering werkt met een cliënt in opdracht van justitie. De cliënt is dus op grond van een rechterlijke uitspraak verplicht contact met de reclassering te onderhouden: het gedwongen kader. Maar voorafgaand aan een uitspraak tot enige vorm van verplicht reclasseringscontact verklaart de cliënt zich hiertoe bij de beslissende instantie bereid. Hiermee wordt de cliënt formeel medeverantwoordelijk. Dit is een belangrijke sleutel in de reclasseringsmethodiek. Het verschil tussen formele medeverantwoordelijkheid en werkelijke persoonlijke betrokkenheid van de cliënt is een centraal sociaal-agogisch thema in de reclasseringsmethodiek.

Centraal in dit boek staan de vakinhoudelijke en methodische kwaliteit: methodische kwaliteit is een noodzakelijke voorwaarde voor de effectiviteit van reclasseringsinterventies. Efficiency en transparantie in de manier waarop deze interventies worden georganiseerd, moeten zijn afgeleid van de vakinhoudelijke kwaliteitseisen.

Hoofdstuk 2

Effectieve reclasseringsinterventies: het wetenschappelijke kader

2.1 Inleiding

Reclasseringsmethodiek is gebaseerd op wetenschappelijke inzichten. De vraag welke wetenschappelijke inzichten in reclasseringsinterventies zijn ontwikkeld, staat de laatste jaren wereldwijd in de belangstelling. De term 'evidence-based practice' staat daarbij centraal: praktijken waarvan de effectiviteit is bewezen. Praktijken dus, waarbij de interventies empirisch zijn getoetst. In de medische wereld is het sinds jaar en dag gebruikelijk om behandelingen te kiezen waarvan de werkzaamheid empirisch is vastgesteld. De medische wetenschap maakt ook altijd veel werk van wetenschappelijk onderzoek naar de effectiviteit van interventies. Meer en meer wordt deze manier van werken nu ook in andere sectoren geïntroduceerd: in de geestelijke gezondheidszorg, maatschappelijk werk en het forensisch werk.

Beoordeling op effectiviteit

Steeds vaker worden werkwijzen op hun effectiviteit beoordeeld. Die effectiviteit is in de sociaal-agogische sector iets lastiger te bepalen dan in de medische wereld, maar niet onmogelijk. Organisaties willen – en moeten – verantwoorden dat hun werk effectief is. Dit wil zeggen: dat zij waarmaken wat ze toezeggen. Overal proberen organisaties een omslag te maken naar aantoonbare effectiviteit van hun werkwijzen. Ook de reclassering wil zo goed mogelijk aansluiten bij de meest recente inzichten die er zijn rondom effectiviteit. *'Crime prevention is defined not by intentions or methods, but by results.'* (L.W. Sherman, 1996). De organisatie kan hiermee haar kwaliteit onderbouwen en voor de reclasseringswerkers is het motiverend om de kennis die er is, in te kunnen zetten.

Internationale onderzoeken

Dit hoofdstuk bevat een weergave van wat er bekend is over de effectiviteit van reclasseringsinterventies. Met name in de Verenigde Staten, Canada, het Verenigd Koninkrijk en Australië is de laatste jaren op grote schaal onderzocht waarin effectieve interventies zich onderscheiden van niet-effectieve interventies. In grote lijnen blijkt uit deze onderzoeken dat de beste reclasseringspraktijk aanzienlijk bijdraagt aan recidivevermindering. De gemiddelde reclasseringspraktijk levert daarentegen geen betere resultaten op dan straffen alleen. En er zijn soorten interventies die een averechts effect hebben en juist recidive verhogend zijn.

Algemene bevindingen

Effectieve praktijken blijken te voldoen aan een aantal duidelijke kenmerken.
Deze principes van effectiviteit zijn af te leiden uit een aantal verschillende onderzoeksrichtingen:

- algemene principes bij straffen uit psychologische theorieën;
- principes uit de What Works-benadering, in dit hoofdstuk verder uitgewerkt in algemene principes, andere succesfactoren en 'wat werkt niet';
- effectiviteit bij specifieke daders of delicten;
- andere internationale bevindingen over werken met onvrijwillige cliënten.

Deze onderzoeksrichtingen en principes komen in dit hoofdstuk aan bod. Voordat nader wordt ingegaan op de wetenschappelijke inzichten, staan we eerst stil bij de vraag: wanneer is een organisatie zoals de reclassering effectief? Wie oordelen daarover, wiens gezichtspunten zijn daarbij aan de orde?

2.2 Effectieve interventies

Wetenschappelijke en maatschappelijke realiteit

De maatschappij, de politiek en de publieke opinie verwachten dat de reclassering ervoor zorgt dat de mensen die zij begeleidt geen delicten meer plegen en dat die mensen ook nog een positieve bijdrage gaan leveren aan de samenleving. En bij voorkeur moet de reclassering dit resultaat bereiken met al haar cliënten. 'De maatschappij' maakt daarbij lang niet altijd een reële inschatting van wat haalbaar is. In de maatschappelijke realiteit is wetenschappelijk aangetoonde haalbaarheid tenslotte niet het eerste referentiepunt. In tegenstelling tot in de wetenschappelijke realiteit. Op basis van empirisch onderzoek is duidelijk dat er wel resultaten kunnen worden bereikt, maar dat die veel bescheidener zijn dan de samenleving graag ziet. Ook blijkt dat die resultaten bereikt kunnen worden op specifieke manieren, die niet altijd overeenkomen met de thema's die politiek scoren. Zo is tegenwoordig regelmatig het standpunt te horen dat 'strenger straffen en minder begeleiden' de oplossing voor de criminaliteit zou zijn. De wetenschap toont echter aan dat dit niet werkt.

Wetenschappelijke realiteit en dagelijkse praktijk

En dan is er nog de feitelijke praktijk waar werkers uit eigen ervaring inzichten opdoen over effectiviteit. Inzichten die nergens genoteerd staan. Want de empirische onderzoeken leveren kwantitatieve analyses op, via meta-analyse van een enorme hoeveelheid onderzoeken naar effectiviteit van benaderingen. Die leiden tot wetenschappelijk betrouwbare uitspraken over de kans dat een bepaalde interventie succes zal hebben. Maar wat er precies gebeurt in de interactie tussen werker en cliënt en waar precies het kritieke verschil zit tussen effectief en niet-effectief in deze interactie, komt uit dit soort onderzoek niet naar voren. Of, in termen van G. van der Laan: we weten wel wat het 'skelet' is, maar nog niet wat het 'vlees en bloed' is (Sociale Interventies 2001). Deze feitelijke praktijk, het 'vlees en bloed' van het reclasseringswerk komt in diverse hoofdstukken van dit boek aan de orde. In dit hoofdstuk staat, wat de empirische wetenschap hierover te zeggen heeft.

2.3 Definiëring van effectiviteit

In het algemeen luidt een definitie van effectiviteit: *'Een effectieve praktijk produceert de bedoelde resultaten'*. Anders gezegd: je bent effectief als je handelingen het effect hebben dat je op het oog had. Op zich is dit glashelder. Maar het betekent wel dat van tevoren duidelijk moet zijn welk resultaat je beoogt.

Minder recidive

In de literatuur is de maat voor effectiviteit van reclasseringsinterventies *'de vermindering van recidive'*. Verminderen van recidive geldt als resultaatcriterium voor de totale inspanning die wordt geleverd. Dus voor alle cliënten samen en voor het totale traject dat de cliënt doorloopt. Onderdelen, specifieke programma's dus, hebben specifiekere doelen die zijn afgeleid van dit algemene resultaatcriterium. Deze specifieke programma's moeten zich richten op die factoren in de situatie en in de persoon van de cliënt, waarvan bekend is dat ze samenhangen met het (opnieuw) plegen van een delict. Het doel van het programma wordt omschreven in termen van de specifieke risicofactor waarop het programma is gericht, zoals veranderingen in gedrag en denkpatronen, het verkrijgen van werk of het hebben van een goed sociaal netwerk.

Effect en resultaat

In dit verband is het volgende onderscheid van belang:

- het uiteindelijke *effect* (in de Engelse literatuur: outcome): het plegen van minder delicten of minder ernstige delicten dan kon worden verwacht op basis van de delictgeschiedenis, houding en situatie van de dader;
- meer onmiddellijke *resultaten* (in de Engelse literatuur: output) zoals: voltooiing van de programma's die de reclassering inzet of de rechtbank oplegt, prosociale attitudes, overtuigingen en gedrag, verbetering in sociale omstandigheden en meer binding met de gemeenschap.

Het verschil tussen effect en resultaat is daarom zo belangrijk, omdat het aangeeft wat al dan niet onder de controle van de reclasseringswerker valt. Het *resultaat* is rechtstreeks te beïnvloeden. De reclasseringswerker formuleert zorgvuldig het gewenste resultaat, kiest een methode of een strategie om dit te bereiken en bewaakt de vorderingen door het traject goed te monitoren. Het uiteindelijk gewenste effect valt buiten de rechtstreekse controle van de reclasseringswerker. Dit effect hangt af van meerdere factoren. Het is voor een groot deel mede afhankelijk van de cliënt zelf en zijn omstandigheden. De werker optimaliseert de condities, stelt de risicofactoren met de grootst mogelijke zorgvuldigheid vast en kiest de interventies zo, dat deze gericht zijn op deze risicofactoren. Hij kan vervolgens slechts hopen dat de cliënt niet recidiveert. De reclassering kan dus niet toezeggen dat zij ervoor zal zorgen dat een specifieke cliënt niet recidiveert. Wat de reclassering wel kan toezeggen, is dat zij naar beste vermogen interventies inzet die zijn gebaseerd op de uitkomsten van onderzoek naar effectiviteit.

'HET RESULTAAT IS RECHTSTREEKS TE BEÏNVLOEDEN, HET GEWENSTE EFFECT VALT BUITEN DE RECHTSTREEKSE CONTROLE VAN DE RECLASSERINGSWERKER'

2.4 Effectiviteit op verschillende niveaus

Eerder in dit hoofdstuk werd duidelijk dat het nogal wat uitmaakt welk gezichtspunt wordt gekozen als het gaat om effectiviteit. Bij de definiëring van effectiviteit worden verschillende niveaus onderscheiden:

1. Het niveau van de samenleving: wat is het maatschappelijke probleem dat aangepakt wordt?
2. Het niveau van de reclassering als organisatie: welke bijdrage aan de aanpak van het maatschappelijke probleem kan worden verwacht van de reclassering? Met andere woorden: wanneer is de reclassering effectief?
3. Het niveau van de individuele werker: wanneer is een reclasseringswerker effectief?
4. Het niveau van de cliënt: welke bijdrage levert de cliënt aan het slagen van de inspanningen?

2.4.1 Niveau 1: de samenleving

Er lijkt maatschappelijk in grote lijnen overeenstemming te zijn over het nastreven van minder criminaliteit en een groter gevoel van veiligheid. Bij minder criminaliteit gaat het vooral ook om minder overlast, dus minder 'commune criminaliteit', zoals diefstal, straatroof, vernielingen en geweld op straat. De reclassering wordt gezien als een instrument om deze doelen te bereiken. En zonder twijfel speelt de reclassering hierbij ook een rol. Maar het reclasseringswerk is ingebed in een serie maatregelen en ontwikkelingen op diverse andere maatschappelijke terreinen. De reclassering is op het terrein van criminaliteitsbestrijding en veiligheidsbeleving dan ook slechts één van de spelers. De effectiviteit van de reclassering hangt sterk samen met wat er elders in de samenleving gebeurt.

Omvang van criminaliteit

Vaak wordt aangenomen dat het algemene gevoel van veiligheid rechtstreeks samenhangt met de omvang van de criminaliteit. Toch is dit feitelijk niet zonder meer het geval.
Zo hebben veel mensen het idee dat de criminaliteit voortdurend toeneemt, hoewel cijfers soms het tegendeel bewijzen. Y. Buruma, hoogleraar strafrecht, schrijft hierover:
'Er valt goed te beargumenteren dat Nederland feitelijk niet onveiliger is geworden. (..) Het is opvallend hoe die harde cijfers emotioneel ingekleurd worden. Een voorbeeld: volgens de tellingen van de politie is het aantal moorden en gewelddadige doden in de vier grote steden opnieuw gedaald. Dit feit wordt tegenwoordig eerder gebruikt in een verhaal dat dit nog niets zegt over meer alledaags geweld, dan in een verhaal waarin wordt beweerd dat het met de onveiligheid wel meevalt.' (NRC, 15-02-03)

Effect van institutionele settings

Vermindering van criminaliteit is afhankelijk van veel factoren. Een onderzoeksgroep onder leiding van L. W. Sherman onderzocht voor het Amerikaanse congres vanuit zeven institutionele settings de effectiviteit van interventies gericht op criminaliteitspreventie: gemeenschap, gezin, school, werk, politie, justitie en 'plekken' die criminaliteit stimuleren. De conclusie is dat het succes van de interventies vanuit één setting afhankelijk is van de stand van zaken in de andere settings: sluit het werk op elkaar aan, wordt er vanuit verschillende instituties aan eenzelfde doel gewerkt? Het gezin is van grote betekenis. En naarmate de buurt waarin iemand woont problematischer is en geweld en drugs 'normaler' zijn, zijn interventies vanuit welke setting dan ook minder effectief. Als daar niet gericht vanuit verschillende settings tegelijkertijd een op elkaar afgestemde inzet wordt gepleegd, blijft het werk een druppel op een gloeiende plaat: het verdampt.

Ook Nederlandse criminologen (Junger-Tas, e.a., 1984) maken duidelijk dat vele maatschappelijke settings een rol spelen bij het verminderen van criminaliteit. Aan het voorkomen van schooluitval bijvoorbeeld, een criminogene factor van belang, zou het onderwijs een wezenlijke bijdrage moeten leveren. Acties om onveilige buurten structureel te verbeteren, opvoedingsondersteuning voor tienermoeders en trajecten gericht op integratie van nieuwkomers, zijn andere voorbeelden van interventies die niet gericht lijken op criminaliteit, maar wel een belangrijke bijdrage leveren aan het voorkomen daarvan.

Het ministerie van Justitie financiert de reclassering en bepaalt hoe de overheidsgelden moeten worden ingezet en onder welke condities Reclassering Nederland wordt gesubsidieerd. Hoeveel 'producten' wil justitie van de reclassering afnemen? Hoeveel betaalt justitie voor elk product? Welke resultaten verwacht justitie van de reclasseringsorganisaties? Dus ook in die zin is het resultaat dat de reclassering kan boeken, gebonden aan maatschappelijke beleidskeuzes.

2.4.2 Niveau 2: de reclassering als organisatie

Ondanks de invloed van de samenleving op de effectiviteit van de reclassering, lijkt het erop dat politiek en media de reclassering een grote en relatief invloedrijke rol toedichten bij het nastreven van de maatschappelijke doelen rond het voorkomen van criminaliteit. De verantwoordelijkheid voor escalaties of recidive wordt vaak eerder toegeschreven aan falend toezicht dan aan andere maatschappelijke of situationele factoren. Deze politieke en publicitaire realiteit houdt de organisatie scherp: het dwingt de reclassering helder en zorgvuldig te formuleren wat haar bijdrage wél kan zijn.

Statistische effectiviteit en effectiviteit per geval

Ook wanneer interventies zo goed mogelijk worden uitgevoerd, is er nog steeds een aanzienlijk percentage van de cliënten dat recidiveert, zo blijkt uit onderzoeken naar effectiviteit (J. Bonta, 2002). De verwachtingen van het reclasseringswerk moeten dus reëel blijven. Niet alleen intern in de eigen organisatie, maar ook vanuit de politiek en de publieke opinie. Anders wordt de organisatie afgerekend op iets waarvoor zij niet verantwoordelijk is.

Het publiek wil de organisatie ook nog wel eens aanspreken wanneer in een specifiek geval de interventies niet het beoogde resultaat hadden. Maar de onderzoeken tonen statistische effectiviteit aan: effectiviteit op het niveau van de grote getallen. Het is voor de organisatie, voor de individuele werkers en voor de communicatie van de reclassering naar 'de samenleving' belangrijk om de effectiviteit per geval en statistische effectiviteit goed uit elkaar te houden.

Bijdrage reclassering

De reclassering levert op een verantwoorde en expliciete wijze haar eigen specifieke bijdrage aan de vermindering van de criminaliteit. Dit doet zij door toezicht te houden op personen die een delict hebben gepleegd. Toezicht bestaat uit een combinatie van risicomanagement en begeleiding, dus van controle op de bijzondere voorwaarden en beïnvloeden van de veranderbare criminogene factoren. Dit doet zij volgens de meest recente wetenschappelijke inzichten omtrent effectiviteit. Een dergelijke resultaatformulering houdt de reclassering dus niet rechtstreeks en exclusief verantwoordelijk voor het recidiveren van de cliënten.

Aantoonbare bijdrage

Om de effectiviteit van de reclassering vast te stellen, moet eerst duidelijk zijn waaruit de aantoonbare bijdrage bestaat. Waar kan de organisatie op worden aangesproken? De volgende resultaatgebieden vallen feitelijk en aantoonbaar onder de controle van de organisatie:

- het ontwikkelen en uitvoeren van een dekkend en samenhangend stelsel van programma's en activiteiten, afgestemd op de criminogene factoren in verschillende gebieden (deze kunnen in de grote stad anders zijn dan in de provincie). In deze programma's en activiteiten zijn de inzichten uit onderzoek naar effectiviteit naar beste vermogen toegepast;
- het leveren van de noodzakelijke hulpbronnen, zoals geld, materiaal, accommodatie en logistiek;
- het inzetten van competente mensen, dus ook zorgen voor scholing, intervisie en supervisiemogelijkheden;
- het leveren van informatie, waarin de bijdrage van de reclassering zichtbaar wordt gemaakt en die gebruikt kan worden voor onderzoek.

2.4.3 Niveau 3: de reclasseringswerker

Welk resultaat kan de reclasseringswerker leveren? Hij controleert of de delictpleger zich houdt aan de bijzondere voorwaarden die in het vonnis zijn geformuleerd en hij beïnvloedt de criminogene factoren, zodat de kans dat de delictpleger na afloop van het toezicht delictvrij blijft is vergroot, of dat er een afname is van ernst en frequentie van delicten. Dit alles volgens de procedures die in de organisatie zijn vastgelegd, waarin ook is uitgewerkt op welke beslismomenten de unitmanager verantwoordelijk is.

De Engelse Probation Service formuleert het resultaat voor haar werkers als volgt:
'De werker levert een gedocumenteerd verslag van de activiteiten die volgens het opgelegde plan zijn ondernomen'.

Als productdefinitie is dit prachtig. Het is een product, een ding (een verslag), en het is ook precies datgene wat de werker kan leveren. Maar tegelijkertijd laat deze definitie zien dat een omschrijving van het werk in producten een enigszins lege formulering oplevert, die vraagt om een inhoudelijke invulling, zoals in de volgende omschrijving van activiteiten die binnen het resultaatgebied en de invloedsfeer van de reclasseringswerker vallen:

- de risicofactoren voor het plegen van een nieuw delict door de cliënt vaststellen, volgens het instrument dat daarvoor is ontwikkeld;
- vaststellen welke interventies nodig zijn om de kans op recidive te verminderen. Hierbij gaat het om interventies die de dynamische risicofactoren beïnvloeden en de statische risicofactoren beheersbaar maken;
- vaststellen welke mate van controle noodzakelijk is;
- de interventies in een plan van aanpak uitwerken;
- het plan van aanpak in werking zetten;
- in de rol van programma-uitvoerder het programma uitvoeren zoals het is bedoeld;
- in de rol van toezichthouder nagaan of de interventies het gewenste resultaat hebben en anders een alternatieve aanpak bedenken. De werker consulteert hierbij collega's, werkbegeleider of gedragsdeskundigen. Formele besluiten worden altijd genomen door de unitmanager;
- als de delictpleger zich niet houdt aan de bijzondere voorwaarden tijdig en onderbouwd rapporteren aan justitie.

2.4.4 Niveau 4: de cliënt

Reclasseringsinterventies zijn altijd coproducties: de resultaten zijn afhankelijk van zowel de werker als de cliënt. Het gaat weliswaar om opgelegde trajecten, maar hij heeft daar altijd minstens formeel 'ja' tegen gezegd en daar een handtekening voor gezet.
Voor een effectieve reclasseringsinterventie moet de cliënt ten minste:

- aanwezig zijn bij de opgelegde activiteiten;
- positief deelnemen aan de activiteiten;
- de activiteit afmaken.

Het uiteindelijke beoogde effect van de interventies (de outcome) is *'het plegen van minder of minder ernstige delicten dan kon worden verwacht op grond van de delictgeschiedenis, de houding en de situatie'*. Of dit effect wordt bereikt, ligt uiteindelijk bij de cliënt. Dat is tenslotte degene die handelt.

2.4.5 Effectiviteit en afhankelijkheid ketenpartners

De effectiviteit van de interventies van de reclasseringswerker zijn mede afhankelijk van de ketenpartners. Justitie bepaalt de striktheid van het kader waarin de cliënt wordt gezet en bepaalt mede of de intensiteit van de reclasseringsinzet spoort met het risicoprincipe. Justitie bepaalt ook of de reclassering die cliënten krijgt toebedeeld waar ze het meest mee kan bereiken. Waar een strak risicomanagement vereist is, kan de reclassering niet zonder inzet van de politie.

Bij het tussentijds stopzetten van trajecten is een adequate reactie van justitie van groot belang. Het sanctiebeleid van justitie is de laatste jaren steeds meer gedifferentieerd: voorwaardelijke TBS, taakstraffen, leerstraffen, elektronisch toezicht (ET) en penitentiair programma (PP). Veel van deze veranderingen houden een begeleidingsverplichting in voor de cliënt. Het is duidelijk dat de uitgebreide betrokkenheid van de reclassering bij de sanctietoepassing een goede samenwerking vereist met de verantwoordelijken voor de strafexecutie. De effectiviteit van de sancties hangt af van die goede samenwerking en daarmee is ook de relatie gelegd tussen effectiviteit van de reclassering en de kwaliteit van de samenwerking in de strafrechtketen.

2.5 Effectiviteit: algemene principes bij straffen

Effectiviteit is nu op de verschillende niveaus gedefinieerd. Maar wat is bekend over effectieve reclasseringsinterventies? Van welke werkprincipes is effectiviteit aangetoond en van welke niet? In de volgende paragrafen wordt dit duidelijk.

Enkele algemene principes voor de effectiviteit van strafrechtelijke interventies

De maatschappelijke roep om strenger straffen is weliswaar begrijpelijk, maar de effectiviteit is hoogst onhelder. Soms lijkt het of er twee benaderingen zijn: de 'softe' (begeleiden) en de 'harde' (straffen). Maar waar het hier om gaat, is het effect: het voorkomen van criminaliteit. Straffen is te zien als één van de mogelijke interventies, gericht op het voorkomen van recidive, waarvan de effectiviteit moet worden bekeken. Dat straffen daarnaast hele andere doelen dient, valt buiten het bereik van dit hoofdstuk.

Effectieve straffen

In 'Wat werkt' (2002) gaan P. van der Laan en Slotboom in op de kenmerken van een effectieve straf, zoals die bekend zijn uit algemeen psychologisch en pedagogisch onderzoek. Effectieve straffen hebben volgens hen de volgende kenmerken:

- onvermijdelijkheid;
- onmiddellijkheid;
- voldoende zwaarte;
- gevarieerdheid;
- begrijpelijkheid.

Van der Laan en Slotboom: *'Deze voorwaarden overziende is het duidelijk dat strafrechtelijke interventies problematisch zijn. Aan de voorwaarden van onvermijdelijkheid en onmiddellijkheid wordt niet of zelden voldaan. (…) In hoeverre strafrechtelijke acties van voldoende zwaarte zijn om resultaat te bereiken is niet helemaal duidelijk, maar enige twijfel hieromtrent lijkt op zijn plaats.' (p. 967).*

De gevarieerdheid is wel aanmerkelijk uitgebreid de afgelopen jaren. Taakstraffen waarbij een verband wordt gelegd tussen het ongewenste gedrag en de te verrichten taak dragen bij aan de begrijpelijkheid. Dit dreigt echter in het gedrang te komen door de massale en routinematige toepassing van de taakstraffen. J. Bonta (Justitiële Verkenningen 8-02, p. 32) concludeert: *'sancties verminderen recidive niet, behandeling doet dat wel.'*

2.6 What Works: algemene principes

De laatste jaren is veel Angelsaksisch onderzoek gepubliceerd, dat wereldwijde bekendheid heeft gekregen onder de verzamelnaam: What Works. Uit deze onderzoeken blijkt dat de effectiviteit van reclasseringsinterventies samenhangt met een aantal belangrijke principes. Die moeten leidend zijn bij het vaststellen van de interventies. Deze principes zijn:

- risicoprincipe;
- behoefteprincipe;
- principe van responsiviteit;
- principe van programma-integriteit.

Risicoprincipe

Het recidiverisico is niet bij elke delinquent hetzelfde. De intensiteit van een interventie moet daarom passen bij niveau van risico op herhaling. Bonta (Justitiële Verkenningen, 8-02) maakt een onderscheid in:

- laag risico;
- gemiddeld risico;
- hoog risico.

Bij de keuze van interventies voor deze drie groepen geldt:

- de meest intensieve programma's voor de persistente daders;
- voor de middengroep programma's die zijn afgestemd op een specifieke behoefte, zoals verslaving, schulden;
- bij de groep die het minste risico vormt een licht programma met een lage intensiteit, gericht op het wegnemen van concrete belemmeringen voor reïntegratie. Bijvoorbeeld helpen bij het vinden van huisvesting;
- met name de begeleiding aan de 'gemiddeld risico groep' is effectief en leidt tot vermindering van recidive. Voor de 'hoog risico groep' is vooralsnog geen enkel behandelprogramma bekend dat effectief is gebleken. Blijkbaar is het dus zo, dat bij stijgend risico intensievere interventies nodig zijn, maar dat er een grens is waarboven geen effectieve interventies bekend zijn.

Behoefteprincipe

De inhoud van de interventie moet passen bij de specifieke criminogene factoren. Dit zijn factoren die direct in relatie staan tot het plegen van delicten. Niet alle problemen die een cliënt heeft, hangen samen met het delictgedrag. De reclasseringsinterventie moet zich richten op die factoren waarvan dat verband wel duidelijk is. Voorbeelden van criminogene factoren zijn antisociaal gedrag, criminele voorbeelden en drugs/alcoholmisbruik. Van factoren als gebrek aan eigenwaarde, of gevoelens van depressie is het rechtstreekse verband met criminaliteit nooit aangetoond. Daarmee vallen dergelijke gevoelens feitelijk onder de niet-criminogene factoren en vormen ze geen 'doel op zich'. Dit wil niet zeggen dat reclasseringswerkers zich nooit daarop moeten richten. Dergelijke interventies hebben echter eerder tot doel het cliënten beter mogelijk te maken, deel te nemen aan de interventies die rechtstreeks gericht zijn op de risicofactoren. Met andere woorden: interventies gericht op gevoelens van eigenwaarde en depressie kunnen in verband staan met de verhoging van de responsiviteit en de betrokkenheid van de cliënten bij de interventies. Het belang van dergelijke interventies is overigens zeer groot, zoals blijkt uit het derde principe voor effectiviteit: het principe van responsiviteit.

Principe van responsiviteit

De cliënt moet ontvankelijk zijn voor de interventies. Of eigenlijk andersom: interventies moeten zo zijn gekozen, dat de cliënt ze kan 'ontvangen'. Zij moeten daarom in stijl en vorm aansluiten bij de leerstijl en de mogelijkheden van de cliënt. Doeners moeten dingen te doen krijgen. Reflectie kan daar wel een plaats hebben maar er moet niet teveel van worden verwacht. Een impulsief type vraagt om structuur, een angstig en introvert individu zal niet meteen gedijen bij groepstherapie. Bovendien moet er een goede match zijn tussen werker en cliënt: zij moeten elkaar begrijpen en aanvoelen en de stijl van de reclasseringswerker moet passen bij de cliënt. Maar het is niet alleen een kwestie van goed afstemmen bij de start. Een belangrijke taak voor een reclasseringswerker, die werkt met cliënten die er niet zelf voor kiezen om begeleid te worden, is het 'bewerken' van de responsiviteit van de cliënt. Dit kan betekenen dat de werker moet zoeken naar de motivatiebronnen van de cliënt. Hij zoekt naar manieren om de cliënt in beweging te krijgen en beschikt over meerdere strategieën om invloed uit te oefenen op cliënten.

Principe van programma-integriteit

Programma's moeten theoretisch goed doordacht zijn en werken vanuit een model waarin helder is onderbouwd waarom de ingrepen passend zijn. Bovendien moeten programma's worden uitgevoerd zoals ze zijn bedoeld. Dat maakt onderzoek naar effectiviteit van aanpak mogelijk en het voorkomt anarchie en chaos. Het helpt de reclasseringswerker ook om door te gaan als de cliënt weerstand biedt. Het is namelijk van groot belang voor het veranderingsproces dat de werker doorzet, juist als het verleidelijk is om op te geven. De reclasseringswerker kan hier een model zijn voor de cliënt. Volgens het principe van programma-integriteit moeten goed opgeleide en goed ondersteunde werkers de programma's uitvoeren. Bovendien moet de programma-integriteit bewaakt worden: er mogen niet geleidelijk allerlei wijzigingen insluipen.

2.7 Andere succesfactoren uit What Works

De hiervoor beschreven vier algemene principes zijn het meest bepalend voor de mate waarin reclasseringsinterventies effectief zijn. Daarnaast beschrijft de literatuur de volgende kenmerken van programma's die de kans op effectiviteit van de interventies verhogen.

- Effectieve programma's maken gebruik van een breed spectrum van interventies. Bijvoorbeeld een combinatie van groepswerk, individuele benaderingen en gezinsinterventies.
- Effectieve programma's zijn gericht op vaardigheden, bijvoorbeeld problemen oplossen, sociale omgang met anderen.
- Effectieve programma's zijn ontleend aan cognitieve gedragspsychologie. Zij gaan in op de relatie tussen gedachten, gevoelens en gedrag. Het begrijpen van het eigen gedrag, opsporen van belemmerende denkpatronen en het belonen van helpende denkpatronen staat centraal.
- Effectieve programma's werken in de gemeenschap, zij zijn extramuraal. Zij bieden de gelegenheid te leren in het echte leven, in de realiteit te oefenen en de problemen die daarbij ontstaan op te lossen. Zij bieden steun bij het neutraliseren van ongunstige netwerken en het versterken van aanwezige beschermende mechanismen. Dat betekent niet dat intramurale programma's geen effect hebben. Het is belangrijk om de detentietijd goed te benutten. Gedetineerden zijn makkelijker te motiveren tot deelname. Dit blijkt duidelijk uit onderzoek in Engeland waar deelname aan een programma voor gedetineerden afwisseling biedt in een saai bestaan. Maar zonder extramuraal vervolg verdwijnen de effecten van een intramuraal programma vaak.
- Effectieve programma's werken met een grondige beoordeling van de cliënt bij de instroomselectie.
- Bij effectieve programma's zijn monitoring en evaluatie vanaf het begin ingebouwd.
- Effectieve programma's worden uitgevoerd door werkers die geschikt zijn als prosociaal model. Een effectieve werker let goed op wat hij beloont bij de cliënt, toont respect voor individuen, is punctueel, betrouwbaar, beleefd, vriendelijk, eerlijk en open. De reclasseringswerker moet staan voor een aantal waarden:
  - afwijzen van het leed dat door misdaad wordt berokkend;
  - een sterk geloof in de mogelijkheid van de mens om te veranderen;
  - erkennen van het belang dat mensen persoonlijke verantwoordelijkheid nemen voor hun gedrag;
  - erkennen van de noodzaak van leren door ervaring;
  - erkennen van de waarde van partnerschap en sociale inclusie;
  - bereidheid tot publieke verantwoording (in eerste instantie binnen de organisatie).

De relatie tussen de werker en de cliënt wordt gekenmerkt door een scheve machtsbalans. De cliënt kan dat als onderdrukkend en demotiverend ervaren. Openheid en duidelijkheid over de bovenstaande waarden kan dit verminderen en de actieve participatie van de cliënt bevorderen.

2.8 Wat werkt niet?

Onderzoek naar 'wat wel werkt' levert ook inzicht op in de soort interventies die niet werken. 'Niet werken' wil hier zeggen dat de effectiviteit hiervan niet is aangetoond of dat is aangetoond dat de interventies contra-effectief, dus recidive verhogend, zijn. Het gaat om de volgende interventies:

- Intensieve begeleiding bij cliënten met weinig risico op recidive. Uit de onderzoeken blijkt dat een dergelijke aanpak de recidive eerder verhoogt. In het gunstigste geval blijft de recidive gelijk. Niet helemaal helder is wat de recidiveverhogende factor precies is. Een mogelijke verklaring is dat de cliënt in contact komt met andere delictplegers en het plegen van delicten daarmee 'gewoner' wordt.
- Gebrekkige aansluiting bij de delictgerelateerde risicofactoren. Werken met niet-criminogene factoren levert misschien in het leven van de cliënt in het algemeen iets prettigs op, maar omdat ze niet-criminogeen zijn, heeft het geen invloed op de kans dat hij opnieuw delicten pleegt.
- Non-directieve en relatieafhankelijke vormen van counseling of psychodynamische therapie.
- Afschrikkingprogramma's, zoals de Amerikaanse bootcamps, met programma's gericht op discipline, tucht en fysieke inspanning. Hierdoor neemt de recidive toe. Wanneer er sprake is van behandeling en nazorg, dan nemen de negatieve effecten iets af.
- Kaal elektronisch toezicht. Wel werkt: elektronisch toezicht als hulpmiddel bij een programma om reïntegratie te bevorderen.
- Kale detentie.
- Subculturele of labelingsbenaderingen. Van der Laan en Slotboom schrijven hierover: 'Dit zijn interventies waarbij het respecteren van de daders eigen cultuur en leefwijze centraal staan, het ongewenste gedrag niet expliciet wordt afgekeurd, behandeling als (te) dwingend en onrechtvaardig wordt beschouwd en daarom niet wordt toegepast en het leren van vaardigheden meer een toevallige kwestie is en niet structureel wordt ingepast in het programma.' (pag. 972)

2.9 Effectiviteit bij specifieke daders of delicten

De algemene principes voor effectiviteit zijn voor een beperkt aantal soorten delicten of daders nader toe te spitsen. Het onderzoek hiernaar moet worden uitgebreid. Tot nu toe zijn de volgende differentiaties gevonden:

- interventies die zijn gericht op cognities en gedrag kunnen vooral effect hebben bij plegers van gewelds- of zedendelicten en bij verslaafden. Dit effect geldt vooral als er sprake is van een cognitief 'gebrek', een redeneertekort;
- dergelijke interventies werken niet bij niet-gewelddadige vermogensdelicten, zoals diefstal, inbraak en fraude;
- bij psychopaten kan het zelfs een averechts effect hebben;
- bij zedendelinquenten is een combinatie van cognitief-gedragstherapeutische interven-

ties en hormonale behandeling zinvol. Effectieve programma's werken met procedures gericht op het veranderen van verwrongen denken en terugvalpreventie strategieën;
- behandeling van zedendelinquenten op vrijwillige basis is succesvoller dan behandeling onder dwang. Maar behandeling onder dwang is succesvoller dan niet behandelen;
- voor drugsverslaafden geldt dat onvrijwillig geplaatste drugsverslaafden de behandeling vaker afmaken. En afgemaakte behandeling geeft meer kans op effect bij langdurig verslaafden die verslavingsverwante delicten plegen. Hier blijk dus een indirecte effectiviteit van onvrijwillige plaatsing;
- bij jeugdige delinquenten lijkt multisysteemtherapie te werken, in elk geval op de korte termijn. Deze therapie is gericht op de natuurlijke omgeving (familie, vriendengroep) en op meerdere problematische aspecten.

2.10 Bevindingen over effectiviteit uit ander onderzoek

De factoren die van invloed zijn op effectiviteit komen uit de What Works-benadering. Hier is gebruik gemaakt van de grote onderzoeken die met behulp van meta-analyses uitspraken doen over effecten van interventies bij delinquenten. Maar er is ook een andere stroming, die zich bezighoudt met effectiviteit van interventies. Deze heeft met name in Australië zijn basis. De onderzoekers houden zich in meer brede zin bezig met het werken met onvrijwillige cliënten. Zij beperken zich niet tot reclasseringsinterventies, het onderzoek strekt zich ook uit tot andere vormen van onvrijwilligheid, zoals begeleiding in het kader van een kinderbeschermingsmaatregel of begeleiding van verslaafden die dit zelf als onvrijwillig ervaren. In deze onderzoeken komen nog andere factoren aan het licht. Met name de bevindingen van Rooney (1992) en Trotter (1999) zijn hier van belang. De door hen gevonden principes van effectiviteit komen gedeeltelijk overeen met de principes van What Works.
Enkele algemene praktijkprincipes lijken effectief te zijn voor de meeste, zo niet alle groepen van onvrijwillige cliënten:
- accurate rolverheldering door de werker;
- werken aan de hand van problemen en doelen die door de cliënt zijn gedefinieerd: de noodzaak om de cliënt zelf een actieve rol te geven bij de formulering van doelen en interventies;
- de werker is model en versterkt de prosociale waarden.

Ook Rooney en Trotter benoemen interventies die niet effectief zijn, namelijk:
- een aanpak waarbij vooral gezocht wordt naar straffen, verantwoordelijk stellen en blameren van de cliënt;
- een aanpak die vooral is gericht op inzicht, of op de relatie tussen werker en cliënt;
- werken met problemen en doelen die door de werker alleen worden vastgesteld;
- verwarring en oneerlijkheid van de werker over de rol en over hoe het gezag wordt gebruikt;
- pessimisme en een negatieve focus;
- de cliënt los zien van het gezin en de sociale context.

2.11 Effectiviteit in Nederland

De onderzoeksgegevens over effectiviteit van reclasseringsinterventies komen vooral uit de Verenigde Staten, Engeland en Canada. In Nederland weten we niet goed hoe hoog de recidivepercentages zijn, dus ook niet hoe die door interventies worden beïnvloed. Wat weten we over recidive in Nederland en voldoen programma's aan de criteria?

Recidive in Nederland

Het is niet aan de reclassering om de recidive te onderzoeken. Het Wetenschappelijk Onderzoek- en Documentatie Centrum (WODC) werkt aan de ontwikkeling van een 'recidivemonitor' om informatie te kunnen verzamelen. Het is nu dus nog niet mogelijk om het effect van het reclasseringswerk op de criminaliteit vast te stellen. In welke mate dat in de toekomst wel kan, is afhankelijk van het onderzoek dat zal worden gedaan.

Eenduidigheid in meten

Het is niet realistisch te denken dat op korte termijn een geheel evidence-based stijl van reclasseringswerk kan worden ontwikkeld, waarbij alle interventies worden onderworpen aan een empirisch onderzoek naar resultaten. Wel is het realistisch te verwachten dat resultaten *selectief* worden geëvalueerd, zodat effectiviteitprincipes of theorieën verder kunnen worden ontwikkeld. Hierbij is van belang dat er een heldere en eenduidige maat voor recidive komt. In het verleden werd in verschillende onderzoeken met verschillende maten gemeten. De Recidivemonitor waar het WODC aan werkt, is bedoeld om eenduidigheid te krijgen in de terminologie. Het is een systeem waarbij recidive steeds op dezelfde wijze wordt gemeten.

Om een indicatie te hebben van hoe het met de recidive is gesteld, zijn de cijfers van het onderzoek *Recidive 1997* interessant. Dit onderzoek heeft de recidivepercentages van de mensen die in 1997 zijn veroordeeld in beeld gebracht over een periode van vijf jaar, dus tot en met 2002. Het gaat hier om de algemene recidive. Bekeken is de recidive bij transacties, bij boete, voorwaardelijke gevangenisstraf, taakstraf en korte gevangenisstraf (korter dan zes maanden).

Recidivepercentage:

	na een jaar:	na vijf jaar:
* bij transacties	10%	25%
* bij boete	19%	44%
* bij voorwaardelijke gevangenisstraf	25%	49%
* bij taakstraf	25%	49%
* bij korte gevangenisstraf	50%	70%

(BRON: B. WARTNA, JV 8-02)

Voldoen programma's aan de criteria?

De reclassering ontwikkelde in de afgelopen jaren een groot aantal programma's voor haar cliënten. Naarmate de internationale empirische kennis over effectieve interventies toenam, raakte de reclassering uiteraard meer geïnteresseerd in de effectiviteit van deze programma's. Maar ook al eerder en los hiervan nam de organisatie het initiatief om de kwaliteit van het aanbod zorgvuldig onder de loep te nemen. In 1999 stelde de reclassering zelf een Programmacommissie in, die het (destijds) bestaande programma-aanbod van de reclassering doorlichtte.

Erkenningscommissie

In 2004 stelde het ministerie van Justitie de Erkenningscommissie Gedragsinterventies Justitie in. "Een (justitiële) gedragsinterventie is een programmatisch en gestructureerd geheel van methodische handelingen gericht op het beïnvloeden van iemands gedrag of omstandigheden, met als doel het voorkomen van recidive. Hieronder worden niet verstaan de interventies die uitsluitend op basis van de zorgplicht van Justitie aan de justitiabelen worden aangeboden en die dus niet expliciet tot doel hebben de recidive te verminderen." (www.justitie.nl/onderwerpen/criminaliteit/erkenningscommissie)
Programma's die bedoeld zijn om recidive te verminderen moeten aan deze commissie worden voorgelegd. De commissie toetst de programma's aan kwaliteitscriteria. Zo wordt bijvoorbeeld bekeken of

- er voldoende theoretische onderbouwing is van de interventie,
- de interventie gericht is op het beïnvloeden van veranderen van risicofactoren voor delictgedrag,
- er gebruik wordt gemaakt van aantoonbaar effectieve behandelmethoden,
- er zorg is voor de continuïteit.

Er moet dus verbinding zijn tussen de gedragsinterventie en de totale begeleiding van de delictpleger. (De totale lijst van criteria is te vinden op bovengenoemde site.)

Interventies die nog niet helemaal voldoen aan alle criteria kunnen een voorlopige erkenning van 2 jaar krijgen, waarbij omschreven wordt welke aanpassingen noodzakelijk zijn. Het ministerie concludeert: "Van goedgekeurde interventies mag worden verwacht dat zij recidive verminderen of voorkomen."

Resultaten

In juli 2008 zijn er voor jeugdigen drie interventies volledig erkend en tien voorlopig erkend. Voor volwassenen zijn er twee interventies volledig erkend en zijn er twee voorlopig erkend. Erkend voor volwassenen is de training voor cognitieve vaardigheden en arbeidsvaardigheden. Voorlopig erkend zijn de gedragsinterventie ART Wilshire-Nederland (een agressieregulatie therapie), en de Leefstijltraining voor verslaafde justitiabelen.
Omdat er dus een gering aantal programma's is dat in het kader van recidivevermindering kan worden ingezet door de reclassering, rust er veel werk op de schouders van de toezichthouder, die in het kader van de begeleidingstaak samen met de cliënt moet zoeken naar wat iemand nodig heeft om het proces van stoppen met delicten plegen te versnellen.

2.12 Kanttekening bij het denken in termen van effectiviteit

De kennis over effectieve reclasseringsinterventies kan veel bijdragen aan de kwaliteit van het reclasseringswerk. Tot slot van dit hoofdstuk toch ook enkele kanttekeningen, om het denken in termen van effectiviteit te nuanceren. Effectiviteit is tenslotte niet het enige criterium en zeker geen toverwoord.

Andere verbeteringen

Elke keer opnieuw zetten reclasseringswerkers zich in. Toch zal de cliënt in een aanzienlijk aantal gevallen recidiveren. Dit neemt niet weg dat de situatie van de cliënt op een aantal levensterreinen verbeterd kan zijn of dat misschien een positieve gedragsverandering is opgetreden. Ondanks recidive kan het daardoor aanzienlijk beter gaan met de cliënt. Zouden we nu uitsluitend effectiviteit, in de zin van voorkomen van elk crimineel gedrag, als maat nemen, dan gaan we interventies als een mislukking opvatten, die wellicht juist heel effectief de risicofactoren hebben beïnvloed. Als reclasseringswerkers oog houden voor dergelijke vormen van effectiviteit, blijven zij beter gemotiveerd, ondanks het feit dat zij zien dat cliënten toch vaak recidiveren.

Moeilijke en makkelijke cliënten

What Works hanteert als uitgangspunt: de meeste inspanning voor de gemiddeld risico cliënten, waarbij de kans dat ze recidiveren groot is. En waarbij de werker dus in een aantal gevallen geconfronteerd wordt met het feit dat de cliënt toch recidiveert. Hoe hoger het recidiverisico bij de cliënt, des te meer werk voor de vaste begeleider en des te intensiever is ook het toezichttraject. Het maakt immers nogal wat uit of je toezicht moet houden op een cliënt die een transactie met de officier heeft, omdat hij illegaal cd's heeft gekopieerd op het werk, of dat je een dader van pedoseksuele misdrijven na een TBS in een traject met toezicht krijgt. Reclasseringswerkers en werkbegeleiders signaleren nu, dat de neiging bestaat om te kiezen voor de wat makkelijker cliënten. Terwijl dat wellicht cliënten zijn die toch niet zouden recidiveren. Boone constateert in haar boek 'Leren diversifiëren' iets soortgelijks voor cliënten met een niet-Nederlandse achtergrond.

Motivatie om te blijven motiveren

Het werk vraagt dat de reclasseringswerker elke keer opnieuw bereid is de strijd met ongemotiveerde cliënten aan te gaan en elke keer opnieuw zoekt naar bronnen van motivatie bij de cliënt. Kortom: dat hij zich telkens weer verbindt met iemand en onderzoekt hoe deze persoon kan veranderen en niet meer recidiveert. Waar cliënten in gedwongen kader begeleid worden, vraagt het werk meer motivatie van de werker: de motivatie om te blijven zoeken naar hoe de cliënt gemotiveerd kan worden.

In een gesprek over het werken met allochtone cliënten zei een werkbegeleider over de werkers: *Ze vinden het zo'n gedoe.*' Het is van belang dat de organisatie niet eenzijdig de nadruk legt op het leveren van productie en het op correcte wijze volgen van de procedures. Als dit wel gebeurt, dan wordt het hart van het werk, dat wat het werk inhoudelijk moeilijk maar juist ook de moeite waard kan maken, benoemd als 'gedoe'. Terwijl dat 'gedoe' misschien wel de kern van het werk is, en de kwaliteit uitmaakt die het uiteindelijke resultaat bepaalt.

Cliënt als object of mede subject

Een derde kanttekening heeft te maken met het gevaar de cliënt teveel te zien als een 'object' van beïnvloeding, als iemand die tegen wil en dank 'veranderd wordt'. Boone en Poort vragen zich af wat de relatie is tussen effectiviteit en repressie. Is effectiviteit het tegenovergestelde van repressie? *'Aanhangers van de What Works benadering voeren louter rationele argumenten aan voor hun benadering. Men moet niet straffen maar 'behandelen' omdat dat beter werkt en de samenleving beter beschermt. Het is maar min of meer toevallig dat datgene dat goed is voor de samenleving ook het meest menselijk is ten opzichte van de dader. (...) Tegenover repressie staan echter menselijkheid en rechtvaardigheid, niet effectiviteit.'*

Westenwind

Buruma (NRC, 15-02-2003) geeft aan dat het erop lijkt of het recht tegenwoordig wordt gebruikt om de burger te behagen, maar dat het *'dan wel gaat om de burger als potentieel slachtoffer. Het gegeven dat wij ook verdachte of dader kunnen zijn, lijkt niet meer van belang.'*
Nijboer (Justitiële Verkenningen, p. 9) schetst een benadering in het strafrecht die hij de 'westenwind' noemt, uit de Verenigde Staten en Engeland overgewaaid: *'You're first a criminal and then a citizen'*. Het is de vraag of de westenwind ook binnen de reclassering moet gaan waaien. Waar de cliënt gevraagd wordt om volledig deel te nemen aan het maatschappelijk leven en om de verantwoordelijkheid als burger te nemen, moet de cliënt ook als burger worden benaderd.

G. van der Laan (Sociale Interventies, 2001) suggereert dat de feitelijke effectiviteit van het werk met mensen in de marge wel eens afhankelijk zou kunnen zijn van *'allerlei onzichtbare en moeilijk te objectiveren variabelen, zoals een mentaliteit van vasthoudendheid en betrokkenheid.'* De cliënt is niet alleen object van veranderingsinterventies, maar ook medesubject. *'It takes two to tango'.*

'HET WERK VRAAGT DAT DE RECLASSERINGSWERKER ELKE KEER OPNIEUW BEREID IS DE STRIJD MET ONGEMOTIVEERDE CLIËNTEN AAN TE GAAN'

2.13 Samenvatting

Met name in de Verenigde Staten, Canada, Engeland en Australië is de laatste jaren op grote schaal onderzocht waarin effectieve interventies zich onderscheiden van niet-effectieve interventies. In grote lijnen blijkt uit deze onderzoeken dat de beste reclasseringspraktijk aanzienlijk bijdraagt aan recidivevermindering. De gemiddelde praktijk levert daarentegen geen betere resultaten op dan straf alleen. En er zijn soorten interventies die een averechts effect hebben en juist recidive verhogend zijn.

Een reclasseringswerker is effectief als zijn handelingen het effect hebben dat hij voor ogen had. Op zich is dit glashelder. Maar het betekent wel dat van tevoren duidelijk moet zijn welk resultaat je beoogt. Voor de reclassering geldt verminderen van recidive als resultaatcriterium voor de totale inspanning die wordt geleverd. Dit is echter het mogelijke effect van het reclasseringshandelen. Dit effect valt niet onder de rechtstreekse controle van de reclassering. Dat geldt wel voor het resultaat: een wetenschappelijk en methodisch verantwoorde afronding van een goed uitgevoerd reclasseringstraject met een cliënt. Op dit resultaat kan de reclasseringswerker worden aangesproken. Op het effect niet. Dat is afhankelijk van (veel) meer factoren, op het niveau van de organisatie(s), de samenleving en van de cliënt.
Uit onderzoeken onder de verzamelnaam What Works blijkt dat de effectiviteit van reclasseringsinterventies samenhangt met vier belangrijke principes, die leidend moeten zijn bij het vaststellen van de interventies:

- *risicoprincipe: de intensiteit van de interventie moet passen bij het risico van recidive;*
- *behoefteprincipe: de inhoud van de interventie moet passen bij de specifieke criminogene factoren. Dit zijn die factoren die rechtstreeks in relatie staan tot het delict;*
- *responsiviteit: de interventies moeten zo zijn gekozen dat zij kunnen worden 'ontvangen' door de cliënt. In stijl en vorm moeten ze aansluiten bij diens competenties en de leerstijl;*
- *programma-integriteit: programma's moeten theoretisch goed zijn doordacht, vanuit een model, waarin is onderbouwd waarom deze ingrepen passend zijn.*

Van de volgende principes en typen interventies is aangetoond dat ze de kans op effectiviteit vergroten:

- *gebruik maken van een breed spectrum van interventies;*
- *interventies ontlenen aan de gedragsmatige en/of cognitieve aanpak;*
- *bij voorkeur extramuraal begeleiden;*
- *goede instroomselectie van cliënten;*
- *uitvoerende reclasseringswerkers die een goed prosociaal rolmodel vormen;*
- *aansluiten bij doelen van de cliënt;*
- *goede rolverheldering door de reclassering.*

Het is niet realistisch te denken dat in Nederland op korte termijn een geheel evidence-based stijl van reclasseringswerk kan worden ontwikkeld, waarbij alle interventies worden onderworpen aan een empirisch onderzoek naar resultaten. Wel is het realistisch te verwachten dat resultaten selectief worden geëvalueerd, zodat effectiviteitprincipes of theorieën verder kunnen worden ontwikkeld. Hierbij is van belang dat er een heldere en eenduidige maat voor recidive komt: de Recidivemonitor waar het WODC aan werkt. In ieder geval kan worden gesteld dat alle reclasseringsprogramma's op dit moment theoretisch goed doordacht zijn en dat theorie en werkwijze expliciet zijn gemaakt.

Hoofdstuk 3

Toezicht: het organisatorische kader

Hoe stuurt de organisatie de interventies van de werker? Welke organisatorische kaders gelden voor het handelen van de reclasseringswerker? Dit hoofdstuk beschrijft hoe het handelen van de reclasseringswerker is ingekaderd in datgene wat de organisatie beoogt en te bieden heeft. Van het benoemen van de verschillende interventies in producten en welke taken daarbij horen voor de reclasseringswerker, tot wat vanuit de organisatie gezien cruciale beslismomenten zijn waarvoor niet de individuele reclasseringswerker de verantwoordelijkheid kan nemen, maar waar samenspraak met anderen vereist is en waar de unitmanager de beslissing neemt. In dit hoofdstuk wordt dus vooral de procesgang beschreven die onderdeel is van de methodiek en die het professionele handelen van de reclasseringswerker verbindt aan de organisatorische context.

Een essentieel en onwrikbaar kader voor het handelen van de reclasseringswerker wordt uiteraard gevormd door de voorwaarden die justitie de cliënt heeft opgelegd. De bijzondere voorwaarden die door de rechter in het vonnis zijn opgelegd, bepalen wat de reclasseringswerker tijdens het toezicht moet controleren en vormen het kader waarbinnen de begeleiding plaatsvindt. In hoofdstuk 4 wordt de controlerende taak uitgewerkt.

In de afgelopen decennia stond de begeleidingsfunctie, passend bij hoe toen in de samenleving gedacht werd over criminaliteit, sterker in de aandacht dan de controlefunctie. Het vakmanschap van de reclasseringswerker werd ook onvoldoende gevoed en gesteund door kennis over- en methoden voor risicobeheersing en controle. De laatste jaren treedt hierin een kentering op. Deze verschuiving wordt vaak in verband gebracht met een andere kijk van de samenleving op crimineel gedrag en recente incidenten. Ook het onderzoek naar een verbetering van de kwaliteit en eenduidigheid van toezicht dat hierop volgde wordt in dit verband genoemd. Uiteraard zijn dit belangrijke en terechte aanleidingen voor een grondige herbezinning, maar ook wetenschappelijk onderzoek en het opdoen van meer kennis over het werken in gedwongen kader zijn hierop van invloed.

In dit hoofdstuk wordt ingegaan op het werkproces van de reclasseringswerker: wat zijn zijn taken en wat is in hoofdlijnen de bedoeling. Op de inhoud van de gedragsinterventies wordt slechts ingegaan voor zover dat van belang is voor de toezichthouder. Niet de precieze inhoud van die programma's is hier aan de orde, maar wel wat de toezichthouder van de programma's moet weten. Het schrijven van de rapporten voor justitie valt ook buiten deze beschrijving.

3.1 Diagnose en Advies, Toezicht en Interventies

Essentieel voor de inrichting van de procesgang is de opsplitsing van het reclasseringswerk in een onderdeel Diagnose en Advies en een onderdeel Toezicht en Interventies. Er zit een 'knip' in het contact tussen de reclasseringscliënt en de reclassering als organisatie; de cliënt krijgt eerst te maken met een reclasseringswerker die verantwoordelijk is voor de diagnose en indicatiestelling en die aan justitie rapporteert. Als justitie heeft bepaald dat de cliënt reclasseringstoezicht krijgt opgelegd, dan krijgt de reclassering opdracht om het toezicht uit te oefenen en wordt er daarna een toezichthouder toegewezen. De toezichthouder is dus een andere persoon dan de adviseur. Hoeveel tijd verstrijkt tussen het moment van rapporteren en de start van het toezicht, is dus vooral afhankelijk van de snelheid binnen de rechtsgang. De toezichthouder is de verbindende schakel tussen de verschillende reclasseringsinterventies die de controle en de begeleiding vormgeven. Hij is de centrale vertegenwoordiger van de organisatie, degene die verantwoordelijk is voor de voortgangsrapportages aan justitie en het vaste aanspreekpunt voor een cliënt. Voor specifieke onderdelen van het toezicht schakelt de toezichthouder collega's in die gedragsinterventies uitvoeren of hij verwijst de cliënt door naar andere instellingen, zoals bijvoorbeeld een forensisch psychiatrisch behandelinstituut. De interventies zijn gericht op specifieke omstandigheden, problemen of persoonskenmerken die bij deze cliënt samenhangen met het plegen van delicten. In situaties waarin de rapporteur constateert dat het van belang is om het contact vast te houden en het toezicht snel te starten, is het mogelijk om al voordat de rechter heeft gevonnist het toezichtstraject in te laten gaan. Deze vorm van toezicht heet pretoezicht. Pretoezicht kan worden ingezet in die situaties waarin er nog geen juridische titel is voor bemoeienis met de cliënt, maar er wel sprake is van een hoog recidiverisico, van ernstig gevaar of van een crisissituatie. Het pretoezicht wordt op dezelfde wijze vormgegeven als het toezicht.

3.2 Reclasseringsbegeleiding in vogelvlucht

Bij de volgende beschrijving is het Handboek Reclassering het uitgangspunt. Uitwerkingen zijn daarnaast ontleend aan *'Evidence Based Practice, a guide to Effective Practice'*, van Chapman en Hough, samengesteld in opdracht van de Engelse Probation Service (1998).

Het werkproces reclassering omvat:

- intake: aanmelding, inschrijving, toedeling, toewijzing en verzamelen van de dossierstukken;
- diagnose: het met behulp van het diagnostisch instrument dat de organisatie hanteert in kaart brengen en een samenhangend beeld vormen van de problemen die tot delictgedrag leidden, vaststellen van het risico op recidive en letselschade en op basis daarvan een indicatie stellen: aanbevelingen doen voor de bijzondere voorwaarden die nodig zijn om het risico op recidive en letselschade te verminderen, voor de intensiteit van het traject en voor de interventies die moeten worden ingezet;
- opstellen van een plan van aanpak waarin uitgewerkt wordt hoe het toezicht eruit gaat

zien. Hierin wordt uitgewerkt hoe met behulp van de controle en de begeleiding mogelijke risico's beteugeld zullen worden.;

- uitvoeren van het plan van aanpak;
- Hierbij hoort ook: controleren of de delictpleger zich houdt aan de gemaakte afspraken en signaleren wanneer er mogelijk sprake is van toenemend risico;
- tijdig rapporteren aan justitie over overtreding van de bijzondere voorwaarden en over toenemend risico;
- tussentijds evalueren en bijstellen van het plan;
- afsluiten van het traject. Soms is het nodig om tussentijds het traject af te breken. De noodzaak hiervan moet worden vastgesteld en het besluit dient op de juiste plek te worden genomen;
- verantwoorden van het traject.

3.3 Intake

De intake vindt plaats volgens de vastgestelde procedures. Het traject start op het moment dat de reclassering een verzoek krijgt om aan de rechtelijke macht, het OM of het gevangeniswezen te adviseren.
Van belang is het vaststellen van mogelijke risico's en het justitiële kader dat is opgelegd. Het maakt veel uit of een cliënt vanuit schorsing, na een vonnis of in een penitentiair programma een toezicht krijgt opgelegd. Hij stapt dan in een andere fase in, wat invloed heeft op de inhoud van het toezicht en de handelingsmogelijkheden van de toezichthouder.

3.4 Diagnose

Na de intake start de diagnostische fase. De reclasseringswerker van een unit Diagnose en Advies doet hiervoor onderzoek, dat wordt afgerond met een indicatiestelling. Hiervoor maakt hij gebruik van het diagnostisch instrument van de reclassering, RISc. Dit instrument gaat uit van wetenschappelijke inzichten over risicofactoren en beschermende factoren voor het (opnieuw) plegen van delicten. Dossierinformatie en een gesprek met de cliënt leveren input op voor het invullen van de RISc. Het kan nodig zijn om meer dan één gesprek te voeren met de cliënt, of om referentenonderzoek te doen om antwoord te krijgen op specifieke vragen. De reclasseringswerker stelt met behulp van RISc een integrale diagnose: op basis van alle beschikbare informatie maakt hij een inschatting van het risico op herhaling van het delictgedrag van de cliënt, het gevaarsrisico, de leefgebieden waar problemen zitten die verband houden met het delict, de samenhang tussen de verschillende problemen en de (on)mogelijkheden van de cliënt om op eigen kracht verandering te bewerkstelligen. Als dat nodig is, bijvoorbeeld als de werker veronderstelt dat stoornissen of beperkingen een rol spelen, wordt verdiepingsdiagnostiek aangevraagd.
De RISc is een instrument. Het kan alleen worden ingevuld op basis van beschikbare dossierinformatie en een gesprek. De reclasseringswerker vormt zich op basis van de uitslagen

van de RISc een professioneel oordeel over wat er aan de hand is en wat er moet gebeuren om mogelijke herhaling van delicten te voorkomen. RISc dwingt de werker zich zoveel mogelijk te baseren op feitelijke informatie (waaronder het dossier) en aan te geven waarop zijn beoordeling is gebaseerd. RISc helpt daarmee de beoordeling transparant te maken en te objectiveren. Door vervolgens de indicatiestelling te koppelen aan de uitslagen van de RISc, wordt de beoordeling van de werker gerelateerd aan wat bekend is uit wetenschappelijk onderzoek. Na afname van de RISc vindt collegiaal overleg plaats met de werkbegeleider. Dit geeft de mogelijkheid het eigen oordeel van de werker in breder verband te toetsen.

Risico van recidive en letselschade

Tijdens het onderzoeksproces stelt de reclasseringswerker met behulp van het diagnostisch instrument RISc de criminogene factoren vast die leiden tot delictgedrag. Op basis daarvan maakt hij een inschatting van twee verschillende soorten risico's:

- *Risico van recidive:* hoe groot is het risico dat iemand opnieuw delicten pleegt, of dat iemand wegens gebrek aan vaardigheden of door de chaotische levenssituatie opnieuw de fout ingaat?
- het risico op letselschade: hoe ernstig was het letsel dat iemand heeft toegebracht, vormt iemand een bedreiging voor anderen of zichzelf? De werker schat in wat de kans is op het toebrengen van fysieke schade door de cliënt. Hierbij gaat het om schade aan anderen, schade aan eigendommen en schade aan zichzelf, zoals zelfverwonding of druggebruik. Deze inschatting zegt dus niets over het risico van recidive op zich, maar over de ernst van het delict en de schade die iemand daarmee berokkent aan anderen of zichzelf.

Centraal staat de vraag of de delictpleger met de binnen het geldend justitieel kader ter beschikking staande middelen zodanig in zijn doen en laten kan worden beperkt, dat de reclassering de verantwoordelijkheid voor het toezicht op zich kan nemen. Soms moet de indicatie "te gevaarlijk om het risico te kunnen managen" worden gesteld. Wat wil zeggen "De reclassering kan bij deze persoon misschien wel aan gedragsbeïnvloeding werken, maar het risico blijft, ook met inzet van alle middelen waarover de reclassering beschikt, onaanvaardbaar hoog."

Criminogene factoren

Onderzoek wijst uit dat de recidivecijfers kunnen worden teruggebracht door die factoren aan te pakken die een risico vormen voor het toekomstige delictgedrag. Van sommige factoren is bekend dat ze een grote voorspellende waarde hebben: dit zijn de criminogene factoren. Ook is belangrijk om vast te stellen welke factoren bijdragen aan het gevaar dat iemand vormt voor zichzelf of anderen, dus aan het risico van schade en de ernst van de schade.
RISc richt zich op het in kaart brengen en begrijpen van deze factoren, zodat op basis daarvan een plan van aanpak met interventies kan worden gemaakt.

Statisch en dynamisch

Van belang bij de interventieplanning is het verschil tussen statische en dynamische risicofactoren. Statische factoren zijn niet veranderbaar. De delictgeschiedenis is bijvoorbeeld een factor die niet door interventies kan worden beïnvloed: het heeft geen zin te hopen op een ander verleden. Maar ook factoren in de persoon kunnen statisch zijn, zoals intelligentie en sommige vormen van impulsiviteit. Dynamische factoren, zoals opleidingsniveau en levensstijl, kunnen wel veranderen. Hoe groter het aantal statische risicofactoren, des te minder beïnvloedingsmogelijkheden zijn er voor de reclasseringswerker. Het toezichtdeel kan bij zulke cliënten, afhankelijk van het gevaar dat zij vormen, wel groot zijn.

Schaalverdeling RISc

RISc is onderverdeeld in schalen die elk vanuit een leefgebied de risicofactoren in beeld brengen. In de uitvoerige handleiding bij RISc staat een uitgebreide verantwoording van de onderzoeksgegevens waarop de schalen zijn gebaseerd (RISc, januari 2004). Hieraan is de volgende beschrijving van de risicofactoren ontleend.

Schaal 1: delictgeschiedenis

Dit is de sterkste voorspeller van de kans op recidive. Crimineel gedrag in het verleden bepaalt in grote mate het criminele gedrag in het heden en daarmee ook de kans op recidive in de toekomst.

Schaal 2: analyse huidig delict

Verschillende delicten kennen ook verschillen in recidivecijfers. Zo kent inbraak een hoge recidive. Bovendien zijn er elementen van het delict die een indicatie geven voor het risico van schade, bijvoorbeeld het gebruik van wapens en geweld, het al dan niet maken van slachtoffers en de aanwezigheid van seksuele aspecten. Ook de omstandigheden en aanleiding tot het delict kunnen een indicatie geven van het gevaar.

Schaal 3: huisvesting en wonen

Gebrek aan permanente behoorlijke huisvesting is een belangrijke voorspeller voor recidive. Een cliënt zonder vaste woonruimte of een cliënt die vaak van woonomgeving wisselt of in een omgeving woont die voor hem aanleiding geeft voor crimineel gedrag, heeft een grote kans om terug te vallen in delictgedrag. Huisvesting is vaak ook een indicator voor sociale uitsluiting of isolement.

Schaal 4: opleiding, werk en leren

Spijbelen is een voorspeller van later crimineel gedrag, vooral bij jongens. Positieve veranderingen op het gebied van werk of opleiding blijken de kans op recidive te verminderen.

Dat laatste geldt ook voor het alfabetiseren van mensen met weinig of geen lees-, reken- en schrijfvaardigheden. Werkloosheid hangt in hoge mate samen met het risico van

>

>

recidive. Deze relatie is niet altijd direct. Wel biedt werkloosheid en het niet hebben van een (zinvolle) dagbesteding kansen om delicten te plegen, al dan niet ingegeven door geldgebrek door het niet werken. Naast een voorspeller voor terugval in delictgedrag, blijkt werkloosheid ook samen te hangen met het plegen van gevaarlijke delicten en geweld, dus met het risico op letselschade. Er is vooral een sterke relatie tussen werkloosheid en het opnieuw plegen van een seksueel delict.

Schaal 5: inkomen en omgaan met geld

Een slechte financiële situatie hangt sterk samen met het herhalen van delictgedrag. Ook blijkt een slechte financiële situatie het risico van huiselijk geweld te vergroten. Financiële druk kan in sommige gevallen op de lange termijn leiden tot zelfverwondend gedrag en (poging) tot zelfmoord.

Schaal 6: relatie met partner, gezin en familie

Belangrijk voor het inschatten van het recidiverisico is de mate waarin er in de directe omgeving van de cliënt hechte banden zijn met een niet-criminele partner en niet-criminele gezins- of familieleden. Ook de stabiliteit en tevredenheid met bestaande relaties spelen een belangrijke rol. Ook voor alleenstaanden is de tevredenheid met de huidige situatie een belangrijke factor voor het risico van recidive. Jeugdervaringen blijken voorspellend te zijn voor latere criminele handelingen. Vooral discontinuïteit in verzorging in de (vroege) jeugd, bijvoorbeeld een internaatsverleden, het ontbreken van een hechtingsfiguur en het ontbreken van een sociaal rolmodel blijken voorspellers voor later delictgedrag. Onderzoek laat ook zien dat er samenhang is tussen zeer negatieve jeugdervaringen, zoals misbruik en mishandeling, en het gevaarsrisico voor zichzelf en anderen.

Schaal 7: sociaal functioneren

Daders met een sociaal netwerk (vrienden en kennissenkring) in het criminele circuit, recidiveren meer en worden vaker opnieuw veroordeeld: daders die veel tijd doorbrengen met andere daders vallen vaker in herhaling en recidiveren. Het omgekeerde gaat ook op: hoe sterker een netwerk zonder criminele contacten, hoe kleiner de kans dat de cliënt recidiveert. Het netwerk kan dus een beschermende functie vervullen en ertoe bijdragen dat de cliënt niet recidiveert. Niet alleen de aard en de omvang van het netwerk zijn belangrijk. Hoe de cliënt zich binnen dit netwerk beweegt en hoe hij sociale contacten aangaat en onderhoudt, moet ook worden meegewogen. Buitensporig sensatie zoeken, grote risico's nemen om een behoefte aan opwinding te bevredigen en gemakkelijk meelopen met anderen, zijn eveneens zaken waarvan is aangetoond dat zij bijdragen aan het recidiveren van een cliënt.

Schaal 8: druggebruik

Er is een sterke samenhang tussen druggebruik en de kans op recidive. Gaat het druggebruik samen met een persoonlijkheidsstoornis, dan is er een verhoogd gevaarsrisico voor de cliënt zelf of de mensen om hem heen.

>

>

Schaal 9: alcoholgebruik

Alcoholgebruik is wel een factor, maar blijkt lang niet zo'n sterke voorspeller voor toekomstig delictgedrag als druggebruik. Vooral geweldsdelicten en verkeersdelicten worden vaak onder invloed van alcohol gepleegd.

Schaal 10: emotioneel welzijn

Er is een samenhang tussen het emotioneel welzijn en recidive van delictgedrag, maar die is niet erg sterk. De volgende factoren kunnen een rol spelen bij recidive: het niet goed kunnen omgaan met stress, depressie, psychologische en psychiatrische problemen. Deze factoren kunnen wel belangrijk zijn als het gaat om het risico van schade.

Schaal 11: denkpatronen, gedrag en vaardigheden

Een aanzienlijk aantal daders vertoont verschillende cognitieve tekorten die samenhangen met het risico van recidive. Zo is er vaak een gebrek aan sociale vaardigheden, een tekort in de impulscontrole, een rigide denkpatroon, een tekort in probleembesef en probleemoplossende vaardigheden en onvermogen om het perspectief van de ander in te nemen. Vaak vormen deze tekorten de onderliggende oorzaak van problemen op veel gebieden in het leven van de cliënt. Ze bepalen hoe de cliënt omgaat met de problemen van alledag en hoe de cliënt omgaat met anderen. Gerichte programma's om denkpatroon, gedrag en vaardigheden aan te pakken, verkleinen de recidivekans. Een verbetering op het gebied van denken, gedrag en vaardigheden zorgt ook vaak voor verschuivingen op andere gebieden, zoals het vinden van werk, een huis, een relatie behouden, en dergelijke. Er is een zeer sterke relatie tussen impulsief, boos en agressief gedrag en bepaalde zware delicten. Een hoge score op deze schaal moet worden meegewogen bij de inschatting van het risico van schade.

Schaal 12: houding

De houding van de cliënt is een belangrijke factor bij het inschatten van het recidiverisico. Vooral een pro-criminele houding, dus een positieve houding tegenover het gepleegde delict, is een adequate voorspeller van het niet nakomen van door justitie gestelde voorwaarden en het recidiveren in het algemeen. Uit Canadees onderzoek blijkt dat de houding van de dader een van de belangrijkste factoren is die bijdraagt aan recidive. Om recidive terug te dringen moet de houding dan ook altijd worden meegenomen in de interventie. Specifieke aandacht is nodig voor vijandigheid en het niet willen erkennen van persoonlijke grenzen van anderen, zoals slachtoffers, omdat dit samengaat met een verhoogd risico op geweldsdelicten.

Schaal 13: aanvullende informatie

Deze schaal wordt niet gescoord, omdat er geen zaken aan bod komen waarvan een directe relatie is aangetoond met recidive. Wel komen er feitelijke zaken naar voren die invloed hebben op het plan van aanpak, zoals gezondheid, zorgtaken en vrijetijdsbesteding.

>

3.4.1 Indicatiestelling

"Indicaties zijn empirisch of theoretisch onderbouwde aanbevelingen voor één of meer interventies" (de Bruyn, geciteerd in Bosker 2008).
Een indicatiestelling bij de reclassering vindt plaats volgens de stappen die daarvoor in de handleiding RISc zijn beschreven. Deze zijn geformaliseerd en objectiveerbaar. De onderbouwing van de aanbevelingen bestaat uit de interpretatie van de uitslagen van de RISc, eventueel aangevuld met verdiepingsdiagnostiek, en de geconstateerde responsiviteit van de cliënt. Anders gezegd: er is vastgesteld wat de criminogene factoren zijn waaraan gewerkt moet worden en er is vastgesteld in welke mate de cliënt bereid en in staat is om aan deze factoren te werken. Als de responsiviteit gering is, wordt aangegeven welke interventies nodig zijn om dit te vergroten.

Onderdelen van de indicatiestelling zijn:

- vaststellen van het recidiverisico, het risico op letselschade, de criminogene factoren en de responsiviteit
- inschatten van compenserende factoren;
- inschatten van specifieke beperkingen;
- Op basis daarvan formuleren van doelen voor het risicomanagement en voor de gedragsbeïnvloeding/begeleiding
- vaststellen van de meest geëigende interventies op beide terreinen;
- inschatten van benodigde bijzondere voorwaarden als kader voor het toezicht;
- inschatten of pretoezicht noodzakelijk is.

Vaststellen meest geëigende interventies voor gedragsbeïnvloeding

Aan de hand van de criminogene factoren en de responsiviteit van de cliënt stelt de reclasseringswerker vast welke interventies nodig zijn. Hierbij is van belang dat het doel van de interventies wordt omschreven, dat de inhoud van de interventie zo duidelijk mogelijk wordt geformuleerd en dat een indicatie wordt gegeven van de intensiteit van de interventie. De What Works principes zijn hiervoor richtinggevend: de meest intensieve begeleiding voor de hoge risicogroep. De interventies zijn gericht op het beïnvloeden van de criminogene factoren en afgestemd op de responsiviteit van de cliënt.

Vaststellen van het benodigde risicomanagement

Op basis van de inschatting van de risico's – en vooral de inschatting van de kans op het toebrengen van letselschade, dus het gevaar dat de cliënt voor anderen kan betekenen - stelt de werker vast welke mate van vrijheidbeperking en toezicht nodig is. Welk kader lijkt voor deze cliënt het meest geschikt, wat heeft de reclassering nodig voordat zij gericht en verantwoord aan reïntegratie kan werken? Welke bijzondere voorwaarden moeten in het vonnis worden opgenomen, hoe kan de controle daarop worden vormgegeven? Soms is het nodig om de dader voor een bepaalde tijd te verwijderen uit zijn sociale omgeving. Als onderdeel van deze inschatting gaat de werker met name expliciet na in hoeverre ambulante begeleiding door de reclassering verantwoord is, vanuit het perspectief van de samenleving. Bij risicomanagement is de eerste vraag: hoe moet de samenleving beveiligd worden tegen het risico dat deze cliënt ernstige schade berokkend? Bij de inschatting hiervan gaat het dus in eerste instantie niet om de vraag of het agogische aanknopingspunten biedt ("Is het goed voor de ontwikkeling van de cliënt, verandert het de criminogene factoren op de lange termijn"), maar gaat het er nadrukkelijk ook om dat wordt nagegaan hoe vanaf de start van het traject de vrijheid van de cliënt beperkt moet worden en hoe de reclassering er in het belang van de samenleving op kan toezien dat de cliënt zich houdt aan de beperkingen die zijn opgelegd. De werker vraagt zich dus af: hoe ernstig is het letsel dat deze delictpleger heeft toegebracht, wat is de inschatting voor de toekomst (herhaling of escalatie), wie loopt gevaar, hoe acuut is het gevaar? Welke bewegingsvrijheid en handelingsvrijheid moet aan deze delictpleger worden opgelegd, zodanig dat het risico verantwoord klein is geworden? Welk advies formuleren we naar de rechtbank over de inhoud van de bijzondere voorwaarden? Hoe gaan we dat controleren, welke middelen zetten we in? Hoe signaleren we tijdens het toezichttraject of het risico toeneemt of juist afneemt?

Inschatten compenserende factoren

Naast de verschillende risico's en criminogene factoren moeten ook eventuele compenserende factoren in kaart worden gebracht: in hoeverre heeft iemand 'pro-sociale' relaties of verricht hij pro-sociale activiteiten. Naarmate iemand meer in de marge van de samenleving leeft, worden de risico's groter. Het omgekeerde geldt ook: risico's kunnen soms worden verminderd door een betere inbedding in de samenleving. In dit verband is het ook belangrijk te zoeken naar specifieke kwaliteiten of kenmerken van de cliënt, die hem tijdens de begeleiding van nut kunnen zijn. In de diagnostische fase stelt de werker vast welke bronnen van steun - bij de cliënt zelf en in zijn omgeving - kunnen worden ingeschakeld om de doelen te bereiken.

Inschatten specifieke beperkingen

Met het diagnostisch instrument RISc wordt vastgesteld of er specifieke beperkingen zijn waarmee rekening moet worden gehouden tijdens de begeleiding. Voorbeelden zijn zwakbegaafdheid of een psychiatrisch ziektebeeld. Soms is dit al zonder een verdiepingsdiagnostiek duidelijk, bijvoorbeeld doordat al in een eerder stadium een diagnose is gesteld.

Inschatten en beïnvloeden responsiviteit

In deze fase moet de cliënt zelf gaan begrijpen wat het doel is van de begeleiding, welke voordelen die hem kan opleveren, welke inzet van hem zelf wordt verwacht en wat de consequenties zijn als hij zich niet of gebrekkig inzet. Volgens Jagt (2001) vindt reclasseringsbegeleiding vanaf de allereerste start 'op twee sporen' plaats: *de reclasseringswerker verzamelt informatie en verbindt daar conclusies aan, maar probeert tegelijkertijd de cliënt vanaf het begin te motiveren voor veranderingen van attitude en gedrag. De werker moet dus twee dingen tegelijk doen: enerzijds voldoende afstand bewaren om aan de hand van objectieve gegevens en eigen indrukken een diagnose te kunnen stellen en anderzijds voldoende contact met de cliënt maken om hem erbij te betrekken en te motiveren.* Hiervoor moet de werker inschatten in welk stadium van de motiveringscyclus (zie hoofdstuk 12) de cliënt zich bevindt en daar zijn interventies op afstemmen. Ook een onderzoek naar de manier waarop iemand optimaal kan leren, hoort

hierbij. Aansluiting bij de leerstijl van de cliënt en het maken van een verbinding met de doelen van de cliënt zijn immers een kenmerk van effectieve praktijken.
In het gunstigste geval raakt de cliënt tijdens deze eerste fase gemotiveerd om actief deel te nemen aan het traject. In het ongunstigste geval is en blijft er veel weerstand en ziet de cliënt het nut van het contact niet.

Inschatten of pretoezicht noodzakelijk is

Als de rapporteur inschat dat het noodzakelijk is om het toezichttraject zo snel mogelijk te starten, wordt contact gelegd met de unit Toezicht en Interventies, zodat het traject gestart kan worden nog voordat justitie daartoe formeel opdracht heeft gegeven. Hierdoor wordt mogelijk de periode waarin een cliënt zonder toezicht is tussen het uitbrengen van het advies aan de rechtbank en de werkelijke start van het toezicht na het vonnis te overbruggen. Hoewel hiermee wordt vooruitgelopen op de beslissing van de rechter wordt tegelijkertijd voorkomen dat onbehandelde risicovolle delictplegers in die periode zonder toezicht in de samenleving verblijven.

3.5 Opstellen plan van aanpak

Er kan enige tijd verstrijken tussen de indicatiestelling en de opdracht aan de unit Toezicht en Interventie om het toezicht vorm te geven. Op basis van de indicatiestelling en de actuele situatie van dat moment maakt de reclasseringswerker van unit Toezicht en Interventie een plan van aanpak voor een gestructureerde inzet door de reclassering en andere partners. Het plan van aanpak moet helder en expliciet aansluiten bij de diagnose en zijn afgestemd op de vastgestelde risico's en criminogene factoren en op de responsiviteit van de cliënt. Zowel risicomanagement, gedragsverandering, als begeleiding komen in het plan van aanpak aan de orde.

3.5.1 Inschatten intensiteit

De bevindingen van What Works bieden een leidraad om vast te stellen hoe intensief de begeleiding moet zijn:

- Cliënten met een zeer hoog recidiverisico: een vast, niet erg intensief programma-aanbod. Voor deze groep zijn geen interventieprogramma's bekend die effectief zijn. Wel is strikt risicomanagement noodzakelijk. De strakke controletaak maakt het traject voor een dergelijke cliënt in dat geval zeer arbeidsintensief.
- Cliënten met een gemiddeld risico: intensieve inzet en veel programma's, afgestemd op de specifieke criminogene factoren van de cliënt. De kans op terugdringen van recidive is bij deze groep het grootst.
- Cliënten met een laag risico en met positieve bindingen: een niet-intensieve inzet en weinig of geen programma's. In dit geval is er nauwelijks meer nodig dan een ondersteunend contact, advies en hulp bij toegang tot hulpbronnen (de weg wijzen). Intensieve inzet kan voor deze groep juist recidivebevorderend zijn.

3.5.2 Twee niveaus

Het plan van aanpak heeft betrekking op twee niveaus:
Risicobeheersing: de adviseur heeft op grond van de diagnose een inschatting gemaakt van het potentiële recidiverisico en risico op letselschade. De toezichthouder ontwikkelt een plan om dit risico te minimaliseren, voorzover dit mogelijk is met de middelen – en de samenwerkingsrelaties – van de reclassering.
Begeleiding en gedragsbeïnvloeding: hier gaat het om de mate, inhoud en richting van de begeleiding binnen de eerder gegeven of geadviseerde kaders: wat zijn begeleidingsdoelen en mogelijkheden, welke inzet is nodig om de doelen te bereiken en wat betekent dit voor deelname van de cliënt aan programma's? Ook hierbij zoekt de reclasseringswerker vanaf het begin de verbinding tussen twee sporen: het ene spoor is de realistische inschatting van risico's, mogelijkheden en beperkingen. Welke doelen en middelen acht de reclasseringswerker noodzakelijk en haalbaar? Het andere spoor is het zoeken van verbinding en contact met de cliënt: samen met de cliënt nagaan welke (korte termijn) doelen hem kunnen motiveren. De reclasseringswerker bewaakt daarbij dat de doelen van de cliënt te relateren zijn aan de doelen die voor de reclassering noodzakelijk en haalbaar zijn.

3.5.3 Inhoud

Het plan van aanpak bevat in elk geval een onderdeel gericht op risicomanagement en een onderdeel gericht op gedragsbeïnvloeding en begeleiding.

Gericht op risicomanagement

Op basis van de inschatting van het gevaarsrisico, bepaalt de reclasseringswerker:

- hoe het geïndiceerde potentiele risico, beperkt kan gaan worden;
- waarvoor de reclassering wel en waarvoor geen verantwoordelijkheid kan dragen;
- hoe en hoeveel controle kan worden uitgeoefend en wat de consequenties zijn van het niet nakomen van de kaderstellende afspraken door de cliënt, kortom: of hij beschikt over de middelen om de benodigde striktheid van het juridisch kader waar te maken;
- hoe intensief de cliënt moet worden gecontroleerd: hoe vaak is er contact, met wie en waarover, hoe streng zijn de regels en welke consequenties zijn er bij overtreding;
- waartoe is hij verplicht en wat is hem niet toegestaan (geboden en verboden)
- de inzet van aanvullende controlemiddelen, zoals elektronisch toezicht en drugscontroles;
- de rol van de politie en van andere professionals;
- de rol van de cliënt zelf en van het sociale netwerk van de cliënt.

Gericht op gedragsbeïnvloeding en begeleiding

In dit onderdeel bepaalt de reclasseringswerker:

- of de door de adviseur geïndiceerde interventies nog steeds actueel en nodig zijn, gezien eventuele tussentijdse veranderingen in de criminogene factoren;
- de veranderingsdoelen van de interventies;
- de leerstijl van de cliënt en hoe die van invloed is op de in te zetten interventies;
- de structuur van de interventies: welke programma's of activiteiten gaat de cliënt volgen

en wat vindt in de begeleiding plaats, op welke criminogene factoren zijn die onderdelen specifiek gericht en welke methoden worden toegepast;
- de volgorde, bijvoorbeeld eerst werken aan een vaste dagstructuur voordat naar een baan kan worden gezocht;
- de intensiteit: hoeveel tijd gedurende welke periode;
- reïntegratie;
- betrekken van het sociale netwerk: welke afspraken zijn hiermee mogelijk en zinvol;
- de rol van andere instellingen in het traject en met hen gemaakte afspraken;
- of toeleiding naar zorg nodig is;
- welke afspraken er zijn met de cliënt.

Dit plan wordt vastgesteld volgens de intern afgesproken procedures: de werkbegeleider voert een inhoudelijke check uit en de unitmanager geeft daarna zijn formele goedkeuring met een handtekening. In de volgende stap wordt het plan besproken met de cliënt en daarna voorgelegd aan justitie. Afhankelijk van het moment waarop de cliënt aan de reclassering wordt toegewezen, is dit de officier van justitie, de rechter of de directie van een penitentiaire inrichting of forensisch psychiatrisch centrum/tbs-kliniek. De laatste stap voor de uitvoering is dat justitie besluit en de cliënt zijn handtekening zet onder de akkoordverklaring.

3.6 Uitvoeren

Is het plan van aanpak opgesteld en goedgekeurd, dan zet de toezichthouder het in werking. Hij zorgt ervoor dat alle inspanningen van de reclassering samen een logisch, onderbouwd en te verantwoorden geheel vormen. In zijn rol als casemanager voert hij de regie, ziet erop toe dat het traject wordt uitgevoerd zoals bedoeld en bewaakt in welke mate de doelen worden bereikt. Dit hele traject legt hij vast in een dossier en zijn rapportages. Dit vormt de verantwoording en de informatie aan justitie. Deze wijze van documenteren maakt ook de overdracht naar collega's of andere instellingen gemakkelijker.
De toezichthouder is degene die controleert of de cliënt zich houdt aan de opgelegde (bijzondere) voorwaarden en die de cliënt motiveert en stimuleert zich aan deze opgelegde voorwaarden te houden. Hij spreekt de cliënt aan op overtredingen en stelt vast of de overtreding van dien aard is dat justitie hierover moet worden ingelicht. Ook is hij voor de cliënt het vaste contactpunt, degene die ondersteunt bij het tot stand komen van gedragsverandering en die samen met de cliënt de samenhang van de onderdelen vasthoudt. Bovendien is de toezichthouder – als dat nodig blijkt te zijn - verantwoordelijk voor het (al dan niet samen met de cliënt) creëren van de benodigde randvoorwaarden op gebied van huisvesting, inkomen, of verslavingsproblematiek. Dat betekent 'werken op twee sporen', met alle methodische dilemma's die dit met zich meebrengt. Enerzijds stelt de werker zich 'tegenover' de delictpleger op, begrenst, controleert en rapporteert. Anderzijds is de werker de begeleider van het veranderingsproces van de cliënt. Hij zoekt samen met de cliënt naar mogelijkheden om belemmeringen te overwinnen of sterke punten beter in te zetten en motiveert hem vol te houden.

Taken van de toezichthouder

Bij de uitvoering van het plan van aanpak heeft de reclasseringswerker de volgende taken:
Controle op nakomen van de verplichtingen: een deel van het risico van recidive en van het risico van gevaar voor de omgeving is, als het goed is, afgedekt door de striktheid van de bijzondere voorwaarden die door justitie zijn gesteld en van het justitiële kader waarin de cliënt wordt geplaatst. Controle op het nakomen van de voorwaarden is een taak voor de toezichthouder. Hoeveel gezag heeft de werker formeel en hoe maakt hij dat waar in het contact met de cliënt? Welke anderen kunnen worden ingeschakeld bij het vormgeven van het risicomanagement, hoe zijn de afspraken met politie en OM en kan de werker daarvan op aan? Dat wordt bepaald door het kader.

Begeleiden bij programmadeelname: de cliënt motiveren aan de programma's deel te nemen en hem informeren over wat hem in het programma te wachten staat. Uit ervaringen in Canada en Engeland blijkt dat aparte programma's om de motivatie van de cliënt te beïnvloeden minder goed werken dan de beïnvloeding door de toezichthouder. De toezichthouder en cliënt kunnen soms enige tijd nodig hebben voordat een cliënt voldoende 'responsief' is voor een programma. Tijdens de looptijd van de programma('s) kan de toezichthouder ondersteunend werk doen, bijvoorbeeld door toepassing van nieuw geleerde vaardigheden te stimuleren. Bovendien moet gedragsverandering in de dagelijkse leefsituatie worden bestendigd. Dit betekent dat de toezichthouder begeleider na afloop van een gedragsinterventie nog enige tijd actief bekijkt hoe het in de dagelijkse situatie verder gaat met de cliënt. Hij moet rekening houden met terugval en met de mogelijkheid dat anderen de verworvenheden van de cliënt ondermijnen. De toezichthouder is dan ook een belangrijke factor in het vasthouden van het effect van programma's.

Creëren van de benodigde randvoorwaarden: cliënten komen in het dagelijks leven vaak op dezelfde manier in de problemen op de verschillende levensterreinen. Om dit te voorkomen zijn gedragsverandering en verandering in denkpatronen belangrijk. Maar vaak moet de cliënt ook worden geholpen bij het regelen van een aantal belangrijke bestaansvoorwaarden en bij het oplossen van problemen. De reclasseringswerker moet steeds beslissen of hij iets 'overneemt' en iets regelt voor de cliënt, of dat hij de cliënt ondersteunt om het zelf te doen. De keuze hangt af van de mate waarin de cliënt eventueel in crisis of chaos verkeert en van zijn vaardigheden en vermogens. Ondersteuning kan bestaan uit het voorbespreken van stappen die de cliënt gaat ondernemen, oefenen, nagaan wat er mis is gegaan en hoe het een volgende keer beter kan of waar nodig samen met de cliënt een stap zetten om een zaak te regelen, bijvoorbeeld door mee te gaan naar de uitkeringsinstanties. Maar het kan ook nodig zijn om iets over te nemen, om namens of ten behoeve van de cliënt contact op te nemen met derden. Hoewel daar niet al te snel toe moet worden besloten, kan soms duidelijk zijn dat een cliënt niet of niet binnen een afzienbare termijn de vaardigheden kan ontwikkelen die nodig zijn om essentiële bestaansvoorwaarden te verwerven.

Plannen van de activiteiten: het plan van aanpak beschrijft in heel grote lijnen wat er moet gebeuren. In het werkproces met de cliënt wordt (vaak in kleine stapjes) aan specifieke, haalbare doelen gewerkt. De nadruk ligt dan op aantoonbare veranderingen. De toezichthouder heeft voortdurend het plan van aanpak als leidraad: de intensiteit en het soort activiteiten blijven duidelijk gekoppeld aan de diagnose, het plan wordt er regelmatig bij gepakt, er wordt gekeken of het werkt, of het moet worden herzien. Periodiek wordt het diagnostische instrument opnieuw ingezet om te kijken of er verandering is opgetreden in de risicofactoren.

Coördineren en bewaken van de uitvoering van het plan: de toezichthouder coördineert de uitvoering en zorgt dat activiteiten in de goede volgorde en op tijd kunnen starten. Hij draagt zorg voor de onderlinge afstemming van verschillende activiteiten in het plan. Hij informeert de betrokken uitvoerders over alles wat ze moeten weten en gaat bij de betrokken programma-uitvoerders en instellingen na hoe de cliënt het doet.

Contact met alle betrokkenen: de toezichthouder heeft contact met de cliënt, met uitvoerders van programma's binnen de reclassering en met andere betrokken instellingen. Wanneer een andere instelling kan worden ingeschakeld, zorgt hij voor een juiste verwijzing. Soms is ook contact met personen uit het sociale netwerk van de cliënt noodzakelijk of gewenst. Als onderdeel van de begeleiding, maar ook vanwege het risicomanagement: zij kunnen een rol spelen bij het signaleren van toenemend risico.

Inschakelen netwerk voor de langere termijn: voor blijvende reïntegratie is het belangrijk op lange termijn personen uit het sociale netwerk of professionals in te schakelen. Bijvoorbeeld omdat de cliënt toch blijvend een aantal risicofactoren houdt en niet zonder enige mate van toezicht kan. Er kunnen belangrijke statische risicofactoren zijn, niet veranderbaar dus. En sommige risicofactoren zijn misschien theoretisch wel te beïnvloeden, maar bij deze concrete cliënt wil dat niet lukken. Bij zwakbegaafden kan ook blijvende structurering van buitenaf nodig zijn. De rol van de reclassering is afgebakend in tijd en houdt dus na de afgesproken periode op. Het doel van de trajecten moet minstens zijn: een cliënt die zonder reclasseringsinspanning verder kan op een zo recht mogelijk pad. Daarvoor is inbedding in de gemeenschap nodig, inbedding in een sociaal netwerk, of op zijn minst contacten met instellingen die kunnen helpen het reguliere leven vast te houden. Het is tenslotte irreëel om te verwachten dat de meeste mensen het helemaal zonder steun afkunnen.

Contact met de organisatie bij de beslismomenten: de toezichthouder overlegt op belangrijke beslismomenten met de werkbegeleider en legt alle formele besluiten die in het traject moeten worden genomen via de werkbegeleider voor aan de unitmanager. De toezichthouder doet hiervoor een voorstel, met redenen omkleed. De formele beslismomenten zijn:

- vaststellen van plan van aanpak;
- tussentijdse evaluatie en besluit tot wijziging van het traject;
- tussentijds stopzetten van het traject;
- regulier afsluiten van het traject.

Bewaken van de integriteit van het traject: de toezichthouder is verantwoordelijk voor de 'integriteit' van het hele traject, dus dat het plan in zijn geheel wordt uitgevoerd zoals het bedoeld is.

Rugdekking toezichthouder

De rol van de toezichthouder is cruciaal. De toezichthouder vertegenwoordigt de reclassering ten opzichte van de cliënt. Hij belichaamt de waarden, de autoriteit en de betrouwbaarheid van de organisatie. Dat dit niet altijd eenvoudig is, mag duidelijk zijn. Het gevaar bestaat, dat de reclasseringswerker te veel de individuele verantwoordelijkheid voelt en van mening is dat hij het zelf moet oplossen als hij het even niet meer weet. Overleg met collega's, inbreng in casuïstiekbesprekingen, advies vragen aan de werkbegeleider, weten wanneer een besluit formeel door de unitmanager moet worden genomen, en weten wanneer het strategisch goed is om een besluit door de unitmanager te laten nemen, draagt allemaal bij aan een goede praktijk. Natuurlijk is de toezichthouder een centraal contactpunt voor de cliënt. Hij moet iedere keer weer de kunst verstaan met een individuele cliënt een productieve werkrelatie op te bouwen. Maar de cliënt is niet alleen de cliënt van de individuele toezichthouder. Elke cliënt is een reclasseringscliënt, een cliënt van de organisatie, waar meerdere werkers bij betrokken zijn en waar een unit als geheel verantwoordelijkheid voor draagt. Dat gegeven maakt het noodzakelijk dat elke individuele werker verbinding en rugdekking zoekt bij de organisatie, en dat de organisatie dit ook biedt. Ook is het noodzakelijk dat goed wordt vastgelegd op grond van welke argumenten en met consultatie van wie de besluiten in het traject zijn genomen. Op het moment dat de organisatie ter verantwoording wordt geroepen over de gekozen handelswijze is het essentieel dat het traject goed gedocumenteerd is.

3.7 Risicomanagement

Risicomanagement is een integraal onderdeel van het toezicht, maar de functie van risicomanagement moet wel goed worden onderscheiden. De vrijheid van de delictpleger wordt door de bijzondere voorwaarden die zijn opgelegd door justitie beperkt. De toezichthouder ziet erop toe dat de delictpleger handelt en zich gedraagt overeenkomstig de gemaakte afspraken. Hij ziet er ook op toe dat de delictpleger zich bevindt op de plaats waar hij volgens afspraak of programma-invulling moet zijn. Risicomanagement gaat dus over het controleaspect van de reclasseringstaak. De delictpleger moet zich houden aan voorwaarden die door justitie zijn gesteld en aan de aanwijzingen van de reclassering. Doet de delictpleger dit niet, dan meldt de reclasseringswerker dit aan justitie en volgt de passende justitiële reactie. Het doel van het hele proces is: zorgdragen voor het naleven van de door justitie gestelde voorwaarden en/of door de rechter opgelegde maatregelen.
Het is niet eenvoudig om precies te bepalen wat de reikwijdte van de taak van de reclasseringswerker is bij risicomanagement. Waar ziet hij op toe en welke middelen staan hierbij ter beschikking? Met bijvoorbeeld: elektronisch toezicht (ET) kan precies worden afgesproken wanneer de cliënt thuis moet zijn. Het systeem meldt vanzelf een overtreding. ET is daarmee een goed hulpmiddel om te zorgen dat de cliënt geografisch wordt ingeperkt. Maar

wat de cliënt doet op die plekken en of de andere risicofactoren voor recidive onder controle zijn, dat is afhankelijk van wat de reclasseringswerker verder inzet: hoeveel controle wordt er uitgeoefend en hoe verhoudt zich dat met het begeleidingstraject? Of bestaat de controle er slechts uit dat de werker aan de cliënt vraagt of hij zich heeft gehouden aan de afspraken? ('En? Hoe is het gegaan?') En wat zijn in dit verband precies de afspraken? Aan de complexe functie en inhoud van risicomanagement is hoofdstuk 4 volledig gewijd. Daarin komt ook aan de orde hoe toezicht optimaal kan worden benut.

3.8 Toeleiding zorg

Volgens het Handboek Reclassering is toeleiding zorg *'een samenstel van activiteiten, dat leidt tot het plaatsen en/of realiseren van behandeling van de reclasseringscliënt binnen een intramurale zorginstelling, extramurale behandeling of binnen een maatschappelijke opvangorganisatie'.* Belangrijk is ook hier dat de relatie helder is tussen het beoogde zorgtraject en het voorkomen van recidive. De reclassering verwijst naar instellingen waar de regels niet hetzelfde zijn als binnen de eigen instelling. Andere organisaties hebben andere regels, andere gevoeligheden en andere belangen. Om goed te kunnen samenwerken, moet de reclasseringswerker helder zijn over de eigen rol en wat hij van de andere instelling nodig heeft om die rol naar behoren te kunnen vervullen. De toezichthouder stemt de interventies van deze instellingen af met de interventies van de reclassering. Hij informeert de begeleiders van andere instellingen over de risicofactoren en de verantwoording die de reclassering daarover moet afleggen aan justitie. En vanuit de controlerende rol maakt hij heldere afspraken over hoe alle betrokkenen dienen te handelen bij de signalering van eventueel toenemend risico. De reclassering kan alleen succesvol werken als er geschikte partnerorganisaties zijn waarmee een goede samenwerkingsrelatie bestaat. Partnerorganisaties die beseffen dat de reclassering niet alleen een begeleidende, maar ook een controlerende rol heeft en die bereid zijn de reclassering te informeren als het handelen van de cliënt niet strookt met de voorwaarden en de regels van het toezicht.

3.9 Gedragsinterventies

Om de doelen uit het plan van aanpak te kunnen bereiken, zet de reclassering reïntegratieprogramma's in. Volgens het Handboek Reclassering is een programma *'een training waarbij de cliënt inzicht en/of vaardigheden worden bijgebracht op één van de volgende gebieden: wonen, arbeid/scholing, financiën, gedrag, relaties, schade- en/of conflictregeling'.* Het gaat bij de programma's om het vergroten van de maatschappelijke zelfredzaamheid of bij schade/conflict om het normaliseren van de relatie en realiseren van genoegdoening. Programma's zijn gericht op specifieke risicofactoren of vaardigheden. De doelen van het programma zijn dus ook specifiek: in de doelen wordt duidelijk op welke gedragsverandering de aanpak gericht is. De programma's van de reclassering worden getoetst door de Erkenningscommissie Gedragsinterventies Justitie. Voor de toezichthouder is het niet nodig om alle ins en outs van de programma's te kennen. Wel moet hij de globale inhoud en de werkwijze van de programma's kennen. Hij moet tenslotte op grond van de diagnose vaststellen welke programma's passend zijn en de cliënt motiveren aan deze programma's deel te nemen. Als toezichthouder moet je daarom vooral goed op de hoogte zijn van de voorwaarden die de programma's aan de cliënt stellen: tijdsinvestering, instroomeisen aan de cliënt zoals taalvaardigheid of in een groep kunnen meedraaien.

Wanneer de toezichthouder per individuele cliënt weet wat de vorderingen en eventuele stagnaties zijn in de programma's, kan hij daar in de begeleiding op ingaan. Dit komt de kwaliteit van de reclasseringsbegeleiding ten goede. Daarbij is het wel zaak de specifieke rol van de reclassering in het oog te houden: je wordt nooit een medebehandelaar, maar je bewaakt dat de situatie geen aanleiding biedt tot verhoogd risico en dat aan de daaraan gerelateerde doelen wordt gewerkt.

3.10 Tussentijds evalueren en bijstellen

De toezichthouder evalueert het proces met de betrokkenen: heeft het traject tot dan toe voldoende bijgedragen aan verandering in de risicofactoren bij de cliënt? Op vastgestelde momenten zorgt de vaste begeleider voor een evaluatieverslag: tussentijds en aan het eind van het traject. Formeel vindt evaluatie eens per zes maanden plaats.
Het diagnostisch instrument kan hierbij opnieuw worden gebruikt om vast te stellen in welke mate de interventies invloed hebben gehad op de criminogene factoren die bepalend waren voor het delict. Dit kan leiden tot bijstellingen:

- directe bijstellingen in het traject van de cliënt: er kunnen extra activiteiten nodig zijn of geplande activiteiten kunnen overbodig zijn geworden;
- bijstellingen van programma's of procedures: de ervaringen in het traject kunnen aanleiding zijn om op beleidsniveau iets aan te kaarten, bijvoorbeeld om breder te onderzoeken of het nodig is procedures of programma's bij te stellen.

Ook buiten de vaste evaluatiemomenten kan bijstelling nodig zijn. Met name bij signalering van toenemend risico is dit van belang.

3.11 Afsluiten traject

Er is een onderscheid tussen trajecten die regulier worden afgesloten, aan het eind van de vastgestelde begeleidingstermijn, en trajecten die voortijdig worden stopgezet.

Regulier afsluiten

De rol van de reclassering is aan tijd gebonden. De cliënt krijgt het contact opgelegd voor een bepaalde termijn. Een reguliere afsluiting vindt plaats aan het eind van die termijn. De toezichthouder voert een eindevaluatie uit. Na overleg met de werkbegeleider en fiat van de unitmanager, gaat een eindevaluatierapport naar justitie.

Voortijdig stopzetten

In reclasseringstrajecten zijn voorwaarden opgelegd aan de cliënt. Als die zich daar niet houdt, wordt justitie daarvan op de hoogte gesteld. Justitie beslist over de consequenties. De toezichthouder is verantwoordelijk voor het vaststellen dat voorwaarden worden overtreden. Hij informeert bij alle anderen die bij het traject betrokken zijn of de cliënt afspraken nakomt en weegt af of er redenen zijn om justitie te verzoeken het traject tussentijds stop te zetten. De overwegingen kunnen zijn gebaseerd op toenemend risico (het is niet langer verantwoord) of op de begeleiding (er zijn geen doelen of aanknopingspunten meer). Voorafgaand aan elk besluit om justitie te verzoeken van het toezicht te worden ontheven, raadpleegt de toezichthouder de werkbegeleider en legt hij een onderbouwd verzoek voor aan de unitmanager. Na goedkeuring door de unitmanager wordt aan justitie gerapporteerd dat de reclassering verzoekt om ontheven te worden van de toezichtsverplichting voor deze cliënt.

'CONTROLE IS EEN INTEGRAAL ONDERDEEL VAN TOEZICHT, MAAR DE FUNCTIE VAN CONTROLE MOET WEL GOED WORDEN ONDERSCHEIDEN VAN DIE VAN BEGELEIDING'

3.12 Verantwoorden traject

Om het traject te kunnen verantwoorden, moet ergens vastliggen wat er is gebeurd. Omdat de interventies worden ingezet in opdracht van justitie, moet ook over de afloop van het traject worden gecommuniceerd met justitie.

Documentatie en verslag

De toezichthouder zorgt voor een gedocumenteerd verslag van het begeleidingsproces, dat aansluit bij wat er in het plan van aanpak is afgesproken tussen justitie en dader. Voor de inhoud van dit verslag maakt de toezichthouder gebruik van de input van andere werkers die in het traject zijn betrokken: welke interventies zijn ingezet, hoe is het verloop, welke resultaten zijn geboekt en houdt de cliënt zich aan de voorwaarden, aanwijzingen en afspraken?

Rapporteren aan justitie

De toezichthouder rapporteert aan justitie. Hij legt verantwoording af over het traject en zorgt voor legitimering van het handelen van de reclassering.

3.13 Samenvatting

Het handelen van de reclasseringswerker is ingekaderd in wat de organisatie beoogt en te bieden heeft: de procesgang die onderdeel is van de methodiek en die het professionele handelen van de reclasseringswerker verbindt aan de organisatorische context.

Het proces van diagnose en advisering is organisatorisch onderscheiden van het proces van toezicht en interventies. De reclasseringscliënt krijgt dus eerst te maken met een adviseur/rapporteur en na een beslissing van justitie met een toezichthouder.

Het werk van de reclassering kent twee centrale aspecten: controle en begeleiding. Controle op de bijzondere voorwaarden, omdat de delictpleger een maatschappelijk risico vormt, begeleiding bij het beïnvloeden van de criminogene factoren. Zowel rapporteur als toezichthouder beoordelen de benodigde inzet op beide terreinen.

De toezichthouder vertegenwoordigt de reclassering ten opzichte van de cliënt, de justitiële ketenpartners en andere organisaties. De toezichthouder controleert of de cliënt zich houdt aan de opgelegde (bijzondere)voorwaarden, brengt samenhang in alle interventies, schakelt anderen in waar mogelijk en consulteert specialisten waar nodig. Op de beslismomenten maakt hij de organisatie medeverantwoordelijk door een fiat te vragen van werkbegeleider en unitmanager. De toezichthouder is daarmee verantwoordelijk voor het hele traject en is ook degene die verantwoording aflegt aan anderen over de genomen besluiten.

Het werkproces van reclasseringsbegeleiding omvat:
- *intake: aanmelding, inschrijving, toedeling, toewijzing en verzamelen van de dossierstukken, aanmaken van een concept plan van aanpak in het cliëntvolgsysteem (CVS);*
- *onderzoek (diagnostiek en indicatiestelling met behulp van RISc, waaronder ook een eventuele aanvraag voor verdiepingsdiagnostiek);*
- *opstellen van een plan van aanpak op twee niveaus: risicobeheersing aan de ene kant en begeleiding en gedragsbeïnvloeding aan de andere. Zowel risicomanagement als begeleiding komen in het plan aan de orde. De bevindingen van What Works bieden een leidraad om vast te stellen hoe intensief de begeleiding moet zijn;*
- *uitvoeren van het plan van aanpak;*
- *controle op nakomen van de verplichtingen;*
- *begeleiden bij programmadeelname;*
- *creëren van de benodigde randvoorwaarden en begeleiden bij probleemoplossing;*
- *plannen van de activiteiten;*
- *coördineren en bewaken van de uitvoering van het plan;*
- *contact met alle betrokkenen;*
- *inschakelen netwerk voor de langere termijn;*
- *contact met de organisatie bij de beslismomenten;*
- *bewaken van de integriteit van het traject;*
- *tussentijds evalueren en bijstellen van het plan;*
- *afsluiten van het traject. Soms is het nodig om tussentijds het traject af te breken. De noodzaak hiervan moet worden vastgesteld en het besluit dient op de juiste plaats te worden genomen;*
- *verantwoorden van het traject via documentatie, verslag en rapportage aan justitie.*

Het delict is het uitgangspunt en de rode draad van het hele traject. De opgelegde bijzondere voorwaarden vormen het kader voor de reclasseringsinzet. De hoogte van het risico speelt een rol. Dit geldt zowel voor het risico van recidive als voor het risico op letselschade, dus het gevaar dat de cliënt vormt. Afhankelijk van deze risico's wordt bepaald welke mate van beperking van de bewegings- en handelingsruimte van de cliënt nodig is en welke intensiteit van controle nodig is. Tot slot maakt het veel uit of een cliënt tijdens schorsing, na een vonnis of in een penitentiair programma wordt begeleid. Hij stapt dan in een andere fase in, wat invloed heeft op de inhoud van de begeleiding.

De rapporteur geeft op basis van onderzoek aanbevelingen voor één of meerdere interventies. Het onderzoek en het plan van aanpak zijn gericht op het beïnvloeden van de factoren die rechtstreeks in verband staan met het delict en het risico op herhaling. Uit onderzoek blijkt dat een combinatie van controle en begeleiding een effectieve is.

Hoofdstuk 4

Het justitiële kader: risicomanagement als onderdeel van toezicht

Reclasseringstoezicht kent twee functies: het managen van risico's voor de samenleving en het begeleiden van de cliënt. In dit hoofdstuk volgt een beschrijving van de functie van risicomanagement, waarbij ook wordt ingegaan op de relatie tussen controleren en begeleiden.

4.1 Definitie en functies

Reclasseringstoezicht bestaat uit een de combinatie van controle op naleving bijzondere voorwaarden en begeleiding gericht op gedragsverandering. Controleren heeft tot doel om vanaf de start van het traject het risico te beperken dat iemand recidiveert tijdens het toezicht. Begeleiden ondersteunt de controle tijdens het toezicht en is daarnaast gericht op het verkleinen van de kans op recidive na áfloop van het toezicht. Een onderscheiding van deze twee functies van toezicht is van methodisch belang. Het gaat hier niet om verschillende toezichtvarianten, elk toezicht heeft altijd deze verschillende functies.

1. *Toezicht als vorm van risicobeheersing:* de rol van bewaker en controleur. Deze functie wordt ingezet in diverse extramurale situaties. Leidend bij de controlerende rol zijn de bijzondere voorwaarden die door Justitie zijn geformuleerd. Deze bijzondere voorwaarden dienen zo te zijn geformuleerd dat zij de bewegingsruimte van de cliënt beperken en sturen, zodat de kans op recidive en op letselschade voor de samenleving kleiner wordt. De reclassering ondersteunt de cliënt bij het zich houden aan deze bijzondere voorwaarden. Hiertoe ontwerpt de reclassering, waar mogelijk in samenspraak met de cliënt, een stelsel van aanwijzingen en afspraken dat is afgestemd op de risicofactoren die in de diagnose zijn vastgesteld voor dit specifieke delict bij deze specifieke persoon. De reclassering ziet er vervolgens, namens de samenleving, op toe dat de cliënt zich aan dit stelsel van aanwijzingen en afspraken houdt. De reclasseringswerker spreekt de cliënt aan op de afspraken, controleert steekproefsgewijs en houdt in de gaten dat het gedrag van de cliënt niet in de 'risicozone' terechtkomt. Wanneer het enigszins mogelijk is, zet hij een structuur op van betrokkenen – sociaal netwerk, professionele hulpverleners – die aan de reclassering rapporteren zodra zij risicovol gedrag waarnemen. Deze controlerende rol is gericht op risicobeheersing en staat ten dienste van een veiligere samenleving.

2. *Toezicht als kader voor begeleiding en gedragsbeïnvloeding:* reclasseringstoezicht biedt daarnaast een kader voor begeleiding en gedragsbeïnvloeding. Het gedwongen karakter van toezicht is een extra hulpmiddel om cliënten ertoe te bewegen reclasseringsbegeleiding te aanvaarden en vol te houden. Deze functie van het toezicht geldt heel expliciet voor cliënten die extern zijn gemotiveerd, die reclasseringsinterventies aanvaarden om een

ander doel te realiseren, zoals het vermijden van detentie of het verminderen van straf. Ook is het van belang bij cliënten voor wie het om welke reden dan ook moeilijk is door te zetten of iets af te maken: mensen die snel 'afhaken' bij tegenslag, of die liever nergens aan beginnen 'omdat het toch niks wordt'. Het kader is dan een extra externe bron van motivatie voor de cliënt om de reclassering in zijn leven toe te laten. Bij aanvang is het soms zelfs de belangrijkste bron van motivatie. Daar waar andere motivatiebronnen nog niet aan te boren zijn, is het een manier om de cliënt in beweging te krijgen. Een stok achter de deur: 'Waarom doe je het?' 'Omdat het moet.' Binnen dit kader vindt verdere begeleiding plaats. Vanuit toezicht kunnen reclasseringswerker en cliënt afspraken maken over onder meer werk en scholing, over lidmaatschap van een sportclub, deelname aan vaardigheidstrainingen en psychotherapeutische behandeling.

In termen van het competentiemodel (zie hoofdstuk 7) kan het gedwongen kader van gedragsbeïnvloeding worden geduid als een vorm van taakverlichting: iemand hoeft niet zelf zijn leven op orde te brengen: door een aantal zaken gewoon op te leggen ('jij moet een vaste dagbesteding hebben, en wel deze') hoeft hij een aantal keuzes niet te maken en dus ook niet met vallen en opstaan te zoeken naar structuur. En mensen met een gebrek aan probleemoplossende vaardigheden en een geringe (innerlijke) bereidheid te veranderen, zijn effectiever te motiveren door heldere instructies dan door 'een goed gesprek'. Het justitiële kader waarbinnen een aantal verplichtingen en afspraken zijn vastgelegd, kan worden beschouwd als een stelsel van instructies en de reclasseringswerker kan het als zodanig gebruiken.

Waarom dit onderscheid?

Een heldere onderscheiding van risicobeheersing en gedragsbeïnvloeding komt de kwaliteit van het toezicht ten goede. Naarmate je de functie van risicobeheersing meer ontkent of verstopt in de begeleidende functie kom je gemakkelijker in een 'spaghettirelatie' met je cliënt terecht: het kan onduidelijk worden wat de rol van de reclassering is en wanneer welk soort macht wordt gebruikt. Ook blijft dan in het vage dat controle soms gewoon controle is en een executietaak gewoon executie is, niets meer en niets minder. Onderzoek naar effectieve interventies bij onvrijwillige cliënten toont aan, dat een volstrekte helderheid over de rol van de reclasseringswerker een belangrijke succesfactor is. En naarmate je duidelijker bent in beide functies wordt ook de 'lerende' ruimte van het toezicht duidelijker. Als duidelijk is wát die ruimte is, kun je er beter mee 'spelen' en bewuster en krachtiger handelen in het begeleidingscontact. In de volgende paragraaf volgt een eerste uitwerking van de vraag hoe deze functies van begeleiding vorm te geven.

4.2 Vormgeving van risicomanagement

Hoe kan de reclasseringswerker invulling geven aan de functie van risicomanagement? In deze paragraaf staan enkele basisregels die deze functie kunnen structureren. De meest voorkomende methodische vragen en dilemma's komen in deel 2 van dit boek op een meer diepgaande en praktijkgerichte wijze aan de orde. In die hoofdstukken wordt ook expliciet ingegaan op de functie van begeleiding en gedragsbeïnvloeding.

Over welke instrumenten kan de reclassering beschikken om de toezichtfunctie van risicomanagement vorm te geven? De reclassering is niet 24 uur per dag in touw, heeft niet voortdurend de cliënt in het oog, is geen politie, heeft geen wapens, doet geen huiszoekingen en kan geen aanhoudingen verrichten. Evenmin kan zij mensen veroordelen of aangeven. Aan de andere kant heeft de reclassering, vanwege haar relatie met justitie, meer instrumenten dan bijvoorbeeld het algemeen maatschappelijk werk. Wat kan de reclassering dan wel? Hoe, met welke instrumenten, kan zij deze rol waarmaken? Het is mede afhankelijk van de aard van het toezicht welke instrumenten dit zijn. Bij elektronisch toezicht is het 'enkelbandje' een controle instrument, waarmee steeds wordt geregistreerd of de cliënt zich bevindt op de plaats waar hij volgens afspraak hoort te zijn. Bij Individuele Traject Begeleiding (ITB) voor de Harde Kern is er een intensieve samenwerking met de politie, die een (groot) deel van de controles op zich neemt. Bij de meeste toezichtvarianten is echter geen sprake van een dergelijk instrumentarium.

Justitieel kader als instrument

Bij alle vormen van toezicht is het justitiële kader zelf het belangrijkste sturende instrument. De algemene en bijzondere voorwaarden zijn door justitie vastgelegd. De opdracht aan de reclassering is gebaseerd op deze beslissing en op het feit dat de cliënt zich formeel bereid heeft verklaard hieraan mee te werken. De beslissing van justitie en de bereidheid van de cliënt vormen de legitimatie van de reclasseringswerker om controlerend en interveniërend op te treden. Ook is hiermee gelegitimeerd dat de reclasseringswerker het kader in juridische zin serieus neemt: cliënten die niet voldoen aan de algemene of bijzondere voorwaarden, of om andere redenen in de risicozone terechtkomen, moeten worden teruggezonden naar justitie. Het uiteindelijke besliscriterium hierbij is: kan de reclassering, op grond van het juridische kader, van haar specifieke deskundigheid en met haar specifieke instrumenten, de toezichthoudende verantwoordelijkheid bij deze cliënt in voldoende mate realiseren? Kan zij haar interventies nog verantwoorden naar justitie, de samenleving, collega-professionals, de cliënt? Het justitiële kader is een belangrijk sturingsinstrument bij de vormgeving van toezicht. De reclassering beslist, binnen de context van vastgestelde procedures en het handhavingsbeleid, per geval op grond van zorgvuldige professionele overwegingen, of het risico aanvaardbaar is, of interventies aanslaan en of iemand in staat is risicogedrag te vermijden. Waar dit niet zo is, houden de mogelijkheden van de reclassering op en gaat de cliënt terug naar justitie. Justitie oordeelt dan over de verder te volgen handelswijze. De reclassering gaat niet op de stoel van justitie zitten. Zij oordeelt niet dat deze cliënt 'nu maar eens moet zitten' of uitspraken van gelijke strekking. De reclassering oordeelt alleen dat de instrumenten van de reclassering bij deze cliënt ontoereikend zijn om de samenleving te beschermen. Het oordeel van de reclassering is geen zaak van de reclasseringswerker alleen: het gaat om de verantwoordelijkheid die de organisatie als geheel draagt. Besluitvorming hierover volgt dus de procedures van de organisatie en besluiten worden genomen ná afstemming met werkbegeleider en unitmanager.

Voorwaarden voor succes

Deze functie en deze rolafbakening heeft meer kans van slagen naarmate meer aan de volgende voorwaarden is voldaan:

- justitie komt in actie op een acceptabele termijn nadat de reclassering een cliënt heeft teruggegeven;
- justitie neemt het professionele oordeel van de reclassering serieus en geeft een cliënt niet opnieuw terug aan de reclassering, tenzij hiervoor zwaarwegende en expliciet geformuleerde argumenten zijn. Het kan in dit verband van belang zijn dat de reclassering bij besluitvorming aanwezig is;
- landelijk, en op het niveau van arrondissementen, zijn dergelijke afspraken helder gemaakt en zijn er intensieve samenwerkingsrelaties tussen de reclassering en de ketenpartners;
- de reclassering als organisatie heeft een duidelijk eigen beleid over haar toezichthoudende rol en over de kaders die daarbij gelden. Dit beleid is bekend bij de medewerkers en bij de ketenpartners;
- de reclasseringswerker als functionaris is zich bewust van zijn eigen specifieke en onmisbare rol in de keten, toont professioneel zelfvertrouwen, stelt zich niet afhankelijk op en schept hiermee onderhandelingsruimte met de ketenpartners.

Een methodiek 'werken in gedwongen kader', hoe grondig en gedetailleerd ook, kan alleen effectief zijn als 'het werken' werkelijk begrensd is door dit 'gedwongen kader'. Elke methodische invulling verliest haar overtuigingskracht als de kaderstellende werking van de context ontbreekt. Helderheid hierover is het fundament van de methodiek.

Inhoudelijke instrumenten bij risicomanagement

Het meest kaderstellende instrument is hiermee duidelijk. Binnen dit justitiële kader beschikt de reclassering over een aantal professionele instrumenten om deze functie van het toezicht vorm te geven:

- diagnose
- delictscenario
- plan van aanpak
- aanwijzingen
- controleren
- inschakelen sociaal netwerk
- inschakelen andere professionele instellingen

Diagnose: een goede diagnose is helder en expliciet geformuleerd en geeft inzicht in de statische en dynamische risicofactoren van de cliënt. De diagnose is als regel bij de aanvang van het toezicht bekend bij zowel cliënt als reclassering, of wordt in de startfase geformuleerd. Op grond van de diagnose wordt zowel een plan voor risicomanagement als een plan voor gedragsbeïnvloeding geformuleerd.

Delictscenario: een delictscenario moet expliciet zijn en bekend zijn bij cliënt en reclassering. In sommige gevallen is het delictscenario al vanaf het begin duidelijk. Is dit niet het geval, dan is het aan te raden hieraan tijdens het toezicht met de cliënt te werken. Het delictscenario geeft gedetailleerd inzicht in situaties, omstandigheden en gedragingen die het risico van recidive vergroten. De reclassering is gericht op het monitoren van deze risico's. Deze werkwijze volgens het delictscenario structureert de controle en biedt aanknopingspunten om preventief op te treden en om expliciet te werken aan beheersing van de risico's. Op gezette tijden nemen cliënt en reclassering het scenario door en bespreken risicozones. De reclasseringswerker is alert op risicosignalen en vraagt door waar en wanneer hij 'lont ruikt'. Ook buiten deze expliciete besprekingen is de reclassering alert op het signaleren van risicovolle gebeurtenissen, omstandigheden of gedragingen. Is bijvoorbeeld bekend dat bij de cliënt aan het plegen van 'zijn' delict vaak een periode van isolement voorafgaat, dan zal de werker steeds vragen naar zijn sociale contacten en hem aanmoedigen die te onderhouden.

Plan van aanpak: op basis van de diagnose is een plan van aanpak gemaakt waarin zowel een plan voor risicomanagement en begeleidingsdoelen staan. De doelen rond controle zijn gerelateerd aan de kans op gevaar en aan de kans op recidive. De bijzondere voorwaarden dienen zo te zijn geformuleerd dat ze de kans op schade en recidive beperken. Rond het handhaven van deze bijzondere voorwaarden stelt de reclassering een plan op voor risicomanagement. De begeleidingsdoelen zijn gerelateerd aan de dynamische risicofactoren voor recidive. In het plan is ook helder beschreven met welke middelen de reclassering deze begeleidingsdoelen met de cliënt wil bereiken.

Aanwijzingen: op basis van de bijzondere voorwaarden, de diagnose, het delictscenario en het plan van aanpak kan de reclassering de cliënt rechtstreeks aanwijzingen geven. Aanwijzingen zijn concrete en gerichte instructies die de reclasseringswerker geeft aan de cliënt. Hieraan dient de cliënt zich te houden. De reclasseringswerker beslist zelf, in overleg met collega's of werkbegeleider, welke afspraken en instructies de status van een aanwijzing moeten krijgen. Een aanwijzing is iets anders dan een in het vonnis geformuleerde bijzondere voorwaarde. De bijzondere voorwaarde is door de rechter opgelegd. Een aanwijzing komt voor de volle verantwoordelijkheid van de reclassering. Een aanwijzing is ook iets anders dan een 'afspraak'. Het niet nakomen van aanwijzingen heeft gevolgen voor de cliënt. Dat hoeft niet te gelden voor het niet nakomen van andersoortige afspraken. Dit wordt verder uitgewerkt in paragraaf 4.4.

Controleren: de reclassering kan de cliënt steekproefsgewijs controleren door te telefoneren of huisbezoeken af te leggen, volgens de richtlijnen die de organisatie hiervoor geeft, met het oog op de veiligheid van de reclasseringswerker. Ook kan de cliënt worden gecontroleerd door informatie bij derden in te winnen: een verhaal wordt gecheckt bij de werkgever, de familie, de behandelaar of de uitkeringsinstantie. Het is een goede gewoonte om voorafgaand aan het contact met de cliënt, de belangrijkste betrokken behandelaars te bellen om na te gaan hoe het er volgens hen mee staat. Elektronisch toezicht is een belangrijk middel bij controle. Urinecontroles zijn belangrijk bij middelengebruik.

Inschakelen sociaal netwerk: waar mogelijk kan het sociale netwerk worden betrokken bij het monitoren van de risicofactoren. Ouders, kinderen, partner of andere belangrijke derden kunnen in een gesprek met de cliënt en de reclassering op de hoogte worden gebracht van het delictscenario. Vervolgens kunnen cliënt en werker afspraken maken met deze personen: wat kun je doen als je dit gedrag waarneemt? Hoe kan je de cliënt ondersteunen? Wanneer is het zaak de reclassering te bellen? Welke afspraken helpen de cliënt? Hiervoor is allereerst nodig dat de cliënt over een sociaal netwerk of een minimaal aantal belangrijke contacten beschikt. Dit is lang niet altijd het geval. Als echter het zoeken en benutten van steunbronnen uit de omgeving van de cliënt een meer vanzelfsprekend onderdeel is van de methodiek, raakt de reclasseringswerker hier meer op gefocust en stijgt de kans dat hij dergelijke steunbronnen ontdekt. De toepassing van deze werkwijze bij de reclassering kent overigens ook grenzen en complicaties: delinquenten kunnen bijvoorbeeld het netwerk onder druk zetten hun mond te houden. Ervaringskennis leert dat dit gedrag met name bekend is bij zedendelinquenten en huiselijk geweld. De reclasseringswerker moet hierop bedacht zijn (zie hoofdstuk 15).

Inschakelen andere professionele instellingen: voor de feitelijke gedragsbeïnvloedende interventies schakelt de reclasseringswerker anderen in. Dit kunnen medewerkers van de reclassering zijn die een programma uitvoeren, maar ook professionals van andere instellingen, zoals behandelinrichtingen, psychotherapeuten, algemeen maatschappelijk werk en verslavingszorg. Het is van belang dat de reclassering met dit professionele netwerk duidelijk afspreekt wat haar specifieke rol is: de reclassering houdt toezicht op de cliënt namens justitie. Op grond van de bijzondere voorwaarden en de diagnose organiseert de reclassering vervolgens een structuur van verschillende interventies, zowel voor het risicomanagement als voor de gedragsbeïnvloeding. Zij schakelt daar zoveel mogelijk anderen bij in. Deze anderen zijn elk deskundig op hun eigen terrein. De reclassering hoeft zich met de inhoud van deze interventies niet gedetailleerd te bemoeien. Elke organisatie behoudt zijn eigenheid. De reclassering zal wel alle bemoeienissen coördineren en monitoren vanuit een heel specifiek gezichtspunt, namelijk dat van voorkomen van recidive. Zij vraagt hiervoor bij de verwijzing duidelijk en expliciet commitment van de betrokken instellingen. Dit commitment betekent dat de betrokken instelling of professional op de hoogte wordt gesteld van de belangrijkste risicofactoren van het delictgedrag en dat hij bereid is hierover aan de reclassering te rapporteren. Ook moet de instelling bereid zijn te rapporteren als de cliënt niet verschijnt of onvoldoende meewerkt. Met de instelling moet worden gezocht naar voor beide passende en werkbare samenwerkingsafspraken. Is geen enkele samenwerking in het kader van toezicht mogelijk, en is een cliënt daardoor niet verwijsbaar naar een passende behandelinstelling, dan krijgt de reclassering de voorwaarden voor het toezicht niet rond. Dit kan tot gevolg hebben dat de reclassering aan justitie rapporteert met het verzoek ontheven te worden van de begeleidingsverplichting.

Wanneer de reclassering andere professionals inschakelt, hoeft zij niet gedetailleerd en inhoudelijk op de hoogte te worden gesteld van de behandeling zelf. Het is belangrijk dat de reclassering in de samenwerking helderheid schept over haar rol en haar specifieke perspectief: waar houdt onze verantwoordelijkheid op en begint die van jullie, wat hebben we precies van jullie nodig en hoe kan je dit aan ons leveren, en waar hoeven en zullen we ons niet mee bemoeien. Deze helderheid kan de samenwerking met andere, ook niet justitiële, instellingen optimaliseren. Een duidelijke instructie over risicofactoren kan de 'handelingsverlegenheid' bij de netwerkpartner – die nogal eens een bron is van weerstand tegen samenwerking met de reclassering – verminderen. En de erkenning van het domein waar zij zelf verantwoordelijk en autonoom blijven, maakt het gemakkelijker mee te werken vanuit het specifieke perspectief van risicobeheersing. De medeverantwoordelijkheid voor het gedwongen kader blijft hierdoor tenslotte duidelijk aan de randen van het behandelingscontact. Uiteraard moet deze handelwijze ook bij de cliënten bekend zijn. Niet alleen vanwege de transparantie van het contact tussen reclassering en cliënt, maar ook vanwege de verschillende beroepscodes, waarbij deze transparantie een gemeenschappelijke vereiste is. Ook moet de reclasseringswerker als het om toezicht gaat de rol van casemanager van het netwerk dat hij organiseert *altijd zelf* op zich nemen.

Hiermee zijn de belangrijkste instrumenten gegeven voor de vormgeving van de toezichthoudende taak van de reclassering. In de volgende paragraaf volgt een nadere uitwerking van het onderscheid tussen het kader en de begeleidingsruimte.

4.3 Kader en begeleidingsruimte

Reclasseringswerkers aanvaarden bij het werken in gedwongen kader een tweeledige opdracht: zij controleren én begeleiden. De cliënt is verplicht het toezicht te accepteren én moet tegelijk hulp aanvaarden bij het leren op eigen benen te staan. Dit leidt soms tot verwarring bij reclasseringswerkers over hun rol. Menigeen stelt zich dan ook de vraag wat de verhouding is tussen dwang en hulpverlening oftewel rolverwarring.

Rolverwarring

Een voorbeeld van rolverwarring is de werker die denkt dat voor werken in gedwongen kader vanzelfsprekend een dwingende en confronterende stijl van begeleiden nodig is. Een ander voorbeeld is de reclasseringswerker die vindt dat als de cliënt zich coöperatief opstelt, de reclassering dan ook niet al te moeilijk moet doen over overtreding van voorwaarden. Of de reclasseringswerker die denkt dat hij en zijn cliënt dan wel aan een strikt kader zijn gebonden, maar dat zij het daarbinnen moeten doen met een volledig onbegrensde ruimte, waar werker en cliënt al dwalend en tastend proberen contact te krijgen of juist te vermijden.

Kader en begeleidingsruimte: lijst en schilderij

Om de rolverwarring te ontrafelen, is het nodig onderscheid te maken tussen kader en begeleidingsruimte. Als er een kader is, dan is er ook iets binnen dit kader. In een beeld: het kader is de lijst van het schilderij, het werk binnen dit kader is het schilderij zelf.

Kader: niet onderhandelbaar

Het toezicht is opgelegd door de rechter, de officier van justitie of door de directie van de penitentiaire inrichting. In feite hebben de reclassering en de cliënt beiden iets opgelegd gekregen. Zij zijn 'tot elkaar veroordeeld'. Dit is het kader. Het kader is een inperking van de vrijheid van de cliënt, een inperking die justitie nodig acht ter bescherming van de gemeenschap of als straf. Dit kader geeft aan wat de voorwaarden zijn waaraan de cliënt zich volgens justitie moet houden, dus ook waar de reclassering aan is gebonden. De reclasseringswerker spreekt af met justitie dat hij de cliënt binnen het opgelegde kader zal begeleiden. Voorafgaand aan de uitspraak kan hij met justitie onderhandelen over de ruimte die nodig is om de cliënt te begeleiden, dus een minder strikt kader, of juist over de inperkingen – een strikter kader – die hij nodig vindt om als reclassering de verantwoordelijkheid te kunnen nemen voor het toezicht. Op het moment dat justitie het kader vaststelt, is het niet meer onderhandelbaar in de relatie tussen werker en cliënt. De algemene voorwaarde en de bijzondere voorwaarden vormen het harde onderdeel van dit kader, waaraan zowel reclassering als cliënt zijn gehouden. Een reclasseringswerker die van het kader afwijkt, zet zijn betrouwbaarheid voor justitie op het spel.

'SJOEMELEN MET HET KADER IS SJOEMELEN MET DE RELATIE TUSSEN RECLASSERING EN JUSTITIE'

Professionele speelruimte

Binnen het kader vindt begeleiding plaats. Daar probeert de begeleider met de cliënt op één lijn te komen, daar onderhandelen werker en cliënt over de doelen waaraan zij gaan werken en proberen ze tot overeenstemming te komen over de middelen. Volledige overeenstemming over het einddoel is niet noodzakelijk en lang niet altijd haalbaar. Overeenstemming over de doelen op korte termijn, de middelen en de stappen is belangrijker. Daar worden afspraken gemaakt over wat de cliënt gaat doen en wat de reclasseringswerker doet. Het is vervolgens aan de reclasseringswerker om te reageren op het niet (voldoende) nakomen van die afspraken.

Beoordeling niet nakomen van afspraken

De reclasseringswerker beslist per keer hoe hij het niet nakomen van afspraken door de cliënt beoordeelt.

- Hij kan inschatten dat het vanuit het gezichtspunt van 'ander gedrag aanleren' een goed leermoment is. De reactie kan dan zijn: 'Hoe kwam het dat je het niet hebt gedaan? Wat vond je moeilijk? Hoe kun je daar een volgende keer overheen stappen? Wat heb je daarvoor nodig?'
- Hij kan concluderen dat hij bij deze cliënt de teugels wat strakker moet aantrekken: 'Op deze manier komen we niet verder. Ik verbind er nu de [...] consequentie aan. Ik wil even opnieuw met je doornemen wat we hier aan het doen zijn en hoe we met elkaar werken.'

- Hij kan oordelen dat het een reden is om het traject stop te zetten: 'Je doet voortdurend niet wat we hier afspreken, ik zie geen inzet, ik zie geen verandering. Mijn mogelijkheden zijn uitgeput. Ik ga overleggen met mijn unit over de consequenties.' En na intern overleg, met werkbegeleider en unitmanager, kan de begeleider dan melden: 'Wij hebben besloten om aan de rechtbank te vragen van onze inspanningsverplichting te worden ontheven.'
- Hij kan inschatten dat hijzelf als toezichthouder te grote stappen zet of te veel tegelijk verwacht van zijn cliënt. Hij vraagt consult aan een collega, probeert anders naar zijn cliënt te kijken of probeert een andere strategie.

Hoe de reclasseringswerker reageert, is voor een groot deel afhankelijk van zijn professionele inschatting. Wat betekent dit gedrag? Wat zegt dit over de kans op recidive? Wat zegt dit over de betrokkenheid bij het reclasseringscontact? Wat zegt dit over vaardigheden die ontbreken bij de cliënt en die wel of niet aan te leren zijn? Wat zegt dit over de moeilijkheden die hij nog heeft te overwinnen? Wat zegt dit over zijn eigen inzet, over zijn eigen aansluiting bij deze cliënt? Hij kan hierbij echter wel enig houvast ontlenen aan het kader en hij kan ook binnen dit kader zelf houvast creëren. Het is niet zo dat alles binnen het kader is voorgeschreven. Het is evenmin zo dat werker en cliënt binnen het kader helemaal aan zichzelf zijn overgelaten. Hoe is het dan wel?

4.4 Voorwaarden, aanwijzingen, afspraken: een hiërarchie

Globaal gezegd bestaat het kader uit piketpaaltjes die justitie oplegt. In het gunstigste geval wordt de begrenzing daarvan bepaald na advies van de reclassering. Principieel beschouwd valt het besluit echter buiten de verantwoordelijkheid van de reclassering. De piketpaaltjes bepalen de speelruimte van werker en cliënt. Binnen deze speelruimte kan de reclassering zelf eigen piketpaaltjes slaan: 'die kant op en niet anders'. Dit zijn aanwijzingen. De reclassering kiest zelf welke aanwijzingen zij geeft. Daarnaast kan de reclassering ook richtingaanwijzers plaatsen: 'Op die manier kom je daar, laten we deze kant op gaan.' 'Dit zijn afspraken, taken, doelen.' De reclasseringswerker is er in de gesprekken op uit zoveel mogelijk overeenstemming hierover te bereiken met de cliënt. Dit alles wordt bepaald in relatie tot het doel van de reclasseringsinterventies, dus afhankelijk van de ernst van het delict, de mate van risico op recidive en schade, de zwaarte van het justitiële kader. Hiermee is een hiërarchie gegeven in de mate van dwang die van de verschillende soorten piketpaaltjes uitgaat: voorwaarden, aanwijzingen en afspraken.

Voorwaarden: de kaderstellende werking van het vonnis, met daarin de algemene en bijzondere voorwaarden, is inmiddels duidelijk. Bij verwijzing naar de reclassering is altijd als bijzondere voorwaarde geformuleerd dat de cliënt zich moet houden aan '*de aanwijzingen, hem door of namens de reclassering te geven*'. In de afgelopen jaren is er meer aandacht, bij justitie en bij de reclassering, voor het formuleren van meer expliciete bijzondere voorwaarden, die sturend zijn bij de vormgeving van het toezicht. Volgens de meest recente definitie (2007) van het Ministerie van Justitie gaat het bij toezicht dan ook primair om controle op het nakomen van de bijzondere voorwaarden en het stimuleren en motiveren om zich aan de bijzondere voorwaarden te houden". Met het formuleren van expliciete bijzondere voorwaarden wordt het toezicht sterker gestructureerd vanuit Justitie; daarmee krijgen reclasseringswerkers ook meer concrete aanknopingspunten voor de invulling van het risicomanagement.

Aanwijzingen: bij het maken van het plan van aanpak gaat de reclassering na, welke handelingen, taken, afspraken van cruciaal belang zijn in relatie tot de risicofactoren. De meest kaderstellende daarvan zijn als het goed is opgenomen in de bijzondere voorwaarden. Bijvoorbeeld opname in een behandelinrichting, urinecontrole, behandeling door verslavingszorg, straatverbod. Voor de invulling van het risicomanagement kan de reclassering het zelf echter nodig vinden, enkele aanvullende afspraken de status van aanwijzing te geven. Bijvoorbeeld: je zoekt geen contact met je ouders in de komende drie maanden. Je gaat niet naar de coffeeshop waar je blowende vrienden altijd verblijven. Je houdt je aan deze dagbesteding en bij afwijking vraag je om toestemming. Het is van groot belang, voor de reclasseringswerker en voor de cliënt, dat helder is welke afspraken de status van aanwijzing hebben. Op het niet nakomen van een aanwijzing reageert de reclassering anders dan op het niet nakomen van een afspraak. De cliënt moet weten welke gevolgen zijn gedrag heeft. Het niet nakomen van een aanwijzing kan tot gevolg hebben dat de reclassering de teugels strakker aanhaalt, een formele waarschuwing geeft, of een gele kaart. Herhaaldelijk niet nakomen van een aanwijzing, waarvan de status bekend is bij de cliënt, kan ertoe leiden dat de reclassering het contact teruggeeft: hij overtreedt immers de bijzondere voorwaarde dat hij zich moet houden aan de aanwijzingen.

Afspraken: het is van groot belang dat de bijzondere voorwaarden en de aanwijzingen, de harde piketpaaltjes die justitie en de reclassering slaan binnen de door justitie gegeven speelruimte, niet de hele ruimte vullen. De reclasseringswerker moet aan de cliënt, aan zichzelf en aan collega's en werkbegeleider kunnen uitleggen waarom juist dit een aanwijzing moet zijn, waarom juist hier geen vrijblijvendheid kan gelden. Hoe meer speelruimte je dichttimmert met aanwijzingen, des te kleiner wordt de vrije ruimte.

In die vrije ruimte kan de cliënt vallen en opstaan, leren en terugvallen, zonder directe gevolgen. Er is sprake van optimale gezamenlijkheid. Hier geldt geen eenrichtingsverkeer, hier voegt de werker zich zo goed mogelijk naar de cliënt. Hier maken reclasseringswerker en cliënt afspraken met elkaar, ze bespreken taken en voornemens. Hier kiest de reclasseringswerker op grond van zijn professionaliteit hoe hij zich tot de cliënt verhoudt, welke interventies geschikt zijn, welke stijl aansluit, en hoe hij reageert als de cliënt niet doet wat is afgesproken. Hier wordt terugval opgevat als informatie: heb ik als werker te grote stappen gezet? Heb ik zijn vaardigheid toch niet goed ingeschat? Deze speelruimte is van essentieel belang voor het opbouwen van een werkrelatie, zonder deze ruimte kan niemand in beweging komen. Hoe kleiner de reclassering deze vrije ruimte maakt, dus hoe meer harde piketpaaltjes hij slaat, des te meer zet hij zichzelf en zijn cliënt vast. En wie zichzelf heeft vastgezet, kan niet meer bewegen. Dit beeld wordt ondersteund door diverse ontdekkingen over werken in gedwongen kader, zowel op grond van onderzoek als op grond van ervaringskennis van reclasseringswerkers. Overigens is het justitiële kader van het toezicht bepalend voor de hoeveelheid vrije ruimte die mogelijk is: bij een transactie of bij een verplicht reclasseringscontact is deze ruimte groter dan bij een TBS met voorwaarden.

4.5 Professionaliteit en valkuilen

De voorwaarden, aanwijzingen en afspraken noemt G. van der Laan (1998) *'het skelet'*. Het zegt nog weinig over de methodische en relationele vaardigheden die nodig zijn om dit avontuur tot een goed einde te brengen, om binnen al deze striktheid toch een werkbare relatie op te bouwen, om de doelen en betekenissen van cliënten te horen en begrijpen, en om de cliënten te motiveren. Kortom, het échte, inhoudelijke reclasseringswerk is beslist zo helder en simpel niet. Binnen de kaders die in de vorige hoofdstukken zijn besproken, gaan de volgende hoofdstukken in op de methodische dilemma's en mogelijkheden, die het werkelijke vlees en bloed vormen van het reclasseringswerk. En zelfs met deze methodische invulling is het hele verhaal over toezicht nog lang niet verteld. Want ook reclasseringswerkers komen, zoals elke professional, regelmatig in valkuilen terecht die niet zomaar zijn te dichten met inzicht in de juiste kaders, begrip van de juiste methodiek of een groot scala aan vaardigheden. Het is immers niet alleen 'rationeel inzicht' dat het handelen stuurt. Zelfs het handelen van de meest doorgewinterde professional hangt samen met zo op het oog minder rationele overwegingen. Een paar praktijkvoorbeelden.

- Soms weten reclasseringswerkers niet precies wat het justitiële kader is. Zij krijgen iemand doorverwezen zonder deze informatie en vragen er niet naar. Dat maakt het handelen vanaf de start minder duidelijk. Naarmate de 'onwetendheid' langer duurt, wordt het moeilijker voor de draad te komen met deze vraag. En daarmee neemt de onduidelijkheid toe.
- Het kan voorkomen dat de reclasseringswerker het niet helemaal eens is met het kader. Er is bijvoorbeeld in het voorlichtingsrapport een advies gegeven, maar de rechter is strenger geweest. De reclasseringswerker vindt het eigenlijk 'agogisch niet juist' om zo'n streng kader op te leggen. Dit standpunt maakt hem vervolgens gevoelig voor de argumenten die de cliënt aanvoert om zich niet te houden aan de voorwaarden. De reclasseringswerker probeert het wel, maar de cliënt voelt dat de werker op dit punt beïnvloedbaar is. Met alle gevolgen van dien.
- De reclasseringswerker maakt onvoldoende duidelijk dat het niet het kader van de reclassering is, maar het kader van justitie. De werker verdedigt het kader en probeert de cliënt te overtuigen van het nut en de rechtmatigheid ervan. Dit kan goed en krachtig lijken, maar in feite maak je hierdoor het kader onderhandelbaar. Je maakt het onderwerp een legitiem discussiepunt, iets waarover te praten valt.
- De cliënt komt een keer niet opdagen. De werker heeft het druk en laat het er voor deze keer even bij zitten, hij reageert niet. Daarmee 'leert' hij de cliënt dat hij dit dus zonder gevolgen kan doen. De reclasseringswerker weet dat dit geen juiste keuze is, maar het

gebeurt. Als hij eenmaal aan het draaien is, vindt hij het moeilijker de strakke lijn te hervatten.

- De reclasseringswerker die een strakke structuur heeft opgezet met een cliënt moet een afspraak afzeggen vanwege de verplichting naar een speciale unitbijeenkomst te gaan. Hij is het hier eigenlijk niet mee eens en de keer daarna vindt hij het moeilijker zijn cliënt aan te spreken op het feit dat hij het laat afweten. Hij heeft het zelf immers ook laten afweten.

Al deze voorbeelden zijn levensecht. Een zeer ervaren reclasseringswerker deed in dit verband de uitspraak: 'Als je zo eenmaal aan het glijden raakt, glijd je steeds sneller naar beneden'. Dit is waar, maar het glijden is beslist te stoppen. Hoe? Dat is afhankelijk van de cliënt en de aard van het contact. Soms is het voldoende om de eerstvolgende keer weer volledig helder te zijn en te blijven over afspraken en consequenties. Soms is het goed en nodig om er even bij stil te staan in het gesprek. In alle gevallen is een voorwaarde om dit 'glijden' te stoppen, dat je als reclasseringswerker dergelijke processen erkent en herkent, bij jezelf en bij collega's. Laat ze tijdig op tafel komen. Om ze vervolgens openhartig en vooral oplossingsgericht te (mogen) bespreken. In het team, met de werkbegeleider of tijdens casuïstiekbesprekingen. Dit stelt eisen aan het onderlinge werkklimaat. Dit komt aan de orde in hoofdstuk 17.

4.6 Samenvatting

Reclasseringstoezicht heeft twee functies:

1. *Risicobeheersing: de reclassering ziet er, namens de samenleving, op toe dat de cliënt zich aan de afspraken met justitie houdt. De reclasseringswerker spreekt de cliënt aan op de afspraken, controleert steekproefsgewijs en houdt in de gaten dat het gedrag van de cliënt niet in de 'risicozone' terechtkomt.*
2. *Gedragsbeïnvloeding: Het beïnvloeden van de criminogene factoren, zodat het risico van recidive ná afloop van het toezicht is afgenomen. Het juridische kader is daarbij een externe bron van motivatie voor de cliënt om de reclassering in zijn leven toe te laten. Bij aanvang is het soms zelfs de belangrijkste bron van motivatie: 'Waarom doe je het?' 'Omdat het moet.'*

Een helder onderscheid van risicobeheersing en gedragsbeïnvloeding komt de kwaliteit van het toezicht ten goede. Hij beschikt hiervoor over juridische en professionele instrumenten. Reclasseringstoezicht is soms ook een vorm van risicobeheersing 'sec'. Soms zijn geen aangrijpingspunten meer zijn voor gedragsverandering, maar kan de controlerende taak nog steeds worden uitgeoefend. De uitvoering van toezicht is dus gebaat bij helderheid over de verschillende functies van het toezicht.
Een methodiek 'werken in gedwongen kader' kan alleen effectief zijn als 'het werken' werkelijk begrensd is door het 'gedwongen kader'. Elke methodische invulling verliest haar overtuigingskracht als de kaderstellende werking van de context ontbreekt. Binnen het justitiële kader beschikt de reclassering over een aantal professionele instrumenten om het toezicht uit te oefenen:

- *diagnose*
- *delictscenario*
- *plan van aanpak*
- *aanwijzingen*
- *controleren*
- *inschakelen sociaal netwerk*
- *inschakelen andere professionele instellingen*

Reclasseringswerkers aanvaarden bij het werken in gedwongen kader een tweeledige opdracht: zij controleren én begeleiden, de cliënt is verplicht het toezicht te accepteren én moet tegelijk hulp aanvaarden bij het leren op eigen benen te staan. Om de rolverwarring te ontrafelen, is het nodig onderscheid te maken tussen kader en begeleidingsruimte. Het toezicht is opgelegd door de rechter of door de selectiefunctionaris. Dit is het kader. Het kader bestaat uit harde piketpaaltjes die justitie oplegt in de vorm van bijzondere voorwaarden. In principe worden de piketpaaltjes van Justitie bepaald na advies van de reclassering. De piketpaaltjes bepalen de speelruimte van werker en cliënt.

Binnen het kader vindt risicomanagement en begeleiding plaats. Daar probeert de begeleider met de cliënt op één lijn te komen, daar onderhandelen werker en cliënt over de doelen waaraan zij gaan werken en proberen ze tot overeenstemming te komen over de middelen. Hier kan de reclassering echter zelf weer harde piketpaaltjes slaan: 'die kant op en niet anders'. Deze piketpaaltjes zijn de aanwijzingen.

De reclassering kiest zelf welke aanwijzingen zij geeft. Daarnaast kan de reclassering richtingaanwijzers plaatsen: 'Op die manier kom je daar, laten we deze kant op gaan.' Over afspraken probeert de reclasseringswerker zoveel mogelijk overeenstemming te bereiken met de cliënt. Dit alles wordt bepaald in relatie tot het doel van de reclasseringsinterventies, dus afhankelijk van de ernst van het delict, de mate van risico op recidive en schade, de zwaarte van het justitiële kader.

Hoofdstuk 5

Macht en zelfbeschikking: de legitimeringsvraag

Reclasseringstoezicht kan niet bestaan zonder uitoefening van macht namens de samenleving en door justitie. Justitie bepaalt dat bij een persoon deze specifieke vrijheidsbeperking nodig is. De uitvoering van het toezicht gaat gepaard met uitoefening van macht door de reclassering zelf. De reclassering bepaalt zelf welke aanwijzingen zij geeft en wanneer een cliënt wordt teruggestuurd naar justitie.

Het lijkt vanzelfsprekend. Maar er zijn genoeg reclasseringswerkers die problemen hebben met dit aspect van hun werk. Beginnende werkers kunnen zich bijvoorbeeld afvragen hoe dit machtsgebruik zich verhoudt tot de traditionele principes van het maatschappelijk werk die zij op school hebben geleerd, hoe zij de macht van de reclassering zo 'eerlijk mogelijk' kunnen gebruiken en of zij dat kunnen en durven, met open vizier, ten opzichte van hun cliënt. Werkers die deze kwesties min of meer hebben opgelost, kunnen soms ook naar de andere kant overhellen. Zij kunnen zich misschien weer te weinig afvragen hoe je de macht zo verantwoord en helder mogelijk kunt gebruiken.

5.1 Historie macht, maatschappelijk werk en reclassering

Veel reclasseringswerkers zijn van oorsprong maatschappelijk werkers. Daarom hebben de ontwikkelingen en tradities van het maatschappelijk werk diepe sporen achtergelaten binnen de reclassering. Dit geldt waarschijnlijk ook voor de problematische relatie tussen 'het maatschappelijk werk' en 'de uitoefening van macht'. Hier volgt een korte historische terugblik, die in vogelvlucht enig licht werpt op deze kwestie. Het gaat uitsluitend om ontwikkelingen die rechtstreeks met het onderwerp te maken hebben, dus niet om allerhande andere trends.

Begin 20e eeuw

In de eerste helft van de 20e eeuw heeft het maatschappelijk werk een heldere maatschappelijke rol. Zij verzorgt namens liefdadigheidsinstellingen, en later mede namens de overheid, 'geldelijke ondersteuning' aan de armen en anderszins behoeftigen. In ruil voor deze steun moest men toestaan dat maatschappelijk werkers zich diepgaand met het leven bemoeiden. Later kreeg het maatschappelijk werk een rol in de 'onmaatschappelijkheidsbestrijding'. In 'woonscholen' waar mensen aangepast gedrag aanleerden, hadden maatschappelijk werkers een belangrijke rol.

Halverwege de 20e eeuw

Vanaf de tweede wereldoorlog emancipeerde het maatschappelijk werk tot een meer onafhankelijk beroep. Het social casework deed zijn intrede eind jaren veertig en vijftig. Dit was het startpunt voor het methodisch denken en vooral voor het serieus nemen van cliënten als burgers met rechten. Ter bevestiging van haar nieuwe onafhankelijkheid zette de beroepsgroep zich sterk af tegen haar verleden, dat bevoogdend, paternalistisch en disciplinerend werd gevonden. Met het afstand nemen van het verleden werden ook de bijbehorende thema's en dilemma's rond bevoogding en macht weggeredeneerd. Deze vraagstukken werden dus ook niet meer geproblematiseerd in het zich verder ontwikkelende maatschappelijk werk. Begin jaren tachtig verscheen de studie van H. Achterhuis (Baarn, 1980). Hij betoogde dat sociaal agogische beroepen op een onzichtbare manier macht gebruikten. In een bepaald opzicht had hij gelijk: het wegredeneren van macht uit het maatschappelijk werk had uiteraard niet geleid tot afname van het gebruik van macht, maar tot het onzichtbaar maken daarvan. Zijn boek had daardoor in principe kunnen leiden tot een herdefiniëring en precisering van de rol van macht in het maatschappelijk werk. Maar het omgekeerde gebeurde: de beroepsgroep ging zich collectief schamen en zette nog sterker in op het ontkennen van macht als een factor in het maatschappelijk werk.

Eind 20e eeuw

Vanaf halverwege de jaren negentig trad een maatschappelijke kentering op die onmiddellijk zijn weerslag had in de sectoren van zorg, welzijn en justitie. De sector verbond zich sterker met maatschappelijke problematiek, zoals armoede, criminaliteit, veiligheid, overlast, werkloosheid en isolement. Voor het maatschappelijk werk ondersteunde een eerste baanbrekende publicatie (G. van der Laan, 1993) deze beweging. Van der Laan greep in zijn betoog over zorgvuldig en gelegitimeerd machtsgebruik het werk van Achterhuis aan om het machtsgebruik zichtbaar en controleerbaar te maken. Hij betoogde dat de verregaande voorzichtigheid van het maatschappelijk werk had geleid tot een te afwachtende houding bij ernstige problemen. En zelfs tot vormen van nalatigheid: waar ingrijpen noodzakelijk was deed men dat niet, uit angst te disciplineren. Het boek werd gevolgd door een reeks pleidooien voor een modern paternalisme, nieuwe vormen van bevoogding, de voor-wat-hoort-wat-benadering en andere termen van gelijke strekking. Deze reeks publicaties bracht in het veld een sterke trend teweeg: macht mocht weer.

Tegelijkertijd deed de nieuwe zakelijkheid zijn intrede, met de bijbehorende nadruk op beheer, bedrijfsmatige transparantie en marktwerking. In deze combinatie van trends was weinig ruimte voor een rustige doordenking van het nieuwe gedachtegoed. De trends versterkten elkaar: de nieuwe ideeën werden als lucratief door managers sterker omarmd dan door professionals. Er gebeurde wat enkele decennia daarvoor was gebeurd, maar dan omgekeerd: de nieuwe ontdekkingen werden omarmd, de oude heftig verworpen. In plaats van te reflecteren op deze ontwikkeling, was er opnieuw collectieve schaamte, maar nu voor het afwachtend en nalatig zijn. Met als gevolg een haast te eenzijdige oriëntatie op ingrijpen.

Macht en reclassering

Bij de reclassering was dit alles niet anders. Ook hier was in de tweede helft van de 20e eeuw een sterke inhoudelijke en methodische ontwikkeling van het werk zichtbaar. En ook hier ontstond in de jaren zeventig en tachtig een uiterst problematische verhouding tot bevoogding en macht. De reclasseringswerkers die in deze periode principieel weigerden aan justitie te rapporteren waren talrijk. En ook bij de reclassering ontstond vanaf de jaren negentig een hernieuwde gerichtheid op de maatschappelijke opdracht, de banden met justitie werden strakker aangehaald en de reclassering kreeg taken in de strafuitvoering die in de jaren daarvoor nauwelijks mogelijk waren, zoals werkstraffen, leerstraffen en elektronisch toezicht. Dit hield ook verband met vermaatschappelijking van de strafrechtspleging: er ontstonden alternatieve en extramurale sanctiemodaliteiten, waarbij de sanctie tegelijkertijd een instrument moest zijn voor de reïntegratie in de samenleving. Maar toch, het waren duidelijk executietaken. Ook bij de reclassering kwam nadruk te liggen op de ontwikkeling van een infrastructuur voor transparante en efficiënte bedrijfsvoering en ook hier was voor beide trends aanvankelijk meer enthousiasme bij de managers dan bij de reclasseringswerkers. Bij de reclassering is deze overgang naar een meer maatschappelijke oriëntatie pijnlijk geweest. Het 'nieuwe denken' werd top-down ingevoerd, in een geringe synergie met de inhoudelijke eisen en de kwaliteiten van de reclasseringswerkers. Dit leidde, welhaast sterker dan in overige sectoren, tot een eenzijdige nadruk op beheer die jarenlang ten koste ging van inhoudelijke kwaliteit. Ter verdediging hiervan kan worden aangevoerd dat de maatschappelijke opdracht van de reclassering een zeer cruciale is. Bovendien werd bestrijding van criminaliteit in de jaren negentig een belangrijke politieke prioriteit. Dit alles zette de reclassering meer dan menig andere organisatie onder grote politieke druk.

Ter zake doende inhoudelijke ontwikkelingen gingen dus gepaard met moeizame invoeringscondities, waartegen veel verzet ontstond. Dit maakte het voor reclasseringswerkers moeilijk 'het kaf van het koren te scheiden'. Wat zijn relevante inhoudelijke ontwikkelingen waarmee we ons voordeel kunnen doen? Waar gaat het om een beheersmatige vereiste die verdedigbaar is? Waar is de nadruk te eenzijdig? Waar verzet ik me eerder tegen 'de manier waarop' (top down) dan tegen de feitelijke ontwikkeling? Dit alles deed een goede en open inhoudelijke discussie over kwesties van macht, ingrijpen, bevoogden en binding met justitie niet echt goed. Ettelijke methodische of morele kwesties zijn vermoedelijk 'in de lucht blijven hangen' omdat het heeft ontbroken aan – intellectuele en professionele – ruimte om vragen die hiermee samenhangen helder te bespreken, los van de associaties met het hierboven geschetste pijnlijke proces.

Begin 21e eeuw

Er zijn steeds meer signalen, binnen en buiten de reclassering, dat de tijd rijp is voor een dubbele synthese. Er komt van alle kanten meer aandacht voor inhoudelijke kwaliteit, maar mét behoud van bedrijfsmatige transparantie en daarmee van de mogelijkheid zich als organisatie extern en intern te verantwoorden. En de 'nieuwe tolerantie' van ingrijpen, macht en bevoogding gaat steeds vaker vergezeld van een zorgvuldige doordenking van de condities waaronder dit gelegitimeerd en verantwoord kan en mag gebeuren.

Op het kruispunt van deze synthese komt deze methodiek tot stand. Alle reden om een hoofdstuk te wijden aan de legitimering van macht, dwang en ingrijpen en zo het reclasseringswerk in gedwongen kader naar twee kanten af te schermen: ten opzichte van te grote vrijblijvendheid die leidt tot ontkenning van feitelijke macht, en ten opzichte van een te grote gebondenheid die leidt tot rolverwarring met justitie. Juist op dit kruispunt 'in de tijd' kunnen we hier niet al te gemakkelijk overheen stappen.

5.2 Legitimering van macht

Onder welke condities en op welke manier is het gebruik van macht en dwang in begeleidingscontacten te legitimeren? De volgende vier overwegingen kunnen hiervoor als een toetsingskader dienen. Sleutelwoorden die alle overwegingen met elkaar verbinden: transparantie, controleerbaarheid en verantwoording. En een overkoepelend uitgangspunt is dat de formele macht van de reclassering alleen kan worden begrepen in verhouding tot de feitelijke gebruikersmacht van de cliënt. Hoezeer de context ook als éénrichtingsverkeer is ingericht, het feitelijke verkeer verloopt altijd in twee richtingen.

Maatschappelijke legitimering als fundament

Reclasseringsbemoeienis in een justitieel kader is duidelijk en controleerbaar maatschappelijk gelegitimeerd. In ons land staat deze maatschappelijke legitimering bovendien onder democratische controle. Wanneer justitie bepaalt dat een delinquent de aanwijzingen van de reclassering moet opvolgen, dan rechtvaardigt zij hiermee, namens de Nederlandse rechtsstaat, het gebruik van macht door de reclassering. Dit is het fundament van de legitimering.

Scheiding posities en rollen

Zoals de scheiding van machten de rechtsstaat kenmerkt, zo is de scheiding van rollen tussen de ketenpartners een kenmerk van zorgvuldig gebruik van macht. Het justitiële kader waarbinnen de reclassering werkt is dus maatschappelijk gelegitimeerd. Dwang- en draninterventies van de reclassering zelf binnen dat kader, bijvoorbeeld aanwijzingen, zijn dat niet rechtstreeks. Zij moeten daarom steeds professioneel te verantwoorden zijn. De scheiding van rollen houdt in dat de reclassering per cliënt beoordeelt welke machtsuitoefening professioneel passend is en hoe die kan worden ingezet: Moet hier wel of niet een formele aanwijzing worden gegeven? Is hier wel of niet een officiële waarschuwing op zijn plaats? Waar de reclassering haar verantwoordelijkheid niet kan waarmaken met de middelen die haar ter beschikking staan, daar geeft zij de verantwoordelijkheid terug aan justitie. Justitie bepaalt vervolgens de consequenties, niet de reclassering. Alleen als de ketenpartners zich houden aan de eigen rol kunnen de verschillende vormen van macht transparant en controleerbaar blijven.

Dwang of zelfbeschikking?

Het zoeken naar de juiste verhouding tussen dwang en zelfbeschikking, of tussen macht en autonomie, wordt vaak voorgesteld als het schuiven tussen twee polen van één en dezelfde schaal. Hoe meer dwang, zo luidt dan de boodschap, des te minder zelfbeschikking. Of hoe minder machtsgebruik, des te meer autonomie. Het gebruik van macht door de professional wordt, zo lijkt het, per definitie in mindering gebracht op de autonomie van de cliënt. G. van der Laan (Utrecht, 1997) introduceert een andere manier om de verhouding tussen dwang en zelfbeschikking te visualiseren. Hij stelt voor de verhouding op twee schalen te plaatsen, als een dubbele lijn. De onderste schaal loopt van geen enkele formele machtsuitoefening naar veel formele machtsuitoefening. De bovenste schaal loopt van weinig zelfbeschikking van de cliënt tot veel zelfbeschikking. Zijn stelling is: hoe meer formele macht gebruikt wordt, des te meer aandacht er moet worden gegeven aan de verantwoording daarvan. Met andere woorden: machtsuitoefening is te verantwoorden (en effectief) voor zover de cliënt dit 'toestaat'. Voor alle helderheid: hieruit moet niet worden afgeleid dat de cliënt uiteindelijk zelf beslist over de formele inzet van justitiële macht, over het justitiële kader, over aanwijzingen of over een tenuitvoerlegging. Het gaat hier om de principiële dynamiek van het *agogische* proces van gedragsbeïnvloeding. Praktisch gezien betekent dit: hoe meer macht je kunt inzetten als reclasseringswerker, des te noodzakelijker is het 'werk te maken' van de vrije bewegingsruimte die voor de cliënt overblijft. Of in termen van de instrumenten voor reclasseringstoezicht: hoe strikter het kader en hoe dwingender de aanwijzingen, des te belangrijker wordt de vrije begeleidingsruimte. Van der Laan introduceert dit als een ethische spelregel. Deze ethische spelregel komt overeen met de belangrijkste methodische vuistregels uit literatuur over effectief werken met onvrijwillige cliënten. Hieruit blijkt dat reclasseringscliënten meestal geneigd zijn zich te verzetten tegen de inperking van hun autonomie (zie hoofdstuk 9). Als je als reclasseringswerker dit verzet en deze reacties negeert, kom je nooit in contact met je cliënt. Je kunt de (gezonde) behoefte aan gedeeltelijk herstel van autonomie alleen honoreren door deze behoefte aan te spreken en te benutten, voor zover dat binnen het justitiële kader mogelijk is. Hoe klein die ruimte ook is: hij is er, en kan en moet benut worden. Dus: hoe meer dwang, hoe belangrijker het is de doelen en behoeften van de cliënt op te sporen en daarbij – binnen het kader – aan te sluiten.

Verantwoord beslissen

Bij elk besluit tot ingrijpen of niet ingrijpen zou de reclasseringswerker zich expliciet moeten afvragen: wat is mijn professionele verhaal? Kan ik mijn besluit verantwoorden naar mijn cliënt, naar zijn sociale netwerk, naar mijn eigen organisatie, naar justitie en naar de samenleving? Kan ik mijn handelwijze uitleggen als de cliënt of iemand namens hem een formele klacht indient? Kan ik het professioneel verantwoorden als het in de publiciteit komt? Een goed hulpmiddel voor verantwoord beslissen en de besluiten te verantwoorden, is het model van fout type 1 en fout type 2 (zie kader).

Fout type 1 en fout type 2

Reclasseringswerkers nemen meestal besluiten op grond van signalen. Als het met een cliënt de verkeerde kant opgaat, zijn daarvoor lang niet altijd harde bewijzen. Er zijn signalen. De reclassering maakt een inschatting van de mogelijke gevolgen. Hier doet zich een dilemma voor: welk risico neem ik: het maken van fout type 1 of van fout type 2? Dit dilemma (Van der Laan, 1993) houdt het volgende in:

>

> Bij fout type 1 is sprake van onterecht ingrijpen: de werker heeft de signalen te zwaar ingeschat. Bij fout type 2 is sprake van onterecht niet ingrijpen: de werker heeft signalen over het hoofd gezien of er te weinig waarde aan gehecht.
>
> Fout type 1 maakt de werker als de maatregel te zwaar was en de cliënt niet gerecidiveerd zou hebben. Hij heeft de situatie als te ernstig of risicovol ingeschat. Dit is in het algemeen niet aantoonbaar.
> Fout type 2 maakt hij als hij niet ingrijpt en de cliënt recidiveert toch. Dit is vaak wel aantoonbaar.

Het dilemma

Reclasseringswerkers worden met grote regelmaat geconfronteerd met dit dilemma: speel ik het op dit specifieke punt wel of niet op scherp bij cliënt A? Geef ik cliënt B wel of niet een laatste kans? Grijp ik wel of niet in? Hierbij moet de reclasseringswerker oordelen over iets dat misschien gaat gebeuren. Hij kan een besluit tot ingrijpen (terugzenden) nemen om mogelijke schade aan de samenleving te voorkomen. Hij kan een besluit tot niet ingrijpen nemen (nog een kans geven) in de veronderstelling dat de situatie veilig genoeg is. Dit dilemma doet zich voor in allerlei situaties die vragen om een besluit, terwijl niet alle benodigde informatie beschikbaar is. Een reclasseringswerker die overweegt in te grijpen, balanceert als het ware tussen beide fouten in en probeert beide fouten te vermijden. Maar dat is makkelijker gezegd dan gedaan, want de kans dat je de ene fout maakt wordt groter, naarmate je meer je best doet de andere fout te vermijden. Het dilemma is moeilijker naarmate het risico groter is en de consequenties, van beide typen fout, groter zijn. Mensen zijn in het algemeen banger voor een kleine kans op iets vreselijks dan voor een grote kans op iets kleins. Een kleine kans op een recidiverende ernstige geweldsdelinquent zal anders worden afgewogen dan een grote kans op een kleine winkeldiefstal.

Zorgvuldige inschatting

Het dilemma is, zoals ieder echt dilemma, in zijn algemeenheid onoplosbaar. Toch is het belangrijk dat reclasseringswerkers zich van dit dilemma bewust zijn. Het wordt daarmee duidelijk dát het in objectieve zin niet oplosbaar is: er ís niet voldoende sluitende informatie om met zekerheid vast te stellen wat het goede is, en er kan geen objectief besluit worden genomen. Het dilemma moet dus worden opgelost door zorgvuldig professioneel inschatten, wikken en wegen. De reclassering moet hier dus, met andere woorden, haar professionele verantwoordelijkheid nemen voor een besluit, op basis van een zo zorgvuldig mogelijke inschatting. Voor het maken van deze inschatting kunnen beide polen van het dilemma worden verkend. Op grond waarvan zou ik wel of niet ingrijpen? Welke gevolgen heeft het als ik fout type 1 maak, en wat kan er gebeuren als ik fout type 2 maak? Deze verantwoorde manier van beslissen is tegelijk een goede manier om het gebruik van macht, en een besluit tot ingrijpen, transparant en controleerbaar te maken. Voor besluiten die ten onrechte worden gemotiveerd met een beroep op objectiviteit, kan de reclassering zich immers niet verantwoorden. En het spiegelbeeld daarvan is dat de cliënt zijn belangen dan niet kan verdedigen. Dit kan allebei wel bij beslissingen waarbij de reclassering kan uitleggen op grond van welke informatie zij welke inschatting heeft gemaakt en waarom.

Verantwoordelijke organisatie

Verantwoord beslissen door reclasseringswerkers moet zijn ingebed in een verantwoordelijke organisatie. De organisatie is verantwoordelijk voor belangrijke besluiten tot wel of niet ingrijpen. De reclasseringswerker is een representant van de organisatie. Het is niet 'mijn' besluit, maar 'ons' besluit. Daarmee verplichten werkers zich, hun dilemma's voor te leggen aan collega's. De organisatie verplicht zich, de reclasseringswerkers de ruimte te bieden die hiervoor nodig is. En de organisatie verplicht zich, deze besluiten te dekken, ook en juist als ze tot problemen leiden.

5.3 Samenvatting

Reclasseringstoezicht kan niet bestaan zonder uitoefening van macht namens de samenleving en door justitie. Het gebruik van macht is een gegeven. Maar hoe de reclassering tegen het gebruik van macht aankijkt, is door de jaren heen veranderd.

Net als in het maatschappelijk werk was ook bij de reclassering in de tweede helft van de twintigste eeuw een sterke inhoudelijke en methodische ontwikkeling van het werk zichtbaar. En ook hier ontstond in de jaren zeventig en tachtig een uiterst problematische verhouding tot bevoogding en macht. De reclasseringswerkers die in deze periode principieel weigerden aan justitie te rapporteren waren talrijk. Vanaf de jaren negentig ontstond een hernieuwde gerichtheid op de maatschappelijke opdracht, de banden met justitie werden strakker aangehaald en de reclassering kreeg taken in de strafuitvoering die in de jaren daarvoor nauwelijks mogelijk waren, zoals werkstraffen, leerstraffen en elektronisch toezicht. Ook bij de reclassering kwam nadruk te liggen op de ontwikkeling van een infrastructuur voor transparante en efficiënte bedrijfsvoering en ook hier was voor beide trends aanvankelijk meer enthousiasme bij de managers dan bij de reclasseringswerkers. Bij de reclassering is deze overgang naar een meer maatschappelijke oriëntatie pijnlijk geweest. Het 'nieuwe denken' werd top-down ingevoerd, in een geringe synergie met de inhoudelijke eisen en de kwaliteiten van de reclasseringswerkers. Dit leidde, welhaast sterker dan in overige sectoren, tot een eenzijdige nadruk op beheer die jarenlang ten koste ging van inhoudelijke kwaliteit. Er zijn steeds meer signalen, binnen en buiten de reclassering, dat de tijd rijp is voor een dubbele synthese. Er komt van alle kanten meer aandacht voor inhoudelijke kwaliteit, maar mét behoud van bedrijfsmatige transparantie en daarmee van de mogelijkheid zich als organisatie extern en intern te verantwoorden. En de 'nieuwe tolerantie' van ingrijpen, macht en bevoogding gaat steeds vaker vergezeld van een zorgvuldige doordenking van de condities waaronder dit gelegitimeerd en verantwoord kan en mag gebeuren. Op het kruispunt van deze synthese komt deze methodiek tot stand.

Onder welke condities en op welke manier is het gebruik van macht en dwang in begeleidingscontacten te legitimeren? Sleutelwoorden die alle overwegingen met elkaar verbinden: transparantie, controleerbaarheid en verantwoording. Een overkoepelend uitgangspunt is dat de formele macht van de reclassering alleen kan worden begrepen in verhouding tot de feitelijke gebruikersmacht van de cliënt. Hoezeer de context ook als éénrichtingsverkeer is ingericht, het feitelijke verkeer verloopt altijd in twee richtingen. Ontkennen dat je macht bezit en gebruikt, zoals in het nog niet zo verre verleden aan de orde was, leidt tot onzichtbaar en niet te verantwoorden machtsgebruik. Cliënten merken dat meestal toch wel op en gaan zich net zo impliciet verzetten als jij macht gebruikt. Het gaat dus niet om de vraag of je macht mag gebruiken, maar om de vraag hoe je dat zo transparant en expliciet mogelijk kunt doen.

Een goed hulpmiddel voor verantwoord beslissen en de besluiten te verantwoorden, is het model van fout type 1 en fout type 2. Bij fout type 1 is sprake van onterecht ingrijpen: de werker heeft de signalen te zwaar ingeschat. Bij fout type 2 is sprake van onterecht niet ingrijpen: de werker heeft signalen over het hoofd gezien of er te weinig waarde aan gehecht. Het dilemma bij verantwoord beslissen is, zoals ieder echt dilemma, in zijn algemeenheid onoplosbaar. Er ís niet voldoende sluitende informatie om met zekerheid vast te stellen wat het goede is, en er kan geen objectief besluit worden genomen. Het dilemma moet dus worden opgelost door zorgvuldig professioneel inschatten, wikken en wegen. Verantwoord beslissen door reclasseringswerkers moet zijn ingebed in een verantwoordelijke organisatie. De organisatie is verantwoordelijk voor belangrijke besluiten tot wel of niet ingrijpen.

Hoofdstuk 6

Onvrijwillige cliënten: gevolgen voor de interactie

Een tweede fundament van het methodisch werken met cliënten in gedwongen kader, wordt gevormd door een specifiek en bepalend kenmerk van de doelgroep: ze hebben niet zelf contact gezocht met de reclassering, maar het contact is opgelegd door de rechter. Zij komen dus niet vrijwillig. Wat betekent deze onvrijwilligheid in een begeleidingscontact?

6.1 Toegewezen, niet vrijwillig of vrijwillig?

Wat zijn onvrijwillige cliënten? En hoe onvrijwillig zijn de cliënten van de reclassering? Een antwoord op deze vragen lijkt op het eerste oog eenvoudig te geven, maar de kwestie is bij nadere beschouwing complexer.

Wettelijk en sociaal onvrijwillig

Rooney (1992) geeft aan dat onder de verzamelnaam *onvrijwillige cliënten* eigenlijk twee soorten van onvrijwilligheid schuilgaan. De eerste soort is de formele onvrijwilligheid. De formeel onvrijwillige cliënt heeft het contact opgelegd gekregen. Een 'mandeted client' noemt Rooney deze onvrijwillige cliënt, die dus in aanraking komt met een begeleider op grond van een rechterlijke uitspraak of een op de wet gebaseerde beslissing. Jagt (2001) noemt deze categorie de *wettelijk onvrijwillige cliënten.*
Een tweede soort van onvrijwilligheid is de cliënt die niet uit zichzelf, maar onder druk van anderen begeleiding zoekt. Rooney noemt dat een 'non voluntary client', die dus in aanraking komt met een begeleider, omdat een partner, familie of vrienden, de huisarts of een instelling dat nodig vindt. Jagt noemt ze *sociaal onvrijwillige cliënten.*

Vrijwillige cliënt

Wat is nu een vrijwillige cliënt? Is dat iemand die niet wettelijk is toegewezen of niet onder druk van een ander naar een begeleider gaat? Keith-Lucas (London, 1975) spreekt pas van een *vrijwillige* cliënt als die:

- herkent en erkent dat hij een probleem heeft dat hij niet alleen kan oplossen;
- bereid is met een ander over dit probleem te praten en die ander toestaat advies te geven;
- bereid is de zaken op een of andere wijze anders aan te pakken.

Vrijwilligheid staat volgens Keith-Lucas dus eigenlijk los van de vraag hoe iemand bij een instelling binnenkomt. De kwestie ligt vaak genuanceerder:

- Een wettelijk onvrijwillige cliënt komt omdat hij moet van de rechter, maar daarbij kan hij wel of niet zijn probleem erkennen, en wel of niet bereid zijn erover te praten.

- Een sociaal onvrijwillige cliënt heeft onder druk een afspraak gemaakt, maar het is nog niet duidelijk of hij wel of niet over erkende problemen wil praten en bereid is zijn gedrag te veranderen.
- Een 'officieel' vrijwillige cliënt, die zelf bedenkt dat hij hulp nodig heeft, heeft vaak ook allerlei aarzelingen en weerstanden op één van de drie punten. Want dat geldt voor bijna iedereen die hulp vraagt. Het is dus goed, je als reclasseringswerker te realiseren dat in welke hulpverleningsinstelling dan ook 'echt en volledig' vrijwillige cliënten zeldzaam zijn.

Voor de reclassering is dit onderscheid belangrijk. Een niet helder onderscheid tussen deze vormen van onvrijwilligheid kan leiden tot foute aannames over de cliënt, bijvoorbeeld over diens probleembesef, bereidheid advies te aanvaarden of motivatie om zaken anders aan te pakken. Cliënten die zelf het initiatief nemen tot begeleiding kunnen veel reserves hebben. En cliënten die wettelijk zijn veroordeeld tot contact, zijn soms blij met de begeleiding.

6.2 Toegewezen cliënten: een nadere uitwerking

Volgens Rooney is het basisonderscheid tussen niet vrijwillige en toegewezen cliënten vooral afhankelijk van de feitelijke omstandigheid waarin de begeleiding tot stand komt. Het feit dat iemand is toegewezen, betekent dat in objectieve zin sprake is van een bepaalde mate van vrijheidsverlies. Dat feit is volgens Rooney van grote invloed op de reacties van de cliënt. Daarnaast vindt hij nog twee andere factoren van belang:

- de subjectieve beleving van de cliënten van het feitelijke vrijheidsverlies;
- de mate van 'lotscontrole' door de begeleidende instelling.

Subjectieve beleving

Bij toegewezen cliënten is er dan wel objectief sprake van vrijheidsverlies, maar de subjectieve ervaring daarvan varieert. De ene cliënt zal meer vrijheidsverlies ervaren dan de ander, en de ene zal er meer last van hebben dan de ander. Cliënten die door justitie worden gedwongen zich te laten begeleiden, bijvoorbeeld met een bijzondere voorwaarde, hoeven dat niet allemaal te ervaren als een ernstige inperking van hun vrijheid. Aan de andere kant kunnen cliënten die zonder dwang ergens aan meedoen, bijvoorbeeld aan een training agressiebeheersing, een groot vrijheidsverlies ervaren. De mate van onvrijwilligheid kan dus niet alleen worden afgemeten aan de objectieve mate van justitiële dwang. De subjectieve beleving van vrijheidsverlies vormt een belangrijk aanknopingspunt in de begeleiding. Wie dat over het hoofd ziet, kan iemand ten onrechte als vrijwillige cliënt gaan benaderen, omdat hij niet binnen een wettelijk kader is 'toegewezen'. Onverwachte uitingen en gedragingen van zo'n cliënt, zoals passief verzet, uitgebreid vertoon van machteloosheid of taken niet uitvoeren, kunnen dan makkelijk worden opgevat als 'weerstand' of als 'ongemotiveerd'. Deze uitingen vormen echter veeleer een aanleiding om na te gaan welk vrijheidsverlies iemand ervaart.

Lotscontrole

Met 'lotscontrole' doelt Rooney op de mate waarin de reclasseringswerker in staat is de gestelde doelen te bereiken als de onvrijwillige cliënt besluit de samenwerking te beëindigen zonder dat alle vooraf gestelde doelen zijn bereikt. De reclassering kan bijvoorbeeld het doel 'risicobeheersing' ook bereiken als de cliënt voortijdig de samenwerking stopt. De reclassering kan de cliënt terugrapporteren, met als gevolg een nieuwe rechtszitting of detentie. Aan dit feit ontleent de reclassering macht ten opzichte van de cliënt. Hoe sterk deze lotscontrole is, hangt mede af van de ernst van de gevolgen voor de cliënt. Wanneer de gevolgen ernstig, zeker en onmiddellijk zijn, is de lotscontrole van de reclassering sterker dan wanneer de gevolgen minder ernstig of minder zeker zijn, of als de tenuitvoerlegging erg lang op zich laat wachten. Lotscontrole staat zo voor de macht van de reclasseringswerker om in formele zin handelingen af te dwingen of te beperken.

Deze drie dimensies – feitelijke onvrijwilligheid, de subjectieve ervaring van het vrijheidsverlies bij de cliënt en de mate waarin de lotscontrole bij de reclassering ligt – bepalen de mate van onvrijwilligheid. Met andere woorden: een toegewezen cliënt die veel vrijheidsverlies ervaart en waarbij de lotscontrole op belangrijke punten bij de reclasseringswerker ligt, kan – tenminste bij aanvang van de begeleiding – als zeer onvrijwillig worden beschouwd. Een toegewezen cliënt die betrekkelijk weinig vrijheidsverlies ervaart en bij wie minder zware lotscontrole bij de reclasseringswerker ligt, kan als redelijk vrijwillig worden beschouwd. En daartussenin zijn alle varianten en gradaties mogelijk.

6.3 Onvrijwillige cliënten en maatschappelijk werk

Het thema 'onvrijwilligheid in agogische begeleidingscontacten' is relatief onontgonnen in het methodisch denken. Hoe komt dit? We zagen in het vorige hoofdstuk dat de geschiedenis van het reclasseringswerk betrekkelijk nauw is verbonden met de geschiedenis van het maatschappelijk werk. Dit is begrijpelijk, omdat de meeste reclasseringswerkers van oudsher maatschappelijk werkers zijn. De laatste jaren zijn daar steeds meer andere beroepsgroepen bijgekomen. Vooral sociaal psychiatrisch verpleegkundigen worden vaak ingezet bij cliënten met een psychiatrisch ziektebeeld. De tradities van theorie en methodiek van het maatschappelijk werk zijn echter overheersend in de overtuigingen en werkwijzen van veel reclasseringswerkers. In de theoretische traditie van het maatschappelijk werk is weinig plaats en aandacht voor de begeleiding van cliënten in gedwongen kader. Veel dilemma's en problemen van reclasseringswerkers komen daarom waarschijnlijk niet alleen voort uit de weerbarstigheid van de praktijk zelf, maar ook uit de denkbeelden van de werkers. Daarom in dit hoofdstuk aandacht aan drie mythes waarvan de traditionele theorie van het maatschappelijk werk is doordrongen. Deze mythes zijn voor een gedeelte aangestipt in het vorige hoofdstuk over de legitimering van macht. Hier volgt een beschrijving van de invloed van deze mythes op de overtuigingen van (reclasserings)werkers over het werken met onvrijwillige cliënten.

Mythe 1: Er is geen spanning tussen individuele en maatschappelijke behoeften
Op grond van deze mythe gaan mensen er – al dan niet bewust – soms te gemakkelijk van uit dat iedereen 'vanzelfsprekend' maatschappelijk aanvaardbare doelen nastreeft. Dit verschijnsel is duidelijk beschreven door H. Kroft en anderen in een onderzoek naar de leefwereld van langdurig werklozen (Leiden, 1989). Veel mensen vinden het volgens Kroft vanzelfsprekend dat werklozen zich allereerst richten op het doel dat maatschappelijk gezien het meest logisch lijkt: het vinden van een baan. De meeste langdurig werklozen streven echter daarnaast of in plaats daarvan andere, meer individueel te begrijpen doelen na. Bijvoorbeeld het voorkomen van afwijzing op de arbeidsmarkt door niet (meer) te solliciteren en te berusten in de werkloosheid. Dit gedrag wordt vaak niet herkend als doelgericht, omdat het afwijkt van het doel dat de werklozen in onze ogen zou moeten nastreven. De mythe dat maatschappelijke en individuele behoeften in principe met elkaar overeenstemmen, leidt hier dus tot een vorm van 'blindheid': men gaat het doelgerichte gedrag van de werkloze zien als irrationeel, of als apathisch. Hetzelfde kan gelden voor het werken met reclasseringscliënten. Wie het 'in zijn hart' normaal vindt dat zijn cliënt criminaliteit vermijdt, of naar een baan en goede sociale relaties streeft, zal gedrag dat daarvan afwijkt minder snel herkennen als een doelgerichte en rationele aanpassing aan de context zoals de cliënt die ervaart. Hij zal eerder denken in termen van 'ongemotiveerd', of 'houdt zich niet aan de afspraken'. De reclasseringswerker die ervan uit gaat dat mensen ook individuele doelen nastreven die op gespannen voet staan met maatschappelijke belangen, zal dergelijke individuele doelen ook eerder (h)erkennen. Dat is – juist bij het werken met onvrijwillige cliënten – van groot belang. Bijvoorbeeld het doel van gedeeltelijk hernemen van de autonomie door zich te verzetten tegen het gedwongen kader, of het doel van verbonden zijn met anderen of status verwerven door te blijven omgaan met vrienden in het kwaad. Deze doelen herkennen, erkennen, en als uitgangspunt nemen van de begeleiding, is één van de belangrijkste methodische competenties van de reclasseringswerkers.

Mythe 2: Er wordt geen macht uitgeoefend (en waar dat gebeurt is het verwerpelijk)
Op grond van deze mythe hebben veel sociaal-agogische beroepsgroepen de afgelopen decennia geprobeerd aan te tonen dat zij geen macht gebruiken. In het vorige hoofdstuk is beschreven dat zij in de jaren zeventig welke vorm van ingrijpen en bevoogding dan ook verre van zich hebben afgeworpen. Dit gold ook voor veel reclasseringswerkers. Hierdoor is het gebruik van macht in het begeleidingscontact echter niet afgenomen, maar onzichtbaar gemaakt. Het maatschappelijk werk, en in zekere zin ook de reclassering, heeft zich met dit gebrek aan helderheid niet populair gemaakt en was bijna 'uit de markt' geprezen. In de loop van de jaren negentig is ingrijpen, bevoogden en machtsgebruik weer uit de sfeer van de 'verboden' gehaald. Daarbij is ook duidelijk gemaakt dat communicatie zonder macht feitelijk niet bestaat. Legitiem gebruik van macht begint daarom bij de erkenning hiervan, waarna het vervolgens zo transparant mogelijk gemaakt kan worden in het contact tussen cliënt en werker. Een goede erfenis van deze mythe is overigens de zorgvuldigheid waarmee wordt nagedacht over het gebruik van macht. Een andere goede erfenis van de mythe is de erkenning van de 'gebruikersmacht', ofwel van de machtsmiddelen die de onvrijwillige cliënten zelf inzetten. Hierdoor ontstaat een genuanceerder beeld

over machtsgebruik: er is sprake van vrij sterke, maatschappelijk en wettelijk gelegitimeerde macht aan de kant van de reclassering. Maar de begeleiding kan alleen effectief worden als de reclasseringswerker helder is over de eigen machtspositie én erin slaagt de verbinding te maken met de cliënt. Daarvoor is het nodig dat de reclasseringswerker de – formeel minder machtige – positie van de cliënt als uitgangspunt neemt en dat hij erkent dat zijn cliënt tenminste tijdelijk bezig is met het ontwikkelen van tegenmacht. In het speelveld dat zo ontstaat kan een effectieve werkrelatie ontstaan.

Mythe 3: Streven naar zelfbeschikking is vanzelfsprekend

Op grond van deze mythe gaat men er soms te gemakkelijk van uit dat iedereen ook werkelijk uit is op zelfbeschikking, dat volledige zelfbeschikking voor iedereen haalbaar is en dat zelfbeschikking dus ook voor iedereen het uiteindelijke begeleidingsdoel moet zijn. Men verwart daarbij het streven naar zelfbeschikking vaak met het dragen van verantwoordelijkheid: cliënten worden ook tijdens de begeleiding geacht bij alles hun eigen verantwoordelijkheid te dragen, we werken immers aan zelfbeschikking. Hierbij ziet men dan over het hoofd dat veel cliënten juist bij de reclassering zijn terechtgekomen, omdat ze niet in staat zijn gebleken hun volwassen verantwoordelijkheid op alle levensgebieden te dragen. Hiermee moeten ze op weg worden geholpen. Het feitelijk dragen van verantwoordelijkheid is dus lang niet altijd de uitgangssituatie. Het 'leren dragen van verantwoordelijkheid op dat specifieke terrein' en 'het leren beter over jezelf te beschikken in die specifieke zin' kunnen wel streefdoelen zijn. Maar ook dat is niet altijd haalbaar en niet altijd het meest nastrevenswaardige doel. Op grond van de mythe van de zelfbeschikking zien we te makkelijk over het hoofd dat de mens 'van nature maatschappelijk' is. Het streefdoel kan ook zijn het opbouwen van goede steunende relaties, het activeren van sociale netwerken of het organiseren van blijvende steuncontacten, zoals de Sociaal Pedagogische Dienst (SPD). Zelfbeschikking als zodanig, los van maatschappelijke bindingen, is niet altijd het hoogste goed en lang niet altijd het beste doel van begeleidingscontacten. Dit geldt zeker voor de reclassering, waar de begeleiding is ingebed in of wordt beperkt door het doel 'recidive verminderen'. Net als de vorige mythe heeft ook deze mythe een goede erfenis: als basisregel voor legitiem, zorgvuldig machtsgebruik geldt dat de begeleider zich precies rekenschap geeft van de aard en de mate van autonomie die bij deze cliënt mogelijk is. En dat hij deze waar mogelijk honoreert en probeert te vergroten. Nu het begrip zelfbeschikking niet meer tot de mythen behoort, is er ruimte geschapen om het op een concrete, specifieke en werkbare manier te gebruiken.

De concepten, de terminologie en de werkwijzen die op deze drie mythen zijn gebaseerd, voldoen niet bij het werken met onvrijwillige cliënten. De laatste twee decennia wordt dit meer erkend en wordt het thema van onvrijwilligheid in het begeleidingscontact minder terughoudend dan vroeger aan de orde gesteld. Toch blijft de terminologie soms 'wringen'. Nieuwe uitgangspunten zijn nog niet uitgekristalliseerd in een samenhangend geheel van nieuwe termen. Kortom, het blijft behelpen. Maar er is inmiddels genoeg nieuwe theorie voorhanden om de praktijk van werken in gedwongen kader dichter te naderen. In de volgende paragraaf allereerst een nadere definiëring van de onvrijwillige transactie.

6.4 Hulpverlening of onvrijwillige transactie?

Het traditionele hulpverleningsperspectief gaat uit van een spanningsloze verhouding tussen individuele en maatschappelijke behoeften. Voor het werken met onvrijwillige cliënten is het realistischer uit te gaan van een sociaal conflict: de belangen van de cliënt en de maatschappelijke belangen lopen lang niet altijd parallel. Vanuit het traditionele hulpverleningsperspectief is er bijna als vanzelf sprake van gezamenlijke, elkaar overlappende doelen en van gezamenlijk handelen van hulpverlener en cliënt. In een dergelijke context ziet een begeleider een uiting van agressie bijvoorbeeld al snel als 'schreeuwen om hulp'. We streven immers hetzelfde na, zo denkt deze begeleider, dus agressie kan niet betekenen dat we het oneens zijn. Dit beeld klopt niet in situaties waarin sprake is van een feitelijke belangentegenstelling en waarin de reclasseringswerker formele macht kan gebruiken. Reclasseringsbemoeienis kunnen we, aldus Rooney, daarom beter zien als *'een proces waarin de samenleving onder bepaalde condities het gebruik van macht legitimeert in de context van een belangentegenstelling'.*

Het reclasseringswerk staat bovendien in een bredere context dan die van cliënt en werker alleen. Het gaat hier om transacties tussen cliënt, hulpverlener, instelling en samenleving. Voor de reclasseringswerker staan daarbij de maatschappelijke doelen centraal. Hij probeert de cliënt te beïnvloeden in de richting van die maatschappelijke doelen. Het is doelgerichte beïnvloeding waarbij de verbinding moet worden gezocht tussen de doelen van de samenleving en de doelen, wensen en motieven van de cliënt.
Rooney stelt voor, het reclasseringswerk te omschrijven in termen van een onvrijwillige transactie: *'Een onvrijwillige transactie is een dynamische uitwisseling van middelen tussen cliënt, werker en instelling, die plaatsvindt in een wettelijke en normatieve context, waarbij er sprake is van machtsongelijkheid'.* Deze definitie lijkt op het eerste oog ingewikkeld, maar bij nadere beschouwing werkt hij verhelderend, zoals hierna blijkt.

Dynamische uitwisseling van middelen

Rooney gaat niet uit van gemeenschappelijke belangen tussen cliënt en begeleider. Volgens hem is er eerder sprake van een 'uitwisseling' van middelen tussen vertegenwoordigers van twee verschillende systemen. Elk voor zich zal doorgaans proberen met een minimum aan kosten een maximum aan baten te krijgen. Hiermee ontstaat het beeld van twee 'strategen' tegenover elkaar, die er vooral op uit zijn hun eigen doelen te realiseren met een minimum aan middelen. De reclasseringswerkers moeten hun energie verdelen over vele cliënten en taken. Middelen van de begeleider om de doelen van de reclassering te realiseren zijn bijvoorbeeld: het justitiële kader, aanwijzingen, normeren, overtuigen, onderhandelen, ondersteunen, zoeken naar de doelen en wensen van de cliënt, zoeken naar het best haalbare compromis, versterken, belangen behartigen, contact maken door open communicatie. Middelen van de cliënt kunnen zijn: inschikkelijk zijn, schijnbare overgave, werkelijk meewerken, verzet, onderhandelen, verdriet of machteloosheid tonen, overreden, zoeken naar het best haalbare compromis of hard werken om verder te komen. Ook de cliënt zal er doorgaans op uit zijn met zo weinig mogelijk inspanning een zo groot mogelijk resultaat te boeken. Deze gerichtheid op eigen doelen en belangen geldt in elk geval voor de uitgangssituatie bij de onvrijwillige transactie. Hierin zit een belangrijk verschil met het traditionele hulpverleningsperspectief. Het is vervolgens aan de begeleider in deze situatie zo te handelen dat een situatie kan ontstaan waarin sprake is van 'voldoende gelijkende en gezamenlijke werkdoelen'.

De context

De context wordt gevormd door:

- het wettelijke kader, de bepalingen en de voorwaarden die van toepassing zijn;
- het beleid van de instelling(en): regels, procedures, verantwoordelijkheden en sancties;
- professionele standaarden, mogelijkheden en beperkingen: de aard van het aanbod, de deskundigheid en de houding van de reclasseringswerkers en de geldende normen over hoe om te gaan met cliënten.

Alle onderdelen van de context zijn ingebed in een specifieke cultuur en in specifieke normen. Daarom is er niet alleen sprake van een legale, maar ook van een normatieve context. Het is belangrijk dit culturele en normatieve karakter van de context scherp te blijven zien. Bij het werken met cliënten met een andere culturele achtergrond is er vaak wel oog voor de specifieke culturele elementen binnen de interactie tussen begeleider en cliënt. De specifieke kenmerken van de context die meer aanvoelt als 'het water waarin je zelf zwemt' verlies je gemakkelijker uit het oog. Wat je ook gemakkelijk uit het oog verliest in de drukte van alledag, is het feit dat het 'cliënt zijn bij de reclassering' niet de enige context is van de cliënten. Cliënten functioneren in tal van contexten: die van het gezin, van de school, van het werk, van de 'gang' of van de buurt. Een context bijvoorbeeld van een wijk waarin een duidelijke 'cultuur van de armoede' heerst, waarin een uitkering normaler is dan werken, heeft veel invloed op de overtuigingen en motieven van mensen.

De machtsongelijkheid

Het kader van de verhouding tussen reclasseringswerker en cliënt is via een justitiële uitspraak gereguleerd. Daarmee is deze machtsverhouding expliciet. Er is echter ook sprake van niet wettelijke en minder expliciete macht. Het feit bijvoorbeeld dat de reclassering een betrekkelijke monopoliepositie heeft op haar terrein is ook een bron van macht: cliënten hebben weinig keus, ze moeten het doen met de reclassering en haar specifieke normen, voorwaarden en werkwijzen. Het machtsmiddel 'naar een andere instelling gaan' als strategie om de eigen doelen te bereiken, kunnen ze niet inzetten. In hoofdstuk 5 bleek al dat formele machtsongelijkheid nooit leidt tot eliminering van de feitelijke macht van de cliënt. De cliënt gaat er uiteindelijk zelf over of de reclasseringsbegeleiding hem wel of niet verder zal kunnen helpen, op welke wijze dan ook.

6.5 Samenvatting

Cliënten hebben niet zelf contact gezocht met de reclassering, maar het contact is hen, als dader of verdachte, opgelegd door de rechter. Zij komen dus niet vrijwillig. Wat betekent deze onvrijwilligheid in een begeleidingscontact?

Er zijn verschillende vormen van (on)vrijwilligheid:

- *De formeel of wettelijk onvrijwillige cliënt heeft het contact vanuit justitie opgelegd gekregen.*
- *Een tweede soort van onvrijwilligheid is de cliënt die niet uit zichzelf, maar onder druk van anderen begeleiding zoekt: de sociaal onvrijwillige cliënt.*
- *Een vrijwillige cliënt herkent en erkent dat hij een probleem heeft dat hij niet alleen kan oplossen, is bereid met een ander over dit probleem te praten, advies te krijgen en zaken op een of andere wijze anders aan te pakken.*

Een niet helder onderscheid tussen deze vormen van onvrijwilligheid kan leiden tot foute aannames over de cliënt. Cliënten die zelf het initiatief nemen tot begeleiding kunnen veel reserves hebben. En cliënten die wettelijk zijn veroordeeld tot contact, zijn soms tevreden met de begeleiding. De ene cliënt zal meer vrijheidsverlies ervaren dan de ander, en de ene zal er meer last van hebben dan de ander. De subjectieve beleving van vrijheidsverlies vormt een belangrijk aanknopingspunt in de begeleiding. Ook de lotscontrole – de mogelijkheid van de reclasseringswerker om in formele zin handelingen af te dwingen of te beperken – speelt een rol in het ervaren van macht.

Het werken in gedwongen kader dwingt de reclasseringswerker drie mythes uit de traditionele theorie van het maatschappelijk werk te doorzien.

Mythe 1: er is geen spanning tussen individuele en maatschappelijke behoeften
Op grond van deze mythe gaan mensen er – al dan niet bewust – soms te gemakkelijk van uit dat iedereen 'vanzelfsprekend' maatschappelijk aanvaardbare doelen nastreeft. De reclasseringswerker die ervan uit gaat dat mensen ook individuele doelen nastreven die op gespannen voet staan met maatschappelijke belangen, zal dergelijke individuele doelen ook eerder (h)erkennen. Dat is van groot belang. Deze doelen herkennen, erkennen, en als uitgangspunt nemen van de begeleiding, is – juist bij het werken met onvrijwillige cliënten – één van de belangrijkste methodische competenties van de reclasseringswerkers.

Mythe 2: er wordt geen macht uitgeoefend (en waar dat gebeurt is het verwerpelijk)
Legitiem gebruik van macht begint bij de erkenning hiervan, waarna het vervolgens zo transparant mogelijk kan worden gemaakt in het contact tussen cliënt en werker. Er is sprake van vrij sterke, maatschappelijk en wettelijk gelegitimeerde macht aan de kant van de reclassering. Maar de begeleiding kan alleen effectief worden als de reclasseringswerker helder is over de eigen machtspositie én erin slaagt de verbinding te maken met de cliënt.

Mythe 3: Streven naar zelfbeschikking is vanzelfsprekend
Op grond van deze mythe gaat men er soms te gemakkelijk van uit dat iedereen ook werkelijk uit is op zelfbeschikking, dat volledige zelfbeschikking voor iedereen haalbaar is en dat zelfbeschikking dus ook voor iedereen het uiteindelijke begeleidingsdoel moet zijn. Maar veel cliënten zijn juist bij de reclassering terechtgekomen, omdat ze niet in staat zijn gebleken hun volwassen verantwoordelijkheid op alle levensgebieden te dragen. Zelfbeschikking als zodanig, los van maatschappelijke bindingen, is niet altijd het hoogste goed en lang niet altijd het beste doel van begeleidingscontacten.

Het traditionele hulpverleningsperspectief gaat uit van een spanningsloze verhouding tussen individuele en maatschappelijke behoeften. Voor het werken met onvrijwillige cliënten is het realistischer uit te gaan van een sociaal conflict: de belangen van de cliënt en de maatschappelijke belangen lopen lang niet altijd parallel.

De boodschap is duidelijk: onvrijwillige handelingen moeten op hun eigen merites worden beschouwd. Het feit dat veel cliënten helemaal niet uit zijn op begeleiding of (gedrags)verandering moet een veel centralere plaats krijgen in het denken. Zolang een reclasseringswerker vooral denkt vanuit het concept van vrijwilligheid, is er te weinig oog voor de aard van de transactie en voor de reacties van de cliënt hierop. En zolang kan de werker hier dus niet systematisch over nadenken, noch zijn handelen erop afstemmen.

Hoofdstuk 7

De cognitief-gedragsmatige aanpak

Dit hoofdstuk behandelt het laatste fundament voor de methodiek: het cognitief-gedragsmatige model. Wie gedrag van mensen wil veranderen, staat voor de vraag hoe mensen gedrag hebben aangeleerd en hoe zij ander gedrag kunnen aanleren. In de psychologie zijn daarover verschillende theorieën ontwikkeld, elk met een eigen aanhang en een eigen bereik. Welke theorie is nu het meest bruikbaar voor de reclassering?

De kans dat reclasseringsinterventies effectief zijn, is het grootst wanneer ze zijn gebaseerd op een cognitief-gedragsmatige aanpak, zo blijkt uit de What Works-bevindingen. De cognitief-gedragsgeoriënteerde benadering combineert, zoals de term al zegt, een aanpak van gedrag met een aanpak van denk- of redeneerpatronen. De theoretische achtergrond is te vinden in twee stromingen: de (sociale) leertheorie en de cognitieve benadering. Dit hoofdstuk bevat allereerst een overzicht van de belangrijkste uitgangspunten van beide modellen. Daarna komt de vraag aan de orde wat deze aanpak effectief maakt voor de reclassering. Tot slot volgt de uitwerking van een interventiemodel, dat de gedragsmatige en de cognitieve benaderingen combineert.

7.1 Uitgangspunten gedragsgerichte aanpak: de sociale leertheorie

De sociale leertheorie is gebaseerd op een aantal principes:

1. gedrag wordt door iets in gang gezet;
2. mensen leren van de feitelijke consequenties van hun gedrag;
3. generalisatie en discriminatie;
4. mensen leren door anderen te observeren, imitatieleren, leren van 'modellen';
5. focus op wat zichtbaar is.

7.1.1 Principe 1

Het gedrag dat iemand vertoont, vindt plaats in een bepaalde situatie. Welke kenmerken van de situatie brengen het gedrag op gang? Anders gezegd: wat is de stimulus, datgene waarop de persoon reageert? Wat is de rode lap waarop de cliënt als een stier reageert? Of, toekomstgericht en toegepast op de reclassering: wat kan voor deze cliënt in een bepaalde situatie een signaal zijn dat hij beter even een blokje om kan gaan? Vindt het gedrag plaats in aanwezigheid van een bepaalde ander of reageert de cliënt altijd op een bepaald soort opmerking van een ander: 'Je durft het zeker niet, hè?'.

7.1.2 Principe 2

Mensen leren van de consequenties van hun gedrag: het gedrag wordt versterkt of verzwakt door wat het gedrag oplevert, wat de gevolgen ervan zijn. Welke reacties van anderen, of welke positieve gevolgen hebben in het verleden het gedrag versterkt, welke negatieve gevolgen hebben het gedrag afgezwakt? Of, weer toekomstgericht en toegepast op de reclassering: welke positieve bekrachtiging kan de begeleider aan het wenselijke gedrag koppelen en hoe te reageren op gedrag dat afgeleerd moet worden? De sociale leertheorie leert ons dat belonen van gewenst gedrag beter werkt dan straffen van ongewenst gedrag. De straf leert je namelijk alleen dat je iets moet laten, maar niet wat je in plaats daarvan wel moet doen. De meest effectieve combinatie is: ongewenst gedrag negeren, gewenst gedrag belonen.

Effect van mopperen

Mopperen tegen een cliënt die de vorige keer niet op de afspraak is gekomen, kan volgens de leertheorie dus afzwakken dat de cliënt komt. Immers: de consequentie van het komen is dat er op je wordt gemopperd. Tenzij je te maken hebt met een cliënt die het leuk lijkt te vinden dat er gemopperd wordt. Dit gedrag kan onder andere worden verklaard uit de klassieke conditioneringstheorie (Pavlov en de kwijlende hond). Deze theorie helpt om te begrijpen hoe mensen soms op het oog onbegrijpelijke reacties vertonen. Waarom wordt iemand kwaad als je vriendelijk tegen hem bent? Dat kan komen omdat in de geschiedenis van die persoon vriendelijkheid gepaard ging met iets negatiefs, en de reactie op het negatieve dus ook gekoppeld is geraakt aan vriendelijkheid. Hoe kan het dat iemand het belonend vindt als er wordt gemopperd? Het kan zijn dat voor die persoon in zijn levensgeschiedenis aandacht alleen maar (of vooral) werd gegeven in de vorm van schelden of slaan. Mopperen staat voor zo iemand dan voor aandacht krijgen.

Waarschuwen en dreigen

Het principe zegt dus dat mensen leren van de consequenties van hun gedrag. Het gaat daarbij om de feitelijke consequenties. Op grond van dit principe is het belangrijk om goed onderscheid te maken tussen belonen en beloven en tussen straffen en dreigen. Een beloning of een straf (een sanctie) zijn feitelijke consequenties. Beloftes en dreigementen zijn dit niet. Hier wordt iets in het vooruitzicht gesteld. Werkers hopen vaak dat een waarschuwing of een dreigement voorkomt dat de cliënt iets doet. De veronderstelling daarbij is dat de verwachting van straf even sterk werkt als de straf zelf. De cliënt 'weet wat hem te wachten staat'. Dit kan soms inderdaad zo werken. Maar lang niet altijd.

Signaal en sanctie

Slot en Spanjaard (Baarn, 1999) maken een onderscheid tussen waarschuwen en dreigen met sancties. Een waarschuwing is een signaal waarmee duidelijk wordt gemaakt dat het gedrag op dit moment niet acceptabel is: 'Je moet daarmee ophouden nu.' Een 'corrigerende gedragsinstructie' noemen zij het. Het kan heel goed zijn om iemand te wijzen op het feit dat het gedrag niet op prijs wordt gesteld. Met een uitleg daarbij: wat is er niet in de haak met het gedrag en wat voor logische, vanzelfsprekende en goed te begrijpen negatieve consequenties heeft het gedrag. Reclasseringscliënten hebben niet altijd de vaardigheid ontwikkeld om alert te zijn op signalen dat ze te ver gaan. Door hier in de begeleiding aandacht aan te schenken, de signalen te benoemen en de consequenties uit te leggen, kan iemand deze vaardigheid ontwikkelen. Maar dreigen is iets anders: 'Als jij niet doet wat ik zeg, dan volgt er deze sanctie.' Dat is niet een logisch vanzelfsprekend gevolg, dat is een door de reclasseringswerker willens en wetens gekozen straf. Je trekt het gevolg hiermee binnen de relatie, je 'doet het de cliënt aan'. Dat roept een tegenreactie op.

Effect van dreiging

Het effect van dreiging hangt onder andere af van de verwachting van de cliënt: schat hij in dat het dreigement of de belofte wordt waargemaakt? Acht hij de werker betrouwbaar, dat wil zeggen dat hij doet wat hij belooft en dat hij uitvoert waarmee hij dreigt? Juist reclasseringscliënten gaan wellicht uitproberen: eens kijken of het echt zo'n vaart loopt. Overtreden van de regels is immers de reden dat ze nu reclasseringscliënt zijn. Ze overschrijden grenzen, ze dachten dat het met de straf niet zo'n vaart zou lopen, ze hebben de ervaring dat je lang niet altijd voor delicten wordt gepakt, ze hebben zich nog wel eens ergens onderuit weten te draaien. De formulering: 'Je mag niet…, want anders dan…' heeft bij hen in ieder geval niet geleid tot het vrij blijven van delictgedrag. De werker moet zich dus goed realiseren wat het betekent voor een reclasseringscliënt als je eerst hebt gewaarschuwd en het gedrag vervolgens, om allerlei wellicht legitieme redenen, door de vingers ziet. De leertheorie zegt dat de kans dat het ongewenste gedrag opnieuw zal optreden daarmee vergroot is.

- Dreigen kan ook nog een ander ongewenst effect hebben. Er zijn cliënten die weinig spanning of onzekerheid aankunnen. De aankondiging van een mogelijke sanctie creëert spanning. De cliënt verwacht niet aan de eisen te kunnen voldoen en kiest ervoor om dan maar meteen in de fout gaan, dan is hij van de onzekerheid af.
- En dan is er nog het effect van 'een gewaarschuwd mens telt voor twee': de cliënt kan zich voorbereiden op de sanctie, heeft alvast alle smoezen in stelling gebracht en misschien al bedacht hoe hij het effect van de sanctie zo klein mogelijk kan maken. Of hij bedenkt alternatieve mogelijkheden om toch aan de beloning te komen.

Kortom: ga als reclasseringswerker goed na bij wie je dreigt, wanneer en waarmee. Wees alert op de mogelijke negatieve gevolgen ervan en wees betrouwbaar en consequent.

Gebeurtenis, gedrag, gevolgen

De eerste twee principes van de leertheorie betekenen dat reclasseringswerkers goed moeten letten op de *Gebeurtenis* die het *Gedrag* in gang zet, en op de *Gevolgen* die dit gedrag voor de cliënt heeft. Als iemand ander gedrag moet aanleren, moeten de positieve gevolgen van het oude gedrag dus verminderd worden, en de positieve gevolgen van het nieuwe gedrag vergroot. Dit nieuwe gedrag moet beloond en daarmee versterkt worden. De reclasseringswerker moet dus goed letten op wat de cliënt prettig en onprettig vindt. Sommige mensen zijn er gevoelig voor dat ze een kopje koffie krijgen, anderen vinden het fijn als je zegt: 'Wat geweldig dat je dat gedaan hebt'.

7.1.3 Principe 3

Gedrag is meestal in een specifieke situatie aangeleerd. Maar het aangeleerde gedrag wordt veelal gegeneraliseerd naar andere situaties. Dit wil zeggen dat iemand het gedrag ook gaat vertonen op andere momenten, in andere omgevingen en bij andere gebeurtenissen. Dit kan positief en negatief uitwerken.

Een voorbeeld van hoe het negatief kan uitwerken: wie als jongen heeft geleerd dat hij zijn moeder beter uit de weg kan gaan als ze ergens kwaad over is, kan dat generaliseren naar vrouwen in het algemeen: als een vrouw boos is, moet je haar uit de weg gaan. Hij heeft niet aangeleerd dat hij ook aan zijn vrouw kan vragen wat er aan de hand is en dat hij kan proberen het uit te praten. Als de echtgenote van deze man een soortgelijk patroon heeft, loopt het helemaal vast.

Een voorbeeld van hoe het positief kan werken: iemand leert een vaardigheid in een training, bijvoorbeeld assertief gedrag, of effectief beheersen van zijn impulsen. Dit kan hij ook gaan inzetten in andere situaties. Het effect van trainingen is gebaseerd op dit principe dat mensen in staat zijn aangeleerd gedrag te generaliseren.

Door straf leren discrimineren

De tegenhanger van generalisatie is discriminatie. Dit wil zeggen dat mensen kunnen leren onderscheid te maken in situaties waarin ze het aangeleerde gedrag wel en niet moeten vertonen. Ze leren wat het kenmerkende verschil is tussen de situatie waarin je het gedrag wel moet vertonen en de situatie waarin je het beter niet kunt vertonen. Een reclasseringscliënt kan bijvoorbeeld leren: wanneer ga je wel met vrienden mee en wanneer houd je je afzijdig. Of bij assertiviteit: in welke situaties ga je op je strepen staan, in welke situaties voeg je je naar de ander. In dit verband kun je zeggen dat straffen als interventie – als het goed uitwerkt – tot gevolg heeft dat mensen leren discrimineren: welk gedrag is in welke situatie niet in orde. Straffen leidt dus tot het leren van wat je *niet* moet doen, nog niet van wat je *wel* moet doen.

Hardnekkig oud patroon

Bij lang niet iedereen gaat dit proces van generaliseren en discrimineren even snel. Er zijn mensen die, als ze eenmaal doorhebben hoe ze het anders kunnen aanpakken, dit meteen in allerlei situaties kunnen toepassen. Maar er zijn ook mensen bij wie het oude patroon heel hardnekkig is, die moeilijk hun primaire impuls kunnen inhouden en bij wie lange tijd positieve bekrachtiging van het nieuwe gedrag nodig is. Het duurt bij deze groep erg lang voordat zich een nieuwe gewoonte heeft gevormd, voordat het nieuwe gedrag is ingeslepen.

7.1.4 Principe 4

Je hoeft niet altijd zelf de gevolgen te hebben ervaren van bepaald gedrag. De sociale leertheorie stelt dat mensen kunnen leren door het observeren van anderen, door voorbeelden en door het nadoen van 'modellen'. Wie ziet dat een ander door bepaald gedrag iets voor elkaar krijgt, kan in de toekomst zelf dat gedrag eerder vertonen. De invloed van televisie is voor deze onderzoekers al tientallen jaren een thema: is het zien van geweld op tv nadelig voor kinderen en wat leren ze ervan? Ook is onderzoek gedaan naar wie mensen als model kiezen: we doen het meest die mensen na, die we aantrekkelijk vinden en met wie we ons verwant voelen. Tijdens de begeleiding kan de reclasseringswerker dus met de cliënt gaan zoeken naar mensen die als voorbeeld voor de cliënt kunnen dienen. In de directe omgeving van de cliënt, maar ook onder televisiepersoonlijkheden, voetballers, en dergelijke. Tegen wie kijkt de cliënt op, hoe kan die als rolmodel dienen?

Reclasseringswerker als prosociaal rolmodel

De reclasseringswerker moet er bewust naar streven ook zelf een 'prosociaal rolmodel' te zijn voor de cliënt. Dat betekent vanuit deze theorie:

- Het is van belang een zodanige relatie met de cliënt op te bouwen dat hij de reclasseringswerker als rolmodel wil zien. De cliënt moet zich verwant voelen met de begeleider en hem aardig vinden.
- De reclasseringswerker moet zich realiseren dat de cliënt niet alleen hoort wat hij zegt, maar ook waarneemt wat hij doet. 'Practice what you preach' is hier de strategie: laat in je gedrag zien wat de cliënt moet leren. Moet de cliënt op tijd komen? Realiseer je dan dat het van belang is dat je zelf op tijd bent. Het gaat hier niet alleen om de verbale, maar met name om de non-verbale gedragingen van de reclasseringswerker.
- Groepstrainingen die de reclassering aanbiedt, hebben op dit punt een gevoeligheid: onderzoek toonde onlangs aan dat geleide groepsinteracties een negatief effect kunnen hebben, namelijk een toename van delinquentie en antisociaal gedrag (Dishion, 2002). Ondanks het feit dat de groepsleider er veelal streng op toeziet dat rechtstreekse stimulering van probleemgedrag niet plaatsvindt, blijken de deelnemers vaak toch elkaars deviante gedrag te bevorderen. Door lachen of een ander positief gebaar, door sociale aandacht en door nonverbale interesse voor deviant gedrag. Trainingen die bedoeld zijn om onaangepastheid te bestrijden, kunnen daardoor soms in feite een 'deviantietraining' zijn. Risicojongeren zijn kwetsbaarder voor groepsinvloeden dan niet-risico jongeren. Juist het in groepen bij elkaar brengen van risicojongeren kan een onbedoelde bekrachtiging van het probleemgedrag geven. Vergeleken met een controlegroep bleken deze jongeren na twee jaar hoger te scoren op drie dimensies: vaker verdovende middelen te gebruiken, toegenomen zelf gerapporteerd delictgedrag en door de politie gerapporteerd gewelddadig gedrag. Het effect van groepsgenoten is het sterkst in de puberteit en adolescentie, maar ook bij volwassenen moet dit effect in de gaten worden gehouden. Bij een groepsaanpak is het dan ook van belang te letten op de groepssamenstelling en op de effecten die dat kan hebben op de resultaten.

7.1.5 Principe 5

De leertheorieën houden zich vooral bezig met dat wat je kunt zien: de omstandigheden waarin het gedrag plaatsvindt, het gedrag en de (observeerbare) gevolgen van het gedrag. Wat er in de mens omgaat, beschouwen zij als een 'black box': je kunt niet zien wat er in de mens omgaat, dus kun je dat ook niet bestuderen. Natuurlijk kan je wel aan iemand vragen wat er in hem omgaat, maar een echte gedragstheoreticus zal twijfelen aan de betrouwbaarheid van het antwoord. Waardevol aan de theorie is dat de nadruk ligt op het observeren, het kijken wat het effect is van een bepaalde aanpak. Als je als begeleider iets doet, heeft dat dan ook de waarneembare gevolgen die je wilt? Zo nee, dan moet je erover nadenken of je niet beter iets anders kunt doen. Je kunt wel denken dat de cliënt zoveel heeft aan de gesprekken met jou, maar als hij vaak niet komt opdagen, is dat dan wel zo? Wat is de winst voor de cliënt uit de gesprekken? Is er iets in het gedrag van de begeleider dat het gedrag van de cliënt om op afspraken te komen, verzwakt? Welk gedrag van de begeleider zou dit gedrag van de cliënt kunnen versterken? Een reclasseringswerker schat bijvoorbeeld zijn cliënt in als iemand die het belangrijk vindt om te worden begrepen. Deze cliënt komt diverse keren niet opdagen. De werker stelt zich vooral begripvol op en legt aan de cliënt uit wat hij aan het contact met de reclassering kan hebben. Hij neemt waar dat dit niet werkt en hij verandert van strategie: hij stelt zich zakelijker en 'harder' op. Via een behandelend therapeut hoort hij dat de cliënt dit prettiger vindt. En hij komt beter zijn afspraken na.

7.2 De cognitieve aanpak: aandacht voor het denken

Bij de gedragsmatige aanpak ligt de focus dus vooral op 'wat zichtbaar is'. De gedragsmatige aanpak wordt vaak in één adem genoemd met de cognitieve. Beide benaderingen hebben inderdaad raakvlakken en zijn goed in combinatie met elkaar in te zetten, maar op een paar essentiële punten zijn er verschillen.

Denkpatronen en emoties

De cognitieve benadering houdt zich bezig met wat er in de 'black box' plaatsvindt: met denkpatronen *(Gedachten)* en emoties *(Gevoelens)* die een rol spelen tussen het moment dat iemand iets meemaakt of waarneemt (de 'stimulus', of de gebeurtenis) en dat iemand reageert (de 'respons', of het gedrag). Het gaat hier om de vraag welke betekenissen iemand geeft aan de situatie: hoe interpreteert hij de situatie, volgens welke gedachtepatronen gaat dat, welke emotie roept dat op, en wat is dan vervolgens het gedrag?

Zelfcontrole en gewetensvorming

De cognitieve benadering richt zich ook op thema's als de ontwikkeling van zelfcontrole en gewetensvorming. Uit onderzoek op grond van deze benadering blijkt bijvoorbeeld dat iemand meer zelfcontrole kan ontwikkelen door training van de vaardigheid 'herkennen en inschatten van eigen of andermans gevoelens, gedachten en bedoelingen'. Ook de cognitieve benadering kent diverse principes. Twee daarvan zijn hier relevant: de relatie tussen gevoelens en gedachten en het aanleren van cognitieve vaardigheden.

7.2.1 Principe 1: de relatie tussen gevoelens en gedachten - de 5 G's

Wat was er eerst: de emotie of de gedachte? Dat is een interessante vraag. Lange tijd is alleen geredeneerd vanuit de stelling 'eerst is er het gevoel, dan de gedachte': omdat ik me down voel, denk ik: 'Ik ben niks waard, niemand houdt van mij.' Maar Ellis bedacht dat het wel eens andersom kon zijn: omdat ik denk: 'Niemand houdt van mij', voel ik me verdrietig en trek ik me terug in een hoekje.

Rationeel Emotieve Therapie

Op basis van dit uitgangspunt ontwikkelde hij een aanpak, die ervan uitgaat dat het formuleren van andere gedachten leidt tot andere gevoelens en tot ander gedrag: de Rationeel Emotieve Therapie (RET). Ellis gaat met de cliënt na wat er in een bepaalde situatie precies gebeurde. Eerst wordt geprobeerd op het spoor te komen van de gedachten die via emoties een negatief gedrag tot gevolg hebben. Vervolgens wordt bekeken of deze gedachtes wel kloppen en vooral of deze gedachte de cliënt behulpzaam is bij wat hij wil en helpt om het juiste gedrag te vertonen. Is dat niet het geval, dan wordt gezocht naar een gedachte die ervoor in de plaats kan komen. Een gedachte die wel helpt. Bijvoorbeeld: 'Ik vind het niet prettig dat ik alleen ben. Wie kan ik gaan opzoeken?' Maar ook: 'Ik heb alle reden om me verdrietig te voelen, want er is me iets naars overkomen,' kan een helpende gedachte zijn.

Gebeurtenis, Gedachten, Gevoelens, Gedrag en Gevolgen

Het Nederlandse model van het schema van Ellis, ontwikkeld door Bartels (2001) heet wel: de vijf G's: de Gebeurtenis, de Gedachten en Gevoelens, het Gedrag en de Gevolgen. Deze benadering wordt veel in therapeutische settings gebruikt, maar kan ook handvatten bieden voor begeleidingsgesprekken bij reclasseringscliënten. De 5 G's komen terug in het tweede deel van dit boek.

7.2.2 Principe 2: cognitieve vaardigheden zijn aan te leren

De cognitieve benadering werkt met het principe dat het mogelijk is cognitieve vaardigheden aan te leren en denkpatronen te veranderen. Aanhangers houden zich bezig met de vraag welke cognitieve vaardigheden nodig zijn om goed te kunnen functioneren. Welke gedachtegangen en denkpatronen helpen mensen om problemen op te lossen? Niet iedereen heeft in zijn ontwikkeling geleerd om een probleem stap voor stap aan te pakken. Het gaat hier om vaardigheden als: je kunnen verplaatsen in het standpunt van de ander, zicht hebben op je eigen reacties, een realistisch doel nastreven, handelingsalternatieven kunnen bedenken, kunnen zien wat er goed is gegaan en of je aanpak heeft gewerkt. Dit soort vaardigheden kan in een training systematisch worden aangeleerd. Het feit dat de reclassering veel werkt met vaardigheidstrainingen is afgeleid van deze psychologische stroming, die onderzocht en onderbouwd heeft dat dit werkt.

7.3 Cognitief-gedragsmatige aanpak en niveaus van verandering

Zowel de cognitieve als de gedragsmatige aanpak richten zich expliciet op bepaalde en duidelijk te onderscheiden niveaus van verandering. Dit is één van de kenmerken die de benadering zo geschikt maakt voor de reclassering. De interventies van de cognitief-gedragsmatige aanpak beperken zich tot de niveaus van verandering die de reclasseringwerkers kunnen beïnvloeden met de middelen en instrumenten die tot hun beschikking staan.

Zes niveaus

Dilts (1996) onderscheidt de volgende niveaus waarop mensen kunnen veranderen of leren:

1. Omgeving: waar ben ik en wat voor omgeving heb ik nodig?
2. Gedrag: wat doe ik?
3. Vermogen: wat kan ik, welke vaardigheden heb ik?
4. Overtuigingen: wat vind ik belangrijk, welke waarden heb ik?
5. Identiteit: wie ben ik?
6. Spiritualiteit: van welk groter geheel maak ik deel uit?

Veranderingen op het laagste niveau hebben te maken met de omgeving. Iemand kan worden geholpen anders tegen de omgeving aan te kijken, of iets in zijn omgeving te veranderen. Deze veranderingen zijn het gemakkelijkst tot stand te brengen, dat wil zeggen: met de minste veranderingen van de persoon zelf. Hoe hoger het niveau, des te moeilijker het te veranderen is, want des te vaster het verankerd is in de persoon. Een hoger niveau 'organiseert' de niveaus eronder, bijvoorbeeld: wat je kunt, bepaalt en geeft de grenzen aan van wat je doet. En wat je belangrijk vindt, bepaalt welke vaardigheid je in een gegeven situatie wel of niet te voorschijn haalt. Veranderingen op een hoger niveau hebben meer invloed op de persoon dan veranderingen op een lager niveau. Er zijn veel veranderingen op een lager niveau nodig voordat er op een niveau hoger ook iets verandert. Bijvoorbeeld: iemand moet verschillende keren en ook in verschillende situaties iets gedaan hebben, voordat hij wil erkennen het te kunnen. Mensen zijn anders snel geneigd om het toe te schrijven aan toeval, geluk of kenmerken van de omgeving.

Reclasseringswerk op onderste twee niveaus

Een reclasseringwerker heeft in de begeleiding met name aandacht voor de onderste twee, omgeving en gedrag. Het derde en het vierde niveau behoeven systematische en programmatische beïnvloeding. Hardnekkige overtuigingen, evenals het niveau van identiteit en spiritualiteit, gaat de vermogens van de reclasseringswerker meestal te boven. Hiervoor is gespecialiseerde inzet nodig. Doorverwijzen voor behandeling is vaak geïndiceerd. Reclasseringswerkers kunnen soms verstrikt raken in een bepaalde begeleiding omdat ze zich, zonder het te beseffen, richten op een te hoog en te diep verankerd niveau van verandering. Dit onderscheid in niveaus kan behulpzaam zijn bij het bepalen van en vasthouden aan het meest passende en beïnvloedbare niveau.

Begeleiding en gedragsverandering

De vaste begeleider voert niet zelf de programma's uit waarin systematisch aan gedragsverandering wordt gewerkt. Maar de stijl van de begeleiding moet kloppen – congruent zijn – met de stijl die in de programma's wordt gehanteerd. Veel van de bij de reclassering goedgekeurde programma's zijn gebaseerd op de cognitieve en gedragsmatige aanpak. Dus ook de vaste begeleider hanteert een cognitieve-gedragsmatige invalshoek: hij is vooral gericht op verandering van gedrag en denkpatronen.

7.4 Waarom effectief?

Wat kunnen de redenen zijn dat een cognitieve en gedragsmatige aanpak de kans op effectiviteit bij reclasseringscliënten groter maakt? Diverse verklaringen zijn bekend.

Responsiviteit en dynamische risicofactoren

Uit de bevindingen over effectiviteit wordt duidelijk dat veel principes van effectiviteit haast rechtstreeks zijn ontleend aan de cognitief-gedragsmatige benadering.

Responsiviteit

Volgens Bonta (Justitiële Verkenningen, p. 25) hangt de effectiviteit van de gedragsmatige en cognitieve aanpak samen met het responsiviteitsbeginsel. Dit beginsel gaat ervan uit dat individuele kenmerken van mensen van invloed zijn op hoe zij leren en profiteren van hun omgeving. De cognitief-gedragsmatige aanpak sluit bij uitstek aan op de kenmerken die veel voorkomen bij reclasseringscliënten.

Een behandelingsprogramma moet ... worden aangeboden in een stijl en vorm die passen bij het individu. (...) Onderzoek naar de effectiviteit van psychologische behandelingsprogramma's wijst uit dat een cognitief-gedragsgeoriënteerde aanpak de meeste kans van slagen van gedragsverandering biedt (Kendall, 1998; Shadish, Navarro e.a., 2000). Dit geldt ongeacht of we te maken hebben met depressie, alcoholmisbruik, huwelijksconflicten of slechte studiegewoonten. Cognitief-gedragsgeoriënteerde technieken blijken tevens effectief in het geval van misdaadplegers. Vele delinquenten zijn heel concreet in hun denken, relatief impulsief en missen talloze vaardigheden. Cognitief-gedragsgeoriënteerde methoden zijn zeer geschikt om met deze kenmerken om te gaan. De behandelingsstijl komt tot zijn recht in het aanbieden van structuur, het geleidelijk vormen van gedrag door middel van passende feedback en het geven van zorgvuldige, concrete richting'.

Bonta gebruikt de term 'behandelingsprogramma'. Het gaat hier niet alleen om de psychologische behandelingsvormen, maar ook om de reïntegratieprogramma's zoals die door de reclassering worden ingezet.

Dynamische risicofactoren

Bij het analyseren van de dynamische criminogene factoren gaat de reclasseringswerker expliciet na, van welke gebeurtenissen, gedachten en gevoelens het gedrag – namelijk het plegen van dit delict – afhankelijk is. Ook de meer gedetailleerde uitwerking van het delictscenario is gebaseerd op de cognitief-gedragsmatige aanpak.

Mogelijkheden reclassering

De cognitief-gedragsmatige aanpak past bij de mogelijkheden – in tijd, positie en deskundigheid – van de reclasseringswerkers. Als reclasseringswerker probeer je niet de hele mens te veranderen, niet iemand te begeleiden in het vinden van een geheel nieuwe manier van leven. Je probeert ook niet oude (of recente, bij vluchtelingen bijvoorbeeld) trauma's boven te krijgen en opnieuw te verwerken. Dat vereist een specifiekere deskundigheid en een intensievere aanpak dan de reclassering biedt. Kortom: de niveaus van verandering waarop de cognitief-gedragsmatige aanpak zicht richt, zijn precies de niveaus waarop de reclassering zich richt bij haar cliënten.

7.5 Sociale competentiemodel: voorbeeld cognitief-gedragsmatige aanpak

Het sociale competentiemodel is een bekende en veel gehanteerde uitwerking van een gecombineerde gedragsmatige en cognitieve aanpak. De sociale vaardigheidstrainingen (sova) die de reclassering aanbiedt, zijn gebaseerd op dit competentiemodel. Ook veel vaste begeleiders werken met dit model, expliciet of impliciet. Het biedt vele aanknopingspunten voor de begeleiding van reclasseringscliënten. Sleutelbegrippen van het model zijn: competenties en taken.

Twee sleutelbegrippen

Kenmerk van veel cliënten van de reclassering is dat ze een aantal vaardigheden missen om de levenssituatie waarin ze verkeren, zelfstandig aan te kunnen. Ze komen vaak op verschillende levensterreinen op dezelfde wijze in de problemen. Ze missen in ieder geval het vermogen om uit het justitiële circuit te blijven. Vaak zie je dat er in de geschiedenis van de cliënt allerlei situaties zijn geweest waarin hij niet genoeg was toegerust om de problemen het hoofd te bieden. Soms lag dat vooral aan de toerusting – essentiële vaardigheden niet aangeleerd – soms aan de ingewikkeldheid of het traumatische van de situatie.

Competenties

Volgens Slot (1999) geeft het denken in termen van 'competenties' voor de analyse van de situatie meer houvast dan het denken in termen van 'vaardigheden'. Hij beschouwt iemand als competent als diegene over voldoende vaardigheden beschikt om de taken te vervullen die het dagelijks leven hem stelt. Hiermee wordt dus het verschil duidelijk tussen competenties en vaardigheden: *een competentie is het vermogen om een aangeleerde vaardigheid (bijvoorbeeld reageren op agressie) adequaat toe te passen in een specifieke situatie en in een specifieke context.*

Taken

Een mens moet over voldoende competenties beschikken om de verschillende taken waarvoor hij is gesteld tot een goed einde te brengen. Bartels (2001) noemt drie soorten taken:

- taken in letterlijke zin, zoals op tijd komen, afspraken nakomen;
- taken in overdrachtelijke zin, zoals omgaan met gevoelens van boosheid of verdriet;
- ontwikkelingstaken.

De eerste twee taaksoorten spreken voor zich. De uitwerking van de ontwikkelingstaken waarvoor mensen zich in het algemeen gesteld zien, biedt helderheid en aanknopingspunten voor reclasseringsinterventies. Daarom hiervan een gedetailleerdere uitwerking.

Ontwikkelingstaken

Ontwikkelingstaken zijn de opgaven waar iemand in een bepaalde levensfase voor komt te staan, taken die horen bij een bepaalde leeftijd en waar ongeveer iedereen voor staat in zijn ontwikkeling. Ze zijn enerzijds algemeen, bijvoorbeeld het loskomen van het ouderlijk gezin. Anderzijds worden ze bepaald door de specifieke situatie waar iemand in verkeert. Als je moeder veertien was toen je werd geboren, zien je levensopgaven er anders uit dan als je het derde kind bent van een moeder die op haar veertigste verrast zwanger bleek.
Slot werkte uit voor welke ontwikkelingstaken kinderen en jongeren staan. In de volgende indeling staan zowel de taken voor kinderen van vier tot twaalf als de taken voor jongeren van twaalf tot eenentwintig jaar. Reclasseringscliënten hebben in hun ontwikkeling niet altijd de vaardigheden aangeleerd om de taken van volwassenen te kunnen verrichten. Zicht op de ontwikkelingstaken, ook die op jeugdige leeftijd, kan verhelderen op welke terreinen hier iets is misgegaan, waar hiaten zijn die leiden tot onaangepast gedrag en tot het plegen van delicten. Het kan, kortom, de reclasseringswerker helpen bepalen op welke gebieden hij zich moet richten.

Ontwikkelingstaken vier tot twaalf jarigen

- Rekening houden met anderen: het vormen van oordelen en het plannen van handelingen mede op basis van de belangen van anderen.
- Onafhankelijkheid: het vergroten van de onafhankelijkheid ten opzichte van ouders en opvoeders.
- Onderwijs: het participeren in het basisonderwijs om de vaardigheden en kennis te verkrijgen die noodzakelijk zijn om in de samenleving te kunnen functioneren.
- Vriendschappen: het aanknopen en onderhouden van (vriendschappelijke) contacten met leeftijdsgenoten.
- Verantwoordelijkheden thuis: het nemen van deelverantwoordelijkheden in huis en voor broertjes en zusjes.
- Gebruik van basale infrastructuren: zelfstandig gebruik maken van de basale infrastructurele voorzieningen in de samenleving, zoals openbaar vervoer, geldsysteem, communicatiemiddelen en vrijetijdsvoorzieningen.
- Veiligheid en gezondheid: keuzes maken met betrekking tot de eigen veiligheid en gezondheid.

Ontwikkelingstaken twaalf tot eenentwintig jarigen

- Positie ten opzichte van de ouders: verwerven van autonomie ten opzichte van de ouders en het bepalen van een eigen plaats binnen de veranderende relaties in het gezin en de familie.
- Onderwijs of werk: kennis en vaardigheden opdoen om een beroep uit te kunnen oefenen en een keuze maken ten aanzien van werk.
- Vrije tijd: ondernemen van leuke activiteiten in de vrije tijd en het zinvol doorbrengen van de tijd waarin geen verplichtingen zijn.
- Eigen woonsituatie: zoeken of creëren van een plek waar je goed kunt wonen en het omgaan met huisgenoten.

- Autoriteit en instanties: accepteren dat er instanties en personen boven je gesteld zijn en binnen geldende regels en codes opkomen voor eigen belang.
- Gezondheid en uiterlijk: zorgen voor een goede lichamelijke conditie, een uiterlijk waar iemand zich prettig bij voelt, een goede voeding en het vermijden van overmatige risico's.
- Sociale contacten en vriendschappen: contacten leggen en onderhouden, oog hebben voor wat contacten met anderen kunnen opleveren, je openstellen voor vriendschap, vertrouwen geven en nemen en wederzijdse acceptatie.
- Intimiteit en seksualiteit: ontdekken wat mogelijkheden en wensen zijn in intieme en seksuele relaties.

Op basis van een artikel van Kayzer (1999) over de benodigde sociale vaardigheden van jongeren in intercultureel perspectief, voegen we nog een negende taak toe:

- Bij cultuurverschillen: kunnen switchen van perspectief, inschatten welke vaardigheid in welke culturele context moet worden ingezet. Van der Veer: (...) werkt voor gevluchte adolescenten uit welke ontwikkelingstaken voor hen nieuwe vaardigheden vereisen, welke ontwikkelingstaken voor hen gecompliceerder zijn en welke extra ontwikkelingstaken zij hebben.

Mensen met een allochtone achtergrond moeten volgens Kayzer beschikken over een biculturele competentie: naast de normen van de eigen culturele groep moeten zij ook de normen van de Nederlandse cultuur (her)kennen om later op school en op het werk te kunnen slagen. 'Code-switching' wordt dit ook wel genoemd: weten wanneer je welke culturele vaardigheden in moet of wilt zetten. Adequaat omgaan met cultuurverschillen leidt niet alleen tot een betere aanpassing, maar ook tot extra competenties, tot een grotere flexibiliteit dan bij mensen die binnen één cultuur groot worden.

Balans tussen ontwikkelingstaken en competenties

Een mens is competent als de taken waar hij voor staat in evenwicht zijn met de vaardigheden die hij heeft. Is de balans verstoord, dan ontstaan problemen. De balans kan op verschillende manieren verstoord zijn.

Taken te zwaar voor vaardigheden

Iemand kan de taken waar hij voor staat niet aan met het pakket vaardigheden. Dat kan zijn omdat iemand niet zo erg vaardig is of omdat de taken erg zwaar zijn. In de psychiatrie worden wel de termen 'draagkracht' en 'draaglast' gebruikt: de draaglast is te zwaar voor de draagkracht.

Vaardigheden te zwaar voor taken

Het kan ook zijn dat iemand behoorlijk veel vaardigheden heeft, maar verkeert in een levenssituatie waarin daar geen beroep op wordt gedaan. Volgens Bartels mist iemand ook dan een vaardigheid, namelijk de vaardigheid om hiermee om te gaan, waardoor de balans dan altijd naar dezelfde kant doorslaat. Voor de aanpak maakt dit verschil: zoek je voor de cliënt naar taakverlichting of het aanleren van vaardigheden? Of zoek je naar taakverrijking, naar situaties waarin een beroep wordt gedaan op wat iemand eigenlijk kan? Met name bij nieuwkomers en vluchtelingen tref je nog wel eens de situatie aan dat de vaardigheden de taken te boven gaan. Deze situatie kan leiden tot apathie, verveling of tot frustratie en boosheid, soms gericht tegen de Nederlandse samenleving.

Stressoren en stoornissen

Competenties worden negatief beïnvloed door stressoren en stoornissen. Interne stressoren worden veelal stoornissen genoemd: ADHD, angsten of geringe intelligentie. De term 'stressoren' verwijst meestal naar omgevingsstressoren: armoede, veel kinderen in het gezin of concrete gebeurtenissen zoals verlies van een naaste, ongewild ontslag, langdurige werkloosheid of een scheiding.

Protectieve factoren

De balans kan positief worden beïnvloed door protectieve (beschermende) factoren. Factoren in de persoon: wat geeft extra veerkracht, welke compensatiemogelijkheden heeft iemand. Bijvoorbeeld humor, intelligentie, optimisme of een vermogen om anderen tot hulp te verleiden. Factoren in de omgeving: een steunende volwassene in de omgeving (zoals een familielid), een prettige werkomgeving of een vrijetijdsactiviteit waar iemand veel genoegen aan beleeft.

Interventies voor evenwicht

Er zijn verschillende interventies denkbaar om de balans in evenwicht te brengen. Slot en Spanjaard (1999) noemen:

- het versterken van bestaande vaardigheden en het leren van nieuwe;
- het vertalen van probleemgedrag in vaardigheidstekorten;
- reductie van probleemgedrag;
- taakverlichting en taakverrijking;
- interventies gericht op het verminderen van (de invloed van) stressoren en stoornissen;
- interventies gericht op het versterken van protectieve factoren.

7.6 Competentiemodel: aanknopingspunten voor het handelen

Het competentiemodel biedt een aantal duidelijke aanknopingspunten voor het handelen van de reclasseringswerker.

Ontwikkelingstaken vertalen

Ontwikkelingstaken geven aanknopingspunten voor analyse van de ontbrekende competenties. Wat heeft de cliënt in de ontwikkeling niet geleerd, welke ontwikkelingstaak is nog niet of niet goed gedaan? Dit kan doelen opleveren voor een vaardigheidstraining van de reclassering.

Positief doel formuleren

Het denken in termen van competentietekorten, in plaats van in termen van problemen, levert een positieve invalshoek op. Het doel is het aanwezig zijn van de competentie, niet het afwezig zijn van het probleem. De begeleider richt zich vooral op de stappen die moeten worden gezet om de competentie te vergroten.

Stapsgewijs veranderen of verbieden

Probleemgedrag kan nog op verschillende manieren worden benaderd. Soms bedenken werker en cliënt samen een plan om het probleemgedrag te beïnvloeden, zodat stapsgewijs, door toenemende competentie, het probleemgedrag afneemt. Maar er kan ook probleemgedrag zijn dat het onmogelijk of buitengewoon moeilijk maakt om de cliënt te begeleiden, of waardoor de cliënt steeds verder in de moeilijkheden verzeild raakt. Stapsgewijze planmatige verandering is dan een brug te ver. Een door deze aanpak onderbouwde mogelijkheid om het probleemgedrag onder controle te krijgen is dan dit gedrag voor de duur van het verplichte reclasseringscontact te verbieden. Met verbieden leer je iemand, net als bij straffen, geen competentie aan, maar je helpt hem discrimineren wanneer welk gedrag wel en niet kan. Het duidelijkste voorbeeld is het plegen van delicten: recidive is een reden om het traject voortijdig te beëindigen. In sommige trajecten is drugsgebruik en overmatige alcoholinname niet toegestaan. Hiermee worden voorwaarden geschapen voor het leerproces. Maar tegelijkertijd schept het een voorwaarde voor mislukking en voortijdig stoppen van het traject. De risico's van dreigen zijn eerder in dit hoofdstuk besproken. Duidelijk en consequent zijn is het devies, net als een steunende houding. Het is niet makkelijk voor de cliënt. Naarmate de begeleider er meer in slaagt om de cliënt steun te bieden, zal verbieden effectiever zijn: 'Als je merkt dat je het bijna niet meer volhoudt, moet je me bellen'.

Analyse van stressoren

In de omgeving van de cliënt kunnen elementen zijn die het probleemgedrag versterken. Een analyse van de stressoren in de omgeving kan aanknopingspunten bieden voor interventies. Moet de reclasseringswerker hier zelf handelend in optreden en met behulp van de instanties die daarvoor zijn iets regelen voor de cliënt, of moet de reclasseringswerker de cliënt helpen hier zelf iets aan te doen? Dat is afhankelijk van de zwaarte van de stress en van de ingeschatte mogelijkheden van de cliënt. Soms is het in het begin van een traject nodig dat de begeleider iets regelt (taakverlichting als strategie) en kan verderop in het traject gewerkt worden aan de vaardigheid om het een volgende keer zelf te doen. Soms is een blijvende steunstructuur van buitenaf nodig en is het een taak voor de vaste begeleider om hiernaar te zoeken of dit op te zetten.

Taakverrijking als strategie

Taakverrijking kan nodig zijn om een gunstige leersituatie te creëren. Voor een cliënt zonder vaste daginvulling kan door werk of scholing taakverrijking ontstaan. De straat is een beperkt milieu voor het aanleren van vaardigheden. Andere situaties scheppen andere mogelijkheden.

Grenzen aan veranderbaarheid zien

Bij stoornissen is het soms mogelijk om de cliënt door te verwijzen voor behandeling. Maar het is ook van belang de grenzen van de veranderbaarheid onder ogen te zien: soms is een stoornis een handicap waar iemand mee moet zien te leven. Dan is het enige goede reclasseringsdoel: dit onder ogen zien en de cliënt helpen een strategie te vinden om ermee om te gaan. Soms is het nodig of nuttig, de omgeving van de cliënt in te schakelen om de gevolgen van de stoornis binnen de perken te houden. Met name waar de stoornis aan de basis ligt van het delictgedrag. Er zijn cliënten die nooit geheel zelfstandig uit de problemen zullen kunnen blijven. Deze cliënten hebben een blijvende steunstructuur van buitenaf nodig. Zorg, maar ook controle. Let wel: controle kan hier ook heel steunend zijn.

Vergroten interculturele competentie

Vergroting van de interculturele competentie van cliënten veronderstelt de competentie bij de begeleider om van perspectief te kunnen switchen: de werkelijkheid te begrijpen vanuit verschillende culturele perspectieven. Welke culturele boodschappen heeft de cliënt meegekregen, welke daarvan zijn belemmerend bij het functioneren in de Nederlandse samenleving. Het is belangrijk om iedere cliënt te kunnen zien als een individu die eigen keuzes maakt, en tegelijkertijd te kunnen zien in welke culturele systemen de cliënt functioneert en hoe die de keuzes beïnvloeden.
Een cliënt die in verschillende culturele contexten functioneert, heeft extra vaardigheden nodig, moet vanuit verschillende perspectieven naar een situatie kunnen kijken. Moet de verschillende verwachtingen die er bestaan vanuit de verschillende contexten met elkaar in overeenstemming weten te brengen.

Kies het juiste instapniveau

Taken moeten zo klein mogelijk zijn. De reclasseringswerker moet de taken zo opknippen dat de cliënt eraan kan voldoen. De werkwijze van de instructie zijn hierbij het meest geschikt: Samen met de cliënt de taken voorbespreken, bekijken welke belemmeringen er kunnen zijn, indien nodig op grond daarvan de taak in nog kleinere stukjes knippen, eventueel oefenen, meegaan, nabespreken. Proberen de gedachten die de cliënt belemmeren bij het verwerven van de vaardigheid op te sporen en te beïnvloeden. Ook als cliënten deelnemen aan trainingen, blijft het een taak van de vaste begeleider, zijn cliënt te stimuleren en aan te zetten tot competentievergroting.
Het is belangrijk om het beeld van wat iemand kan en niet kan zo scherp mogelijk te maken. Er is de neiging om te groot te starten, maar er zijn mensen voor wie iets opzoeken in een telefoonboek nog een hele klus is. Er is een groep reclasseringscliënten die zich kenmerkt doordat ze voortdurend is overschat. Ze maken de indruk reuze redzaam te zijn, maar overschreeuwen zichzelf. Soms wordt ook in de groep waarin ze verkeren misbruik gemaakt van hun gebrek aan redeneervermogen. Een juiste diagnose helpt bij het vinden van het goede 'instapniveau'.

Breder inzetten aanwezige competentie

Niet altijd is het vergroten van het arsenaal van vaardigheden de aangewezen aanpak. Het breder inzetten van de aanwezige competenties kan ook een goede strategie zijn. Soms weten mensen niet dat ze iets kunnen, of zetten ze een bepaalde vaardigheid te beperkt in. Wat kan je in de ene situatie, hoe kun je dat gebruiken in de problematische situatie waar je nu voor staat. Je moet roeien met de riemen die je hebt, niet met de riemen die je op de kant ziet liggen.

Hier is het ook belangrijk dat de reclasseringswerker zicht heeft op de competenties die in een andere culturele context zijn aangeleerd. Zoek daarbij ook naar competenties die iemand wel heeft, maar die minder zichtbaar zijn omdat ze niet worden aangesproken. Aandacht voor wie iemand was en wat hij voorstelde in het land van herkomst en de competenties die hij daarbij opdeed, is van groot belang. Dat vraagt oprechte nieuwsgierigheid, omdat je vaak op dingen stuit waar we hier niet zo gauw op zouden komen. Logger (2000) geeft het voorbeeld van een geitenhoeder die de kudde moest beschermen tegen leeuwen. Wat moet je daarvoor kunnen? Bij migratie gaat het om de vraag: wat kan deze persoon doordat hij zich in een ver vreemd land heeft gevestigd, van welke competenties geeft hij hiermee blijk? Een vergelijkbare redenering geldt voor delinquenten: iemand heeft competenties die hem overeind hebben gehouden in de wereld van de criminaliteit, of in de hectische sociale context waarin hij zich bevindt. Het is een uitdaging om deze competenties te expliciteren en na te gaan, of ze legitiem kunnen worden ingezet.

7.7 Samenvatting

De kans dat reclasseringsinterventies effectief zijn, is het grootst wanneer ze zijn gebaseerd op een cognitief-gedragsmatige aanpak, zo blijkt uit de What Works-bevindingen. De theoretische achtergrond is te vinden in twee stromingen: de (sociale) leertheorie en de cognitieve benadering.

De sociale leertheorie is gebaseerd op een aantal principes:

- *gedrag wordt door iets in gang gezet;*
- *mensen leren van de feitelijke consequenties van hun gedrag;*
- *generalisatie en discriminatie;*
- *mensen leren door anderen te observeren, imitatieleren, leren van 'modellen';*
- *focus op wat zichtbaar is.*

De eerste twee principes van de leertheorie betekenen dat reclasseringswerkers goed moeten letten op de Gebeurtenis die het Gedrag in gang zet, en op de Gevolgen die dit gedrag voor de cliënt heeft. Als iemand ander gedrag moet aanleren, moeten de positieve gevolgen van het oude gedrag dus verminderd worden, en de positieve gevolgen van het nieuwe gedrag vergroot. Dit nieuwe gedrag moet beloond en daarmee versterkt worden.

Bij de gedragsmatige aanpak ligt de focus dus vooral op 'wat zichtbaar is'. De cognitieve benadering houdt zich bezig met wat er in de 'black box' plaatsvindt: met denkpatronen (Gedachten) en emo-

ties (Gevoelens) die een rol spelen tussen het moment dat iemand iets meemaakt of waarneemt (de 'stimulus', of de gebeurtenis) en dat iemand reageert (de 'respons', of het gedrag). Het gaat hier om de vraag welke betekenissen iemand geeft aan de situatie. Zowel de cognitieve als de gedragsmatig aanpak richten zich expliciet op bepaalde en duidelijk te onderscheiden niveaus van verandering. Dit is één van de kenmerken die de benadering zo geschikt maakt voor de reclassering. Uit de bevindingen over effectiviteit wordt duidelijk dat veel principes van effectiviteit haast rechtstreeks zijn ontleend aan de cognitief-gedragsmatige benadering.

De effectiviteit van de gedragsmatige en cognitieve aanpak hangt samen met het responsiviteitsbeginsel. Dit beginsel gaat ervan uit dat individuele kenmerken van mensen van invloed zijn op hoe zij leren en profiteren van hun omgeving. De cognitief-gedragsmatige aanpak sluit bij uitstek aan op de kenmerken die veel voorkomen bij reclasseringscliënten.

Het sociale competentiemodel is een bekende en veel gehanteerde uitwerking van een gecombineerde gedragsmatige en cognitieve aanpak. Een competentie is het vermogen om een aangeleerde vaardigheid (bijvoorbeeld reageren op agressie) adequaat toe te passen in een specifieke situatie en in een specifieke context. Een mens moet over voldoende competenties beschikken om de verschillende taken waarvoor hij is gesteld tot een goed einde te brengen. Dit geldt voor taken in letterlijke zin, zoals afspraken nakomen, voor taken in overdrachtelijke zin, zoals omgaan met gevoelens van boosheid of verdriet en voor ontwikkelingstaken. Een mens is competent als de taken waar hij voor staat in evenwicht zijn met de vaardigheden die hij heeft. Is de balans verstoord, dan ontstaan problemen.

De aanpak kent vele varianten en uitwerkingen. Genoeg om een benadering te vinden die past bij een specifieke cliënt (denk om responsiviteit!) en een specifieke situatie. Het is goed interventies uit deze aanpak tot een basis van je handelen te maken. Effectiviteit is een statistisch gegeven, op basis van grote getallen. Je kunt dus nooit zeggen dat deze aanpak altijd bij iedereen effectief is. Evenmin is effectiviteit gegarandeerd als je zo werkt. Bij sommige cliënten kan het nuttig zijn, te putten uit een ander arsenaal. Wat vooral ook van belang is, is dat de gedragsmatig-cognitieve aanpak past bij de mogelijkheden van de vaste begeleider. Gegeven de taak, de competenties (en opleiding) en de tijd die de vaste begeleider heeft, is deze aanpak de aangewezen manier van werken. Voor bepaalde cliënten kan een behandeling geïndiceerd zijn die op een geheel andere theoretische basis stoelt. De vaste begeleider is dan degene die ervoor zorgt dat iemand die ter zake kundig is deze behandeling uitvoert.

Deel 2: handelingsstrategieën

Inleiding

In dit deel staat de methodisch handelende reclasseringswerker centraal. Werden in het eerste deel de kaders en de fundamenten van de methodiek behandeld, dit tweede deel gaat over handelingsstrategieën en interventies die de reclasseringswerker gebruikt.

Relatie met deel 1

De interventies zijn een concretisering van de fundamenten van de methodiek. De beschreven interventies zijn:

- gebaseerd op of gerelateerd aan de bevindingen rond effectiviteit;
- geënt op de beleidskaders en procedures van de organisatie;
- passend binnen de kaders die de verschillende toezichtvarianten bieden;
- gebaseerd op de kenmerken van de onvrijwillige interactie tussen cliënt en reclasseringswerker;
- toetsbaar aan de uitgangspunten voor de legitimering van machtsgebruik;
- gerelateerd aan het cognitief-gedragsmatige veranderingsmodel.

Deel 2: ordening in kenmerkende bestanddelen

De interventies in dit deel zijn niet geordend volgens de fasen en stappen van de procesgang. Het weerbarstige en cyclische karakter van het reclasseringswerk laat dit niet toe. Het komt zelden voor dat een cliënt zich houdt aan de ideaaltypische volgorde in het ideaaltypische tempo. Het is eerder zo dat de professionaliteit van de reclasseringswerker enkele bestanddelen kent, die voortdurend, in álle stadia, indringend aanwezig zijn. Deze bestanddelen hangen rechtstreeks samen met de aard van de onvrijwillige interactie. Zij bepalen vanaf het begin tot het einde de houding, beslissingen en keuzes van de reclasseringswerker. Zij zijn niet in fasen te vangen.

Geen stappenplan

Reacties van de cliënt op de onvrijwillige interactie zijn niet beperkt tot het begin van het contact. Zij blijven opduiken, na elke gebeurtenis of ervaring die het gevoel van vrijheidsverlies (tijdelijk) vergroot. Het motiveren van cliënten om te werken aan gedragsverandering is evenmin een exclusief kenmerk van de eerste fase. En ook de stadia in het motiveringsproces doorlopen de cliënten niet voorspelbaar gefaseerd. Er is juist sprake van schoksgewijze beweging en terugval en van een voortdurende gelaagdheid in de motivatie. Daarin is iemand voor het ene aspect van de interventie wel, en voor het andere aspect van de interventie niet gemotiveerd. Het inschakelen van het sociale netwerk is geen exclusief kenmerk van de laatste fase waarin de nazorg wordt geregeld. Afwegingen rond stopzetten van het traject horen niet logisch het meeste thuis in het midden van het traject. Deze afweging speelt voortdurend een rol in de (soms impliciet) kiezende en handelende reclasseringswerker. Het normerende karakter van de reclasseringsinterventie beperkt zich niet tot een bepaald stadium. Motiveren tot gedragsverandering is van begin tot eind aan de orde. Kortom: ordening van de interventies volgens een stappenplan, van welke aard dan ook, versimpelt dit werk onnodig en brengt het terug tot een modelmatigheid die het nu juist niét kenmerkt.

Inbedden in organisatiebeleid

Het reclasseringswerk is in te bedden in organisatiebeleid. De variatie is te beperken met de eis dat interventies zijn gerelateerd aan effectieve praktijken. Maar de werkelijke beweging van cliënten, de dynamiek en de kwaliteit van het reclasseringswerk, komt tot stand volgens een niet altijd even voorspelbaar patroon, waarin professionele afwegingen door ervaren reclasseringswerkers per cliënt de doorslag geven. Daarom zijn de interventies hier geordend aan de hand van deze meest kenmerkende, indringende en voortdurend aanwezige bestanddelen van de reclasseringsmethodiek. Alleen waar het echt nodig en zinvol is, wordt iets gezegd over het stadium waarin deze interventies (vooral) nuttig kunnen zijn. Zo wordt soms de diagnostische fase er apart uitgelicht. Dit om het misverstand te voorkomen, dat de diagnose een soort voorstadium is voor het contact, waarin het alleen zou gaan om éénrichtingsverkeer waarbij de reclassering onderzoek doet bij een 'passieve' cliënt. De diagnostische fase moet zonder meer worden beschouwd als een (eerste) onderdeel van de reclasseringsinterventie. De kwaliteit van de diagnose kan lijden onder een slechte kwaliteit van de interactie. Tijdens deze fase wordt het eerste contact gelegd. Hierbij wordt de reclassering geconfronteerd met de eerste weerstand. En hier vinden de eerste – veelal impliciete – onderhandelingen plaats tussen de reclasseringswerker en de cliënt over de aard van het contact. Daarom zijn technieken die tijdens het verdere traject bepalend en nodig zijn net zozeer nodig in de fase van de diagnosestelling.

Hoofdstuk 8

Het delict als maatstaf

8.1 Inleiding

Effectieve praktijken van de reclasseringswerker richten zich op het opsporen en beïnvloeden van risicofactoren voor het delict. Op basis van een analyse van deze risicofactoren maakt de reclassering een plan voor het toezicht dat is gericht op risicobeheersing en een plan voor gedragsbeïnvloeding dat is gericht op voorkomen van recidive. Het diagnostisch instrument RISc is op deze werkwijze gebaseerd. De uitkomst van de diagnose levert een concreet beeld op van de statische (de niet beïnvloedbare) en dynamische (de wel te beïnvloeden) criminogene factoren. Ook geeft het een idee over de manier waarop deze zijn te beïnvloeden en ontstaat een beeld van de eventuele (blijvende) beperkingen, bijvoorbeeld in de persoon waarmee rekening moet worden gehouden. Ook in het plan van aanpak dat vervolgens wordt gemaakt, is de focus van de reclasseringsinterventie gericht op de beheersing van het risico en het voorkomen van recidive. Het is duidelijk: het delict of de delicten, het feit dat iemand met justitie in aanraking is gekomen, vormt de legitimatie voor de reclasseringsbemoeienis. Daarmee staat het delict, en waar nodig de delictgeschiedenis, centraal in de reclasseringsinterventie. Vanaf het begin tot het einde van het contact. De centrale plaats van het delict is één van de meest wezenlijke bestanddelen van de reclasseringsmethodiek.

8.2 Het delict centraal of het delict als maatstaf?

De zinsnede 'het delict staat centraal' is al jaren in zwang bij de reclassering. De bevindingen rond effectiviteit, het diagnostisch instrument RISc en de kaders en fundamenten van deze methodiek vormen een sterke ondersteuning van deze zinsnede. Niet zozeer in morele zin ('het delict hoort centraal te staan'), maar in feitelijke zin: de reclasseringsinterventie is gericht op het zodanig beïnvloeden van criminogene factoren dat recidive wordt voorkomen.

Op grond van deze bevindingen is 'het delict staat centraal' aan verheldering en versterking toe. De formulering kan leiden tot de gedachte dat het tijdens de contacten vooral gaat om een veelvuldige bespreking van het delict. Een werkwijze die op deze interpretatie is gebaseerd hoeft echter nog helemaal niet te leiden tot een effectieve interventie, gericht op het voorkomen van recidive. Als het verleden en het ongewenst gedrag het centrum van de aandacht vormen, kan het zelfs een averechtse werking hebben.

Hoe zit het dan wel? Het delict doet veel meer dan centraal staan: het delict vormt de belangrijkste legitimering voor de reclasseringsbemoeienis.

Het beheersen van de risico's en het voorkomen van herhaling vormt dé maatstaf voor de keuze van de reclasseringsinterventies. De reclassering moet haar interventies kunnen verantwoorden op grond van deze maatstaf.

8.3 Het delict als maatstaf bij diagnose en plan van aanpak

Het diagnostisch instrument richt zich op statische en dynamische criminogene factoren ter voorkoming van herhaling van het delict. De reclassering zoekt niet neutraal, niet met het 'oog van een hulpverlener', naar allerhande problemen op diverse leefgebieden. Er wordt gezocht naar die problemen en beperkingen die duidelijk verband houden met het risico van recidive. In dit verband is ook de taal van belang. Het gaat niet om een onderzoek naar 'problemen', het gaat om een onderzoek naar 'criminogene factoren'. Het plan van aanpak is gebaseerd op de uitkomsten van dit onderzoek. Interventies worden gekozen met het oog op de beïnvloeding van de dynamische factoren. Statische factoren zijn niet te beïnvloeden, maar zijn wel met interventies te 'omgeven'. Zoals een controlestructuur gericht op beheersing van de risico's en een steunstructuur gericht op het compenseren van de beperkingen, medicatie, blijvende behandeling of psychiatrische controle. Ook dergelijke interventies zijn in het plan opgenomen. De reikwijdte van al deze interventies wordt bepaald door slechts één maatstaf: staat het rechtstreeks in verband met de criminogene factoren en helpt het mee om recidive te voorkomen? Andere problemen die de reclassering op het spoor komt, maken geen onderdeel uit van het plan van aanpak. De reclassering kan cliënten hiervoor uiteraard wel doorverwijzen naar andere instellingen. Deze doorverwijzing staat dan echter niet in het kader van de reclasseringsinterventie.

8.4 Het delict als maatstaf bij alle justitiële kaders

Het delict is een maatstaf bij elk justitieel kader. Ook bij interventies of trajecten ná detentie en bij elektronisch toezicht en penitentiaire programma's. Als de cliënt na langere of kortere tijd weer vrij rondloopt en de reclassering nog slechts ambulant is betrokken, komt het er juist op aan dat hij risicosituaties, gebeurtenissen, gedachten en gedragingen leert herkennen. Iemand kan dit heel duidelijk hebben ontdekt tijdens detentie of TBS, het delictscenario kan grondig zijn gemaakt, goed 'tussen de oren' zitten en zelfs behoorlijk 'doorleefd' zijn. Maar de werkelijke toets vindt pas plaats in de vrije situatie, waarin risicosituaties kunnen ontstaan en waar de vaste structurering van tijd en gedrag ontbreekt. Juist dan is een doelgerichte ondersteuning en beïnvloeding van de reclassering noodzakelijk met het delict als leidraad. Dit betekent ook dat de reclasseringswerker hierover moet worden geïnformeerd door de Penitentiaire Inrichting (PI) waar de cliënt vandaan komt. Krijgt hij die informatie niet vanzelfsprekend, dan moet hij daarnaar vragen. Komt deze informatie niet soepel binnen bij de overdracht, dan is het een taak van het management om hierover afspraken te maken met de betrokken inrichting(en).

Een reclasseringswerker heeft enkele contacten gehad met een cliënt in het kader van ET/PP. De betrokken reclasseringswerker kan op tal van punten model staan als good practice: hij reageert empathisch, is helder over zijn rol, werkt aan concrete doelen en spreekt zijn cliënt duidelijk aan. Hij is echter niet op de hoogte van het precieze delict en de omstandigheden die daartoe aanleiding gaven. 'Het fijne weet ik er niet van'. Dit voorbeeld komt met name regelmatig voor bij justitiële kaders na detentie. Hierdoor is het niet duidelijk in hoeverre de interventies, hoe goed en doelgericht ook, gericht zijn op het beïnvloeden van risicofactoren.

8.5 Het delict als maatstaf voor de duur van de reclasseringsbemoeienis

Het 'delict als maatstaf' betekent dat de reclassering niet langer met een cliënt doorgaat dan nodig is met het oog op het beïnvloeden van criminogene factoren. Vaak zijn er nog genoeg problemen 'over' als de doelgerichte reclasseringsinterventie feitelijk al ten einde is. Toch stopt de reclassering dan. Voor overige problemen kan de cliënt worden doorverwezen. Dit is een heldere lijn. Toch is het in de praktijk niet altijd gemakkelijk:

Een vrouw heeft contact met de reclassering in verband met een werkstraf. Op grond van de diagnose was duidelijk geworden dat 'geen werk hebben' een belangrijke risicofactor is. De contacten met de reclassering verlopen naar tevredenheid. Volgens de reclasseringswerker 'klikt' het goed tussen hen beiden. Daardoor komt het gesprek ook op andere zaken, zoals problemen met haar puberkinderen. De bespreking van deze problemen leidt tot een soepelheid in het contact die stimulerend en motiverend werkt. Deze steun had ze nodig, mede hierdoor brengt ze haar werkstraf tot een goed einde. De ervaring die ze hier opdoet, zorgt ervoor dat ze elders een baan krijgt. De cliënte wil graag contact houden om door te praten over de problemen met haar puberkinderen. Hierover ontstaat een gesprek tussen de reclasseringswerker en enkele collega's tijdens de casuïstiek bespreking. Diverse collega's verdiepen zich een tijdje in de vraag wat er aan de hand is tussen de vrouw en haar kinderen en welke doelen hier gesteld kunnen worden. Totdat een collega vraagt: staat dit probleem nog wel in verband met het delict? Moeten we hier iets mee? Ze concluderen vrij snel dat dit niet het geval is. De reclasseringswerker sluit het contact af met een heel duidelijke uitleg en verwijst haar door naar het algemeen maatschappelijk werk. Ze zegt er wel bij dat ze altijd nog eens kan bellen om te zeggen hoe het gaat.

Tijdens werkbegeleiding en casuïstiekbespreking is de vraag 'staat dit nog wel in verband met het delict?' soms leidend en verhelderend. Uit het voorbeeld blijkt ook dat 'het delict als maatstaf' niet betekent dat er tijdens de contacten helemaal niet over andere problemen mag worden gesproken. Hier had de bespreking van andere problemen enige tijd wél een functie: het ondersteunde de vrouw bij het afmaken van de werkstraf en het contact werd er steviger en beter door. Een soepele werkrelatie is wel een succesfactor voor effectiviteit. Maar het is belangrijk steeds kritisch te blijven nagaan op grond waarvan je aandacht geeft aan diverse andere problemen. Het moet geen eigen leven gaan leiden en de functie ervan (contact verstevigen, motiveren of ondersteunen van de reclasseringsinterventie) moet duidelijk blijven. Gaat het om toezicht als de gewenste verandering is gerealiseerd, dan blijft de reclassering wel verantwoordelijk voor dit toezicht gedurende de afgesproken termijn. De reclassering blijft dus de criminogene factoren bewaken, maar dit is meestal wel minder frequent.

Een cliënte staat een klein jaar onder toezicht. De reclassering heeft een goed netwerk van hulpverlening georganiseerd en de behandeling slaat aan. Tijdens het gesprek loopt de reclasseringswerker alles grondig na, hij checkt bij de cliënte (Cl) of alles loopt zoals bedoeld. Voorafgaand aan dit gesprek heeft hij de meest centraal betrokken hulpverleners gebeld met de vraag hoe zij vonden dat het ging. Zij waren positief gestemd. Concluderend zegt de reclasseringswerker (Rw):

Rw: *'Ik vind dat het goed loopt, ik heb er vertrouwen in.'*

Cl: *'Ik trek nu ook zelf aan de bel als er iets is. Ik heb telefoonnummers die ik altijd kan bellen als ik angstgevoelens heb. Dat helpt.'*

Rw: *'Oké, ik vind dat het goed loopt. Wel blijven we contact houden. Ik zal je nog even duidelijk zeggen wat dat betekent: Je bent verplicht te komen als wij dat willen en je moet je houden aan onze aanwijzingen. Ik stel voor dat we nog maar eens per drie maanden praten, dat is het minimum van wat mag. Je hebt genoeg steun, daar hoef ik niet ook nog bij.'*

Cl: *'Ja, o ja, het contact tussen ons is dan niet echt belangrijk.'*

Rw: *'We zien elkaar dan nog ongeveer zes keer, totdat je proeftijd voorbij is. In die tijd blijven we kijken of het met de hulpverlening goed loopt. Je weet dat ze mij bellen als ze zich zorgen maken. Als de hulp minder wordt, of als jij minder wordt, dan weten we dat. En als er in die tijd zorgen zijn over jou, dan moeten we dat verant woorden naar justitie.'*

De reclasseringswerker spreekt vertrouwen uit en stelt vervolgens helder hoe het verder verloopt. Hij maakt impliciet duidelijk dat de frequentie niet onderhandelbaar is, door te zeggen dat drie maanden het minimum is van wat mag. Opvallend is overigens dat hij over 'wij' en 'ons' spreekt, zodra de formele verantwoordelijkheid van de reclassering onderwerp van gesprek is. Dit is een goede stelregel.

8.6 Niet alleen zelfrapportage van de cliënt

In dit boek is gezegd dat de effectiviteit van de reclasseringsinterventies afhankelijk is van de verbinding die de reclasseringswerker weet te maken met de doelen van de cliënt en van de mate waarin de cliënt betrokken wordt bij de interventies. Dit uitgangspunt leidt echter niét tot een werkwijze waarin de cliënt als enige bron van informatie wordt gezien. Het grensoverschrijdende gedrag van de cliënten, zoals het belang dat zij hebben bij verzwijgen, verdraaien, bagatelliseren en rationaliseren, laat dat niet toe. Daarom is er altijd aanvullende informatie nodig van de sociale omgeving, van professionals en van andere instanties. Dit geldt tijdens het hele toezichttraject. Ook bij het periodieke evaluatieve gesprek over hoe het staat met de criminogene factoren, moet altijd informatie van anderen worden betrokken. Bij sommige persoonlijkheidsstoornissen is het expliciet bekend dat zelfrapportage uiterst onbetrouwbaar is. Dat is niet bij alle reclasseringscliënten het geval. Maar de opdracht van de reclassering, die bemiddelt tussen haar cliënten en de samenleving, laat het niet toe dat criminogene factoren uitsluitend worden gevolgd op grond van het oordeel van de cliënt zelf. De meeste reclasseringswerkers die zijn geïnterviewd of geobserveerd hadden hierover duidelijke afspraken met de belangrijkste betrokken instanties.

8.7 Het delictscenario als leidraad

Een goed handvat om het delict als maatstaf aan te houden voor het handelen van de reclassering is het delictscenario. Het delictscenario wordt soms ten onrechte verward met de diagnose. Diagnose en delictscenario staan wel met elkaar in verband. Beide omvatten factoren die samenhangen met het plegen van delicten. Bij *de diagnose* gaat het om een stelsel van risicofactoren waarmee het plegen van delicten bij deze persoon kan worden verklaard en waarmee de (statistische) kans op herhaling kan worden vastgesteld. Criminele voorbeelden in de vriendengroep kan bij iemand een vastgestelde criminogene factor zijn. Bij het *delictscenario* gaat het om de beschrijving van ketens van gebeurtenissen en gedragingen die doorgaans in een bepaalde volgorde vooraf gaan aan het specifieke delict. Het is letterlijk het draaiboek dat aan een delict voorafgaat. Er komen vragen aan de orde als: 'In welke specifieke omstandigheden (bijvoorbeeld als ik me eenzaam voel, of als ik gedronken heb) zoek ik mijn criminele vrienden op?' en 'Op welke momenten in deze keten kan ik zelf leren andere keuzes te maken?' Er zijn diverse reclasseringsprogramma's waarin cliënten hun eigen delictscenario schrijven en waarin zij worden getraind om de keten zelf in een andere richting om te buigen. Maar niet alle cliënten doorlopen een dergelijk programma. Wat kan de vaste begeleider doen in beide situaties?

Er is een delictscenario beschikbaar

Het schrijven en leren ombuigen van het eigen delictscenario is onderwerp van diverse reclasseringsprogramma's. Deze programma's worden uitgevoerd door reclasseringswerkers die hiervoor speciaal zijn getraind. Cliënten die een dergelijk programma doorlopen, beschikken dus over hun eigen gedetailleerd uitgewerkte delictscenario. Dit kan tijdens de begeleiding als leidraad dienen. Tijdens de gesprekken halen cliënt en reclasseringswerker het scenario er (letterlijk) bij en ze gaan na hoe de zaken ervoor staan op het terrein van de risicofactoren. Is werkstress ontdekt als een startpunt voor een gedragsketen richting delictgedrag? Dan vraagt de reclassering daarnaar. Is een terugtrekkende en zich isolerende beweging een volgende stap? Dan is dat een steeds terugkerend onderwerp van gesprek. Dit betekent dat de vaste begeleider altijd op de hoogte moet zijn van het delictscenario, ook als dit in een ander verband is gemaakt, bijvoorbeeld in het kader van een (intramurale) behandeling. De vaste begeleider vraagt het scenario op en werkt ermee.

Een man staat onder toezicht door pedoseksuele handelingen. Hij is in een behandelinrichting geweest waar een gedetailleerd delictscenario is gemaakt. De reclasseringswerker begint een gesprek met als doel dit delictscenario te doorlopen en na te gaan hoe het staat met de risicofactoren. Enkele fragmenten uit dit gesprek:

Rw: *'Je zegt dat het goed gaat en ik geloof dat ook wel, maar je ziet er wel vermoeid uit.'*

Cl: *'Ja, maar mijn werk is druk, ik wil me waarmaken. En ik heb last van mijn arm. Ik heb pijn, maar wil niet klagen, want ik heb nu een goede baan.*
Ik wil niet ziek worden.'

Rw: *'Ik kijk ook naar je vanuit het risico voor recidive. Wat betekent dit: druk, druk, druk, je voelt je schuldig, er dreigt ziekte. Wat gebeurt daar?'*

Cl: *'Ik ben bang dat ik hele dagen thuis kom te zitten.'*

Rw: *'En dan?'*

Cl: *'Nee, echt niks.'*

Rw: *Je weet toch dat er meer risico ontstaat als je meer stress hebt en veel thuis bent. Ik geloof niet in 'nooit meer'.'*

Cl: *'Ja, dat is wel zo. Als ik thuis ben, heel lang, dan weet je maar nooit.'*

Rw: *'Is het een idee om je eventjes ziek te melden, je arm beter te laten worden, om een lange ziekte te vermijden?'*

Cl: *'Daar doe ik ook iets aan.'*

Rw: *'Wat dan?'*

Cl: *'Ik ga naar de dokter.'*

Ze maken hierover afspraken. Ook de reclassering belt de dokter. Het gesprek neemt even een andere wending. Na enige tijd gaat de reclasseringswerker weer op zijn doel af:

Rw: *'Ik wil nog wat verder met je praten over je delictscenario. Maar heb ik alles? Je laatste rapportage?'*

CI: *kijkt in het dossier dat de reclasseringswerker op tafel heeft liggen en zegt: 'Ja daar ligt het. Ik zie het meteen, dat wat met de hand is geschreven.'*

Rw: *'Wat staat er in je scenario? Werkstress dus, dat hebben we net besproken. Ten tweede je gaan afzonderen. Hoe is het daarmee?'*

Cl: *'Dit nee, integendeel. Ik heb juist veel aanloop. En ik heb mijn broer gesproken. Ik hoorde van hem dat mijn zwager is gecremeerd. En Z (wijkagent) komt af en toe langs.'*

Ze spreken even door over het contact met de wijkagent en over zaken die in de wijk spelen. Dan vervolgt de reclasseringswerker:

Rw: *'Over dat isoleren, heb je genoeg contact om te voorkomen dat je op zoek gaat naar jongens?'*

>

> | | |
> |---|---|
> | *Cl:* | *'Ja echt, ik hoef niet meer contact.'* |
> | *Rw:* | *'Wie komen er dan allemaal?'* |
> | *Cl:* | *'Mijn ex-vrouw, mijn zonen, zijn vriendin, de wijkagent en van de muziekvereniging twee mensen.'* |
> | *Rw:* | *'Ga je daar nog heen?'* |
> | *Cl:* | *'Nee, maar ze willen wel graag dat ik erbij blijf.'* |
>
> *Het gesprek gaat verder over de muziekvereniging. Wat vindt hij daar leuk en minder leuk aan. Het gesprek mondt uit in een aanmoediging, toch te blijven gaan.*

In dit gesprek blijft het delictscenario de rode draad. Telkens afgewisseld met momenten van ontspanning, waarin het even over iets anders gaat. Tijdens die momenten complimenteert de reclasseringswerker de cliënt regelmatig op een hele concrete manier. Hierdoor blijft de sfeer rustig en ontspannen. Het delictscenario komt in dit gesprek nog een paar keer heel helder terug.

Geen delictscenario beschikbaar

Met cliënten die niet in een reclasseringsprogramma hebben gewerkt aan een gedetailleerd delictscenario, kan een dergelijk scenario tijdens de begeleiding worden onderzocht en beschreven. Dit is dan wel, gezien de tijdsinvestering die dit vraagt, globaler van karakter. Het schema van de '5 G's' kan hier een hulpmiddel zijn: *Gebeurtenis, Gedachten, Gevoelens, Gedrag en Gevolgen.*

Elk van de G's kan aanknopingspunten bieden voor de gesprekken. Hierbij is de timing van een enigszins gedetailleerde bespreking van het delictscenario belangrijk. Het is niet alleen een onderzoek. Het is ook, en misschien wel vooral, een interventie. Een confronterende interventie. Het is heel goed mogelijk dit scenario te faseren en pas gaandeweg steeds verder concreet te maken. De mate waarin je doorzet en het gepaard gaat met andere interventies, bijvoorbeeld gericht op het vergroten van het gevoel van eigenwaarde, zijn ook afhankelijk van de fase in de motiveringscyclus waarin iemand verkeert. Het delictscenario kan ook worden gebruikt als een manier om de ambivalenties van de cliënt tegenover het delictgedrag te vergroten. Daarover staat meer in hoofdstuk 12.

De vijf G's in vraagvorm

De gebeurtenis

Welke kenmerken heeft de situatie waarin iemand delicten pleegt? Is daar een patroon in te ontdekken? Welke gebeurtenissen zijn er aan vooraf gegaan? Wat zegt dat over de situatie die riskant is? Sommige cliënten komen in de problemen als ze met bepaalde vrienden zijn of als ze gedronken hebben, pillen hebben geslikt of als ze zich vervelen.

Anderen als ze in problemen komen met hun baas op het werk of als ze zich eenzaam voelen. Kan de cliënt zelf benoemen wat de belangrijke kenmerken van die situatie zijn? Kunnen anderen uit zijn sociale omgeving (indien aanwezig) hem hierbij helpen? Hoe kan iemand leren deze situaties te vermijden en hoe kan de reclassering hierin steunend zijn?

Het gedrag

Wat is het specifieke en concrete gedrag dat wordt geactiveerd in deze situatie, na deze gebeurtenis(sen)? Wat voor gedrag ging vooraf aan het delict? Is daar een keten van gedragingen in te ontdekken? Kan iemand leren deze gedragingen te onderkennen en te herkennen? Zo gedetailleerd mogelijk doorvragen is hierbij noodzakelijk. Het is niet gemakkelijk naar het eigen gedrag te kijken. Zeker niet als het gaat om ongewenst veroordeeld gedrag of over gedrag dat je zelf liever niet meer ziet.

De gedachten

Welke gedachten heeft de cliënt over de gebeurtenissen die aan het delict vooraf gingen en over het delict? Welke betekenis heeft het voor hem? Vaak blijken cliënten zich af te sluiten voor bepaalde gedachten of proberen zij die goed te praten. Hier kunnen interventies uit de cognitieve aanpak toepasbaar zijn.

De gevoelens

In hoofdstuk 7 werd duidelijk dat het vaak de gedachten zijn die specifieke gevoelens oproepen in plaats van omgekeerd. Gedachten die negatieve gevoelens oproepen, kunnen worden opgespoord. Ook wordt met de cliënt nagegaan hoe heftige gevoelens ontstaan. Wanneer, op een schaal van 1 tot 10, was het gevoel nog 3 of 4? Wanneer liep het op? Wat was het moment dat je het niet meer onder controle had? Wat kun je doen om te voorkomen dat het oploopt? Wat kun je in de toekomst doen als het gevoel op ongeveer 4 is? Hoe kun je zelf wat meer greep op je gevoel krijgen?

De gevolgen

Welke gevolgen heeft het delict gehad? Wat heeft het opgeleverd en wat heeft het gekost? Wat waren de gevolgen voor de slachtoffers? En voor de familie van de dader zelf? Hoe waardeert hij de gevolgen? Welke winst is er te behalen door een ander bestaan op te bouwen?

Bij de bespreking van deze vragen is het belangrijk om niet te vanzelfsprekend over te gaan tot de strategie: overtuigen van de noodzaak tot veranderen. Of de 5 G's werken en hoe je er als reclasseringswerker gebruik van kunt maken, hangt sterk samen met de mate waarin iemand (al) is gemotiveerd. Is dat helemaal niet het geval, dan is de eerste taak van de reclassering gevoelens van ambivalentie tegenover het delict en/of de gevolgen op te roepen en te versterken. Uitgebreide informatie hierover staat in hoofdstuk 12.

8.8 Het gesprek

Tot slot nog een opmerking over de bespreking van het delict tijdens de reclasseringscontacten. Het delict als maatstaf betekent niet dat het delict voortdurend en vrijwel het enige onderwerp is. Het gaat erom dat wat je doet en waarover je het hebt, te verantwoorden is met het oog op de effectieve beïnvloeding van criminogene factoren. Reclasseringsprogramma's zijn gericht op specifieke delicten en specifieke criminogene factoren. De doelen van deze programma's zijn echter altijd gericht op wat de cliënt in de toekomst *wel* kan doen. Hetzelfde geldt voor de begeleiding. Voortdurend heel expliciet bezig blijven met het delictgedrag zorgt ervoor dat de cliënt ook gefixeerd raakt op het probleem. In hoofdstuk 7 werd duidelijk dat iemand gemakkelijker verandert als de aandacht uitgaat naar gewenst gedrag, dan wanneer er vooral wordt gefocust op ongewenst gedrag. Wie wil afvallen en steeds denkt 'ik moet niet snoepen', denkt steeds onwillekeurig aan snoepen. Wie denkt 'ik ga fruit eten' denkt aan fruit. Niet recidiveren is een negatief geformuleerd doel. Positieve doelen zijn: ik ga voetballen, ik ga werk zoeken, ik ga weer contact zoeken met mijn vader. De concrete korte termijn doelen van de interventie moeten altijd in positieve termen zijn geformuleerd. En tijdens de gesprekken gaat de aandacht meer uit naar het gewenste dan naar het ongewenste gedrag. Probleemgerichte en op het verleden gerichte communicatie werken niet volgens de cognitieve-gedragsmatige benadering. Toekomst- en oplossingsgerichte communicatie wel.

Tijdens het eerder geschetste gesprek over het delictscenario is er over de hele linie veel aandacht voor het gewenst gedrag. Bij de bespreking van de werkstress als risicofactor volgt bijvoorbeeld:

Rw: *'Vroeger beet je niet zo van jezelf af, hè?'*

Cl: *'Ja nu wel. Ik heb nu een vast contract. Ik durf nu wat terug te zeggen op mijn werk. Dat geeft wel rust.'*

Rw: *'Ik vind het wel knap van je dat je zo snel een vast contract hebt, binnen zes maanden.'*

Cl: *'Ja, daar ben ik ook trots op.'*

8.9 Samenvatting

Het delict of de delictgeschiedenis vormt de legitimatie voor de bemoeienis van de reclassering. Het voorkomen van herhaling vormt de maatstaf voor de keuze van de reclasseringsinterventies. De reclassering moet haar interventies kunnen verantwoorden op grond van deze maatstaf.

Het voorkomen van delicten is de maatstaf op verschillende terreinen.

- *Bij het opstellen van de diagnose en het plan van aanpak: de diagnose onderzoekt en stelt vast welke problemen en beperkingen (c.q. criminogene factoren) verband houden met het delict-*

gedrag. Het plan van aanpak omvat alleen interventies die deze factoren beïnvloeden.

- *Bij het werken in alle juridische modaliteiten: ook bij interventies na detentie moet het delict bekend zijn en moeten de interventies zijn gericht op voorkomen van recidive.*
- *Bij het bepalen van de duur van de reclasseringsbemoeienis: niet langer doorgaan dan nodig is met het oog op de beïnvloeding van de criminogene factoren. Het gaat er niet om dat alle problemen zijn opgelost.*
- *Bij het vergaren van informatie: vraag altijd aanvullende informatie uit de sociale omgeving en van andere instanties. Zelfrapportage van de cliënt is niet voldoende.*

Hoe hou je het delict als maatstaf vast? Het delictscenario beschrijft de keten van gebeurtenissen en gedragingen die meestal aan het specifieke delict bij een specifieke persoon voorafgaan. Dit scenario wordt gebruikt als hulpmiddel.

- *Als een cliënt in het kader van een reclasseringsprogramma zijn scenario heeft gemaakt, neem je dit als uitgangpunt bij de contacten.*
- *Is dat niet het geval, dan kun je het schema van de vijf G's gebruiken als hulpmiddel om de cliënt tijdens de begeleiding meer zicht te helpen krijgen op zijn scenario.*

Het delict als maatstaf betekent niet dat je het altijd over het delict en de risico's moet hebben. Het werkt vaak beter om je te richten op de positieve doelen die iemand nastreeft. Die doelen ontleen je weer wel aan de risico's.

Hoofdstuk 9

Onvrijwillige transactie en de gevolgen voor het handelen

9.1 Inleiding

De reacties van de cliënt worden sterk beïnvloed door de onvrijwilligheid van de transactie, zo bleek in Deel 1. Deze onvrijwilligheid kent vele nuances. Onvrijwilligheid neemt niet altijd de vorm aan van blijvend verzet, voortdurende stroperigheid of van een diepe kloof tussen cliënt en reclasseringswerker. Wel ervaren veel onvrijwillige cliënten zeker in het begin een bepaalde mate van vrijheidsverlies. De subjectieve beleving van dit vrijheidsverlies varieert en neemt toe naarmate er meer lotscontrole bij de reclasseringswerker ligt. Dit hoofdstuk gaat dieper in op wat de onvrijwillige transactie voor cliënten betekent, welke gedragingen dit veelal bij hen oproept en wat dit zegt over mogelijke (ook impliciete) doelen die zij nastreven. Daarna volgen enkele handelingsalternatieven om op deze gedragingen van de cliënt te reageren.

9.2 Reacties van de cliënt op onvrijwilligheid

Welke reacties vertonen veel reclasseringscliënten (en mensen in het algemeen) nadat ze geconfronteerd zijn met het verplichte – en vrijheidsbeperkende – contact? Deze reacties spelen bij de start van het reclasseringscontact een centrale rol. Maar ook later, als het traject al loopt, blijft het een rode draad. Er zijn diverse beslismomenten, bijvoorbeeld bij tijdelijke terugval, als iemand wordt aangesproken op ongewenst gedrag of bij een officiële waarschuwing. Op dit soort momenten kan iemand zich geconfronteerd voelen met het vrijheidsbeperkende karakter van het contact en kan hij de bijbehorende reacties gaan vertonen.

9.2.1 Reactance

Rooney (Columbia, 1992) onderzocht de reacties die mensen vertonen als hun vrijheid tijdelijk wordt ingeperkt. Deze reacties op inperking van vrijheid worden vaak verward met weerstand tegen verandering van de situatie of van het eigen gedrag. Reclasseringswerkers worden geconfronteerd met beide gedragingen: reacties op inperking van vrijheid en reacties op verandering. Rooney noemt de reacties op de inperking van vrijheid *'reactance'*, wat soms wordt vertaald als 'schijnweerstand' of 'weerspanningheid'. Evenals Jagt (2001) heeft de reclassering bezwaren tegen deze Nederlandse vertalingen. Jagt neemt daarom het begrip 'reactance' over, de reclassering doet dit voorlopig ook.

Reactance of echte weerstand?

Het is verhelderend de verschillende soorten reacties van elkaar te onderscheiden. Het is namelijk onderzocht en bekend welke interventies van reclasseringswerkers de reactance bij hun cliënten kunnen verminderen. Als zij reactance vanaf het begin beschouwen als een dieperliggende weerstand, bijvoorbeeld tegen gedragsverandering, lopen ze het gevaar een stap over te slaan bij het kiezen van hun motiveringsstrategieën. Ze zetten dan meteen te zwaar in of op een te hoog niveau van verandering (zie hoofdstuk 7), waar ze zouden kunnen volstaan met lichtere interventies op een lager niveau van verandering. Het verschil tussen reactance en een meer indringende vorm van weerstand is moeilijk te zien. Het wordt in de loop van het contact vaak duidelijker. Als de interventies gericht op het verminderen van reactance geen effect hebben, is het aannemelijk dat de weerstand meer omvat dan de vrijheidsbeperking alleen.

Wanneer treedt reactance op?

Reactance is de natuurlijke reactie van iemand die zijn vrijheid bedreigd ziet. Reactance is als basisreactie universeel: alle mensen, ongeacht leeftijd, klasse, ontwikkelingsniveau of culturele achtergrond vertonen in het algemeen deze reactie. De manier waarop de reactie tot uiting komt, wordt uiteraard wel beïnvloed door dergelijke achtergronden. Het is voorspelbaar wanneer reactance zich voordoet, namelijk als iemand wordt geconfronteerd met maatregelen of besluiten die (de subjectieve ervaring van) zijn vrijheid inperken. De kracht van reactance is eveneens voorspelbaar. Die kracht is sterker naarmate de volgende factoren een grotere rol spelen:

- als een persoon verwachtte dat hij onbelemmerd over zijn vrijheid kon beschikken: een cliënt die denkt dat de reclassering 'wel soepel zal zijn' en dat het allemaal wel zal meevallen met de vrijheidsbeperking, vertoont in het algemeen sterkere reactance als blijkt dat hij de aanwijzingen van de reclassering toch serieus moet nemen;
- als de bedreigde vrijheid belangrijk is voor de persoon: de vrijheid om te gaan en te staan waar je wilt, kan bijvoorbeeld erg belangrijk zijn voor een deelnemer aan Individuele Traject Begeleiding (ITB) en juist die vrijheid wordt in een ITB-traject rechtstreeks ingeperkt;
- als vrijheden worden bedreigd die achter de rechtstreeks bedreigde vrijheid liggen: de vrijheid over het eigen inkomen te beschikken, kan zijn ingeperkt door budgetbeheer. De cliënt ervaart dit vooral als een bedreiging van zijn vrijheid om een groot deel van zijn geld uit te geven aan gokspelletjes.

Hiernaast spelen ook enkele meer persoonsgebonden factoren een rol bij de kracht van reactance. Mensen met een hoge mate van zelfcontrole en zelfrespect bijvoorbeeld, reageren in het algemeen sterker. Zij verliezen immers een door hen zeer gewaardeerde vrijheid.

Reactance: welk gedrag van de cliënt?

Het is voorspelbaar welk specifiek gedrag door de reactance wordt geactiveerd: het gaat om diverse impliciete en expliciete pogingen de ervaren vrijheid te herstellen. Rooney onderscheidt enkele gedragspatronen:

- ongeacht de gevolgen direct proberen de verloren vrijheid te heroveren;
- zoeken naar indirecte middelen en sabotage;
- agressie tegen de bron van de dreiging.

Meer specifiek valt te denken aan gedragingen als:

- rechtstreekse boosheid;
- uitgebreid vertoon van hulpeloosheid of machteloosheid;
- schijnbare overgave, bijvoorbeeld 'ja zeggen en nee doen';
- onverschilligheid: 'je doet maar';
- steeds uit zijn op het hernemen van de regie in het contact;
- pogingen om de verplichtingen te herformuleren of te bagatelliseren;
- bedreiging of chantage;
- overdreven meegaand zijn;
- strategische zelfpresentatie;
- ontkennen (of bagatelliseren, rationaliseren) van de aanleiding voor de vrijheidsbeperking, hier dus van het delict.

Veel cliënten zijn tijdens de gesprekken met de reclassering er steeds op uit de vrijheidsbeperking te verkleinen door zelf de regie in handen te krijgen. Een man die net aan ET is begonnen, heeft zich niet goed aan de afspraken gehouden. De reclasseringswerker houdt het contact helder en zakelijk. Hij veroordeelt of moraliseert niet, spreekt hem duidelijk aan, legt nog eens helder uit hoe het ook alweer werkt en besluit:

Rw: 'Ik heb nog even goed opgeschreven waar je aan moet voldoen. Niet om te dreigen, maar om het goed duidelijk te hebben.'

Waarop de cliënt zegt: 'O, het is maar een formaliteit.'

Met deze uitspraak probeert de cliënt de ernst ervan te bagatelliseren. Het is heel aannemelijk dat de behoefte om dit te doen, is geactiveerd doordat hij vlak daarvoor zo duidelijk werd aangesproken.

Een cliënte kwam eigenlijk in aanmerking voor ET. Ze kan geen enkelbandje dragen, omdat ze voor haar werk in de horeca een rok moet dragen. Tegen het einde van het tweede gesprek, als de reclasseringswerker het gesprek eigenlijk al heeft afgesloten, zegt ze:

Cl: 'O ja, er is nog een urgent probleempje. Ik heb het al met mijn baas geregeld. Ik ben bij de dokter geweest, want ik heb een ontstekinkje. De dokter zegt dat het belangrijk is dat ik een broek draag. En de baas zegt dat het mag als het om medische redenen moet.'

Pal daarna zegt Cl: 'En nou zegt de baas ook: 'Je kunt voor je werk mee naar Utrecht en naar Groningen en zo.' Maar ik zeg: 'ik weet niet of dat mag'. Mag ik wel naar Groningen?'

Rw: 'Kijk, je hebt geen ET. Als het voor je werk moet, dan mag je naar Groningen. Je mag alleen niet de landsgrens over, kijk maar in de overeenkomst. Zo, zullen we dan maar kijken voor een nieuwe datum?'

Cl zegt terwijl ze de deur uitloopt: 'Het werk is leuk hoor. En de baas zegt dat ik straks ook mee mag naar Genève!'

>

>

Deze vrouw stelde zich in het gesprek steeds coöperatief op. Het gesprek verloopt daardoor soepel. De reclasseringswerker heeft een heldere en uitnodigende stijl. De cliënte is in haar coöperatieve en meegaande gedrag tegelijkertijd wel terloops, in de zijlijnen van het gesprek als de concentratie niet meer zo groot is, de grenzen van het kader aan het oprekken. Ze probeert doelgericht de beperking van haar vrijheid te verminderen. Ook dergelijk gedrag is een vorm van reactance.

9.2.2 Strategische zelfpresentatie

Strategische zelfpresentatie is een belangrijke en veel voorkomende uiting van reactance. Het wil zeggen dat mensen zich uit een voor hen bedreigende situatie proberen te redden door zich mooier, sterker, armer, zieliger of dreigender voor te doen dan zij zijn of dan zij zich feitelijk voelen. Het is te zien als een overlevingsstrategie met als doel de andere partij te beïnvloeden en zo de dreiging het hoofd te bieden. Mensen proberen zich in bedreigende situaties geliefd te maken door te vleien of angst op te roepen door te intimideren. Zij proberen confrontaties en schuld te ontlopen door een façade op te houden en de gesprekken diffuus en vaag te houden. Zij proberen strategisch gebruik te maken van de machtsverhouding door zich daar – al dan niet schijnbaar – aan over te leveren en zich smekend op te stellen. Zij proberen niet alleen zichzelf anders voor te doen, maar presenteren ook de feiten anders dan ze zijn. Ze liegen, verdraaien de waarheid of kleuren hem bij. Dergelijke gedragingen komen ook bij reclasseringscliënten veel voor.

Een ET-cliënt, redelijk aan het begin van het traject, geeft de eerste helft van het gesprek nogal wat problemen aan, vooral rond schulden, werk en huisvesting. Het gesprek verloopt soepel. Reclasseringswerker en cliënt lijken zich gemakkelijk naar elkaar te voegen. Totdat de reclasseringswerker het gesprek brengt op de vraag welke inhoud het contact moet hebben. Wat wil de cliënt bereiken? En vooral: wat stelt hij zich voor van de gesprekken? Wat verwacht de cliënt van hem? Dan heeft de cliënt ineens geen problemen meer:

Cl: *'Als ik eerlijk mag zijn, weinig. Als ik werk heb, kan ik het eigenlijk verder wel zelf. Voor de rest mag ik niet klagen.'*

Rw: *'Dat klinkt goed.'*

Cl: *'Je hebt weinig werk aan mij.'*

Rw: *'Hoho, in ieder geval hebben we elke veertien dagen een gesprek. En dat is nog maar het begin. We kunnen in de loop van de tijd kijken wat er nog meer aan de orde is. Ik hoop dat je het wel aankaart als je hulp nodig hebt.'*

Cl: *'Mijn hele familie staat achter me. En mijn vriendin ook, dus dat komt allemaal wel goed.*

'Hier lijkt de cliënt zichzelf neer te zetten als iemand die het allemaal heel goed redt. Het kan een vorm van strategische zelfpresentatie zijn.

9.2.3 Reactance en ontkennen van het delict

Reactance kan ook tot uiting komen in het ontkennen, gedeeltelijk ontkennen, bagatelliseren of rationaliseren van de aanleiding tot de opgelegde en vrijheidsbeperkende maatregel. In het geval van reclasseringscliënten is dat dus de ontkenning van het delict. Het is alleen daarom al belangrijk ontkennende cliënten niet te snel af te schrijven. Soms kan een effectieve reactie van de reclassering op de diverse uitingen van reactance ook de houding van de cliënt ten opzichte van het delict veranderen. Ontkennen kan ook andere functies of betekenissen hebben. Daarom wordt dit in hoofdstuk 10 apart behandeld.

9.3 Effectieve reacties in onvrijwillige transactie

Veel reclasseringscliënten hebben in eerste instantie niet bepaald zin in het reclasseringscontact. Zij staan onder druk. Ze zijn toegewezen. Ze ervaren een bepaalde mate van vrijheidsverlies. Er is min of meer sprake van lotscontrole: 'als je niet meewerkt, wordt er (nog meer) voor je beslist'. Veel cliënten reageren op die situatie met allerlei pogingen om deze situatie weer teniet te doen. Dit maakt de uitgangssituatie voor zowel cliënt als reclasseringswerker niet gemakkelijk. Maar de reclassering kan wel openingen maken. Het kader is en blijft gedwongen. Hoe vervelend de cliënt dat ook vindt en hoezeer de dwang hem (in het begin) ook belemmert om gemotiveerd te raken tot verandering. Het gevoel vrijheid te hebben verloren is immers subjectief. Dat geldt ook voor de beleving van de lotscontrole. Aan het feit van de toewijzing valt niet te tornen, maar aan de beleving daarvan wel. De reclassering kan er gaandeweg in de contacten toe bijdragen dat dit gegeven in de beleving van de cliënt niet meer zo op de voorgrond komt. Hoe kan de reclasseringswerker aan deze opening werken? Met behulp van welke interventies kan hij proberen te bewerkstelligen dat de cliënt minder sterk reageert op het vrijheidsverlies. Met andere woorden: hoe kan de reclasseringswerker ervoor zorgen dat de cliënt minder reactance gaat vertonen? Het zijn *interventies die inwerken op de beleving van de onvrijwilligheid van het contact.* De interventies zijn niet gericht op het systematisch motiveren tot gedragsverandering, hoewel ze het motiveringsproces wel ondersteunen. Ze helpen mee de aandacht van de onvrijwilligheid weg te leiden. Dergelijke motiveringsstrategieën komen in hoofdstuk 11 uitgebreider aan bod.

Aangetoonde effectiviteit

Bij de reacties van de reclasseringswerker op de reactance van de cliënt beperkt dit boek zich tot die handelwijzen, waarvan is aangetoond dat ze de kans op effectiviteit vergroten. Daarbij wordt te rade gegaan bij zowel Trotter (London, 1999) als Rooney (Columbia, 1992). Het gaat hier om relatief vanzelfsprekend lijkende bevindingen op de volgende terreinen:

- de reclasseringswerker moet de reactance als iets normaals beschouwen en hierop reageren volgens een paar heldere principes;
- de reclasseringswerker moet helder zijn over zijn rol;
- de reclasseringswerker moet zo goed mogelijk aansluiten bij de doelen van zijn cliënt zonder de doelen van de reclassering uit het oog te verliezen;
- de reclasseringswerker gaat uit van de werkzame aspecten in de relatie met de cliënt.

De meeste van deze bevindingen zijn niet nieuw voor de ervaren reclasseringswerker. De belangrijkste reden om ze hier op te nemen, is de aangetoonde effectiviteit van deze, relatief veel gebruikte, interventies. Ook hier wordt weer duidelijk dat ervaringskennis van de reclasseringswerkers en wetenschappelijk aangetoonde effectiviteit soms heel goed overeenkomen. Voordat deze interventiemogelijkheden worden beschreven, gaat dit boek nog expliciet in op het feit dat de onvrijwillige transactie al begint bij de diagnose.

Ook de diagnose is een onvrijwillige interactie

De cliënt reageert meteen op de inperking van zijn vrijheid, al vanaf het eerste contact, of eigenlijk juist dan pas. De reacties van de reclasseringswerker hierop zijn dus eveneens vanaf het allereerste contact van grote invloed op de toename of vermindering van dit gedrag van de cliënt. Dit geldt voor de eerste vroeghulpcontacten en ook in sterke mate voor de diagnostische fase. De reclasseringswerker moet immers een diagnose uitvoeren bij iemand die zich gestuurd en in zijn vrijheid beperkt voelt. En die meestal nog weinig bereidheid toont om over zijn problemen te praten, laat staan dat hij soepel meedenkt over de mogelijkheden tot verandering. En juist dat laatste is de agenda van de reclasseringswerker. De diagnose uitvoeren is geen éénrichtingsverkeer. De cliënt praat al meteen, vanaf de eerste minuut terug. De mate waarin de cliënt betrokken raakt bij het diagnostische proces is mede afhankelijk van de manier waarop de reclasseringswerker op de reactance reageert. Gaat er daar iets niet goed, dan kan dat de kwaliteit van de diagnose gaan beperken. Immers, als de cliënt niet wil praten of als hij onjuiste informatie geeft, kan de reclassering alleen conclusies trekken op grond van andere bronnen: het dossier, gesprekken met referenten, eigen indrukken. Het gevaar bestaat dan dat de diagnose niet scherp wordt en dat het plan van aanpak niet goed past bij de problemen en de sterke kanten van de cliënt. Alle hierna beschreven interventies en attitudes die (de subjectieve beleving van) het vrijheidsverlies beïnvloeden, gelden dan ook in sterke mate voor de contacten met de cliënt tijdens de diagnose.

9.4 Effectieve reacties op reactance

Wat kan de reclasseringswerker doen wanneer hij wordt geconfronteerd met diverse uitingsvormen van reactance? De belangrijkste en simpel ogende vuistregel is:
Beschouw reactance als iets normaals, als iets wat erbij hoort, als gedrag dat je ook zelf vertoont vlak nadat je handelingsvrijheid op welke manier dan ook wordt ingeperkt. Schrijf het gedrag aan de onvrijwillige situatie toe en niet aan de persoon van de cliënt. Label het niet meteen als gebrekkige motivatie of pathologisch gedrag. Denk dus ook niet meteen dat dit gedrag een uiting is van een meer dieperliggende weerstand tegen verandering. Dit kan later wel het geval blijken te zijn, maar in eerste instantie reageert de cliënt op de onvrijwillige situatie zelf. Verwacht niet dat het vanzelf verdwijnt. Weerhoudt de cliënt er niet van uiting te geven aan zijn verzet (uiteraard met uitzondering van die gevallen waarin het niet te tolereren vormen aanneemt). Het onderzoek van Rooney wijst uit dat de reactance hierdoor alleen maar sterker wordt. Reageer niet gelijk. Ga niet meteen de discussie of de confrontatie aan. Toon belangstelling zonder olie op het vuur te gooien. Moedig het gedrag dus niet

aan. Stel een of meer zeer concrete vragen over een specifiek punt dat de cliënt naar voren brengt. Beperk je daarbij zoveel mogelijk tot feiten, zichtbare gedragingen en objectieve gevolgen van gedrag. En vermijd in dit stadium interpretaties of oordelen.

Andere vuistregels zijn:

- maak met je cliënt een contract waarin is gespecificeerd hoe de handelingsvrijheid op termijn is te vergroten. Vermeld daarin alleen specifieke veranderingen, geen algemene;
- verhelder de eisen die de situatie stelt en laat je niet verleiden hierover te onderhandelen;
- benadruk steeds de keuzemogelijkheden die er wel zijn, ook al zijn die soms nog zo beperkt, en benut die zoveel mogelijk. Suggereer waar mogelijk meerdere handelingsalternatieven waar de cliënt uit kan kiezen. Ondersteun actief de keuzen die de cliënt daarbij zelf maakt. Doe dus ook alle mogelijke moeite, binnen de beperkingen, om aan te sluiten bij de doelen van de cliënt;
- maak kleine stappen, benoem de resultaten, beloon de inspanningen.

We gaan even terug naar de ET-cliënt die concludeerde dat het om een formaliteit ging, nadat de reclasseringswerker had gezegd dat hij niet wilde dreigen maar dat het even duidelijk moest zijn. De reclasseringswerker volhardt in de zakelijke houding en zegt:

Rw: *'Formaliteit? Nou nee, maar het is beter als we allebei precies weten waar we ons aan moeten houden. Ik teken in ieder geval, want ik ben het ermee eens. Jij hoeft niet meteen te tekenen. Denk er eens over na wat je wil. We moeten toch samen wat gaan doen. Het is handig als we samen doelen kunnen formuleren, dan weten we allebei wat we hier zitten te doen.'*

De rest van dit gesprek verloopt soepel. De reacties van deze reclasseringswerker hebben vermoedelijk dus effect gehad. Hij heeft zich dan ook, bewust of onbewust, gehouden aan de volgende regels van Rooney en Trotter:

- *hij blijft zakelijk, gericht op de situatie en niet op (het blameren van) de persoon;*
- *hij geeft wel duidelijk aan dat de conclusie 'formaliteit' niet klopt, laat het niet passeren;*
- *hij geeft heldere informatie over de eigen rol en de rol van de cliënt;*
- *hij laat duidelijk merken waar zijzelf staat (ik teken, ik ben het ermee eens);*
- *hij komt tegemoet aan het doel van de cliënt (autonomie handhaven) door te zeggen dat hij er even over kan nadenken;*
- *hij gaat juist op dit moment over op het formuleren van gezamenlijke doelen (wat wil je?).*

Ook bij de andere ET-cliënt die zichzelf strategisch ging presenteren als iemand zonder problemen zodra het reclasseringscontact inhoud moest krijgen, voelt de reclasseringswerker dit (al dan niet bewust) aan. Hij geeft aan wat de ondergrens is – eens per veertien dagen een gesprek – en schuift het verder even op de lange baan: in de loop van de tijd bekijken we wel wat we gaan doen. Dat kan een goede manier zijn om effectief te reageren op reactance.

9.5 De reclasseringswerker is helder over zijn rol

Een andere manier om de beleving van de onvrijwilligheid en het verzet daartegen te beïnvloeden, is de voortdurende verheldering van de rol en de positie van de reclasseringswerker ten opzichte van de ketenpartners. De reclasseringswerker verheldert bij de cliënt wat die rol betekent voor de samenwerkingsrelatie en voor de cliënt. Rooney spreekt in dit verband over het socialiseren van de cliënt. Hierbij gaat het om de vraag: waarom zijn we hier bij elkaar, wat is het doel van ons contact? Trotter beschouwt dit als een van de belangrijkste aspecten van het werken met onvrijwillige cliënten. Het gaat daarbij nadrukkelijk niet om de eenmalige uitleg van een maatregel of van de spelregels van het contact. De reclasseringswerker moet het doel van de maatregel, zijn eigen doelen en de doelen van de cliënt continue zo expliciet mogelijk op elkaar afstemmen. Hij moet dit steeds blijven bevestigen tijdens het contact, naar aanleiding van kleine en grote gebeurtenissen, uitspraken en verwachtingen. Een helder verhaal aan het begin van het contact komt maar voor een uiterst klein gedeelte binnen bij de cliënt. Welke aspecten van zijn rol maakt en houdt de reclasseringswerker helder?

De tweeledige rol van de reclasseringswerker

De reclasseringswerker laveert tussen zijn taak als begeleider en als controleur. Over deze taken moet hij steeds open zijn. Vaak verschuift de balans in de tijd van controleur naar begeleider. De reclasseringswerker blijft echter altijd voor beide taken verantwoordelijk. Hij moet steeds proberen het bewustzijn van de cliënt hierover te bevorderen.

Wat is onderhandelbaar en wat niet

Het onderscheid tussen het kader en de begeleidingsruimte moet voor de cliënt heel duidelijk zijn: de reclasseringswerker verheldert steeds welke aspecten van de interventie onderhandelbaar zijn en welke niet. Ook de eisen die de situatie stelt aan de cliënt moeten vanaf de start – en blijvend – duidelijk zijn.

Rw:	*'Ik wil het nog even hebben over het toezicht. Als alles rond is, kom je hier elke maand. Daar moet je je aan houden. Daar houden we ons allebei aan.'*
Cl:	*'Dus dat ik kom?'*
Rw:	*'Ja, dat sowieso. Maar ook doen wat we afgesproken hebben de afgelopen keer.'*
Cl:	*'Dus gewoon doen wat we hier afspreken.'*
Rw:	*Ja. En ook: als het niet lukt, waar je tegenaan loopt weet ik niet en jij ook niet, bel dan even. Altijd even bellen als het niet lukt. Schrijf voor nu maar op 'afspraak met DTC nakomen'.*
Cl:	*'Dat doe ik. Ik weet nu welke risico's eraan hangen.' (cliënt komt uit detentie).*
Rw:	*'Daar zit je niet op te wachten.'*
Cl:	*'Nee.'*
Rw:	*'Dus eerst een keer per week komen en als alles rond is een keer per maand.'*

>

> *Ze praten vervolgens samen door over tijden die uitkomen. Daarbij gaat de reclasseringswerker gedetailleerd na welke dagen voor de cliënt goed kunnen, 's ochtends of 's middags en welke plaats handig is. De reclasseringswerker maakt duidelijk wat in ieder geval moet en hij verbindt er meteen de actie aan dat de cliënt even belt als het niet lukt. Hij biedt daarmee structuur en tegelijkertijd steun om deze opdracht te kunnen waarmaken. Bij de uitwerking (tijd, plaats) past hij zich zoveel mogelijk aan de cliënt aan. Hij laat hem de keuzemogelijkheden waar dat kan. Daarmee werkt hij volgens een van de spelregels van 'de effectieve werker' die Rooney formuleerde.*

Een andere reclasseringswerker heeft in het kader van toezicht met zijn cliënt afgesproken dat deze keer zijn beide (volwassen) zonen aanwezig zijn. De cliënt zou dit zelf regelen. De reclasseringswerker wil namelijk een evaluatiegesprek voeren, het delictscenario doornemen en dit ook bespreken met de zonen. Hierover zijn in een eerder stadium afspraken gemaakt. Enkele familieleden spelen een actieve toezichthoudende rol. Als hij bij de cliënt arriveert (het gaat om een huisbezoek), zijn de zonen niet aanwezig. De reclasseringswerker spreekt de cliënt hierop aan, spreekt af dat ze er de volgende keer wel bij zijn en gaat het evaluatiegesprek aan zonder de zonen.

Achteraf zegt deze reclasseringswerker dat hij dit een foute keuze vindt van zichzelf. Hij had eigenlijk het gesprek niet moeten voeren, maar een nieuwe afspraak moeten maken met de zonen erbij. Eigenlijk vindt hij dit dus niet onderhandelbaar. Als hij nagaat waarom hij het liet passeren, blijkt dat hij twijfelt of hij het de vorige keer wel duidelijk genoeg heeft gezegd hoe hard dit punt lag voor hem. Hij weet dus niet goed wiens onduidelijkheid het eigenlijk is. Hiermee wordt duidelijk hoe noodzakelijk het is dat je steeds goed bewust bent van hoe zwaar of hoe (on)onderhandelbaar iets is. Als je dat al meteen helder maakt tegenover de cliënt kan je hem er later veel beter en overtuigender op aanspreken. Ook blijkt hieruit overigens hoe belangrijk het is dat de reclasseringswerker goed bij zichzelf nagaat wat er misgaat, ook in de eigen interventies. Met deze reflectie achteraf heeft deze reclasseringswerker in ieder geval voorkomen dat irritaties ten onrechte bij de cliënt zijn gelegd.

Vertrouwelijkheid en openbaarheid

De reclasseringswerker moet gedetailleerd aan de cliënt aangeven dat alle informatie nader besproken kan of moet worden in teams en in rapportages voor de rechtbank. Ook moet duidelijk zijn welke informatie op schrift komt en welke informatie de cliënt zelf mag inzien. Er zijn geen 'geheimpjes' in het reclasseringscontact. De cliënt moet dit vanaf de start weten.

Rol als vaste begeleider

Reclasseringswerkers vervullen in de organisatie verschillende rollen. De vaste begeleiders moeten hun eigen rol, de rol van collega's en de rol van andere spelers in het veld duidelijk maken aan hun cliënt. De cliënt moet bijvoorbeeld weten dat de vaste begeleider niet degene is die programma's uitvoert. Ook moet duidelijk zijn dat de vaste begeleider van de reclassering ook de toezichthoudende rol heeft en dat hij de casemanager is: de coördinator van alles wat er aan hulp van andere instellingen is georganiseerd. Uit de gespreksobservaties blijkt dat het, zowel voor de cliënt als voor de reclasseringswerker, niet altijd duidelijk is dat de vaste begeleider altijd de casemanager is.

Verwachtingen van de cliënt

De verwachtingen van de cliënt over de rol en de hulp van de reclasseringswerker moeten worden verkend. Hierbij komen eerdere ervaringen van de cliënt zelf, ervaringen van bekenden, beelden en verwachtingen aan bod en worden misverstanden hierover opgehelderd. De reclasseringswerker kan zijn eigen rol beter verhelderen als hij begrijpt wat de cliënt al weet en waarover eventueel een misverstand of foutieve beeldvorming bestaat.

De cliënt helpen de professionele relatie te begrijpen

Professionals verwachten van cliënten soms begrip voor de aard van de professionele relatie, omdat dit voor henzelf zo vanzelfsprekend is. Het is echter belangrijk aan de cliënt uit te leggen dat de reclasseringswerker geen vriend, advocaat of agent is, maar wel een adviseur, bewaker en ondersteuner kan zijn. In de meeste verhoudingen tussen reclasseringswerker en cliënt zijn de ideeën van de cliënt over de aard van deze relatie incongruent, ze lopen uiteen. Onduidelijkheid over de aard van de relatie kan leiden tot afhankelijkheid of teleurstelling. De uitleg bevat voor de reclasseringswerker zelf vanzelfsprekende en simpele aspecten, zoals 'ik werk voor een kantoor', 'ik heb meer cliënten', 'ik ben aan bepaalde tijden gebonden', 'ik word ervoor betaald en de cliënt is mij dus geen geld verschuldigd en hoeft geen cadeaus aan te bieden'. Deze aspecten van rolverduidelijking zijn overigens vooral bij veel cliënten van allochtone afkomst heel belangrijk. Veel niet-westerse landen kennen dergelijke instellingen immers niet.

Een cliënt tegen het einde van de proeftijd:

CL: *'Ik ben er dan helemaal zelf verantwoordelijk voor, na de proeftijd.'*

Rw: *'Ja, dat is het, dan is het helemaal vrijwillig.'*

Cl: *'Ja, dan moet ik me waarmaken.'*

Rw: *'Ja.'*

Cl: *'Weet je wat ik raar vind? De proeftijd is zo afgelopen. Ik heb dan drie jaar een goede band gehad, vooral de laatste tijd. Kan de reclassering echt niet nog een half-jaar blijven komen? Dat zou ik fijn vinden. Als ik dan ineens niks meer hoor, krijg ik het gevoel: interesseert het ze nog?'*

Rw: *'Toch kan dat niet, we zijn er niet voor vrijwillige contacten. Ik moet ervoor zorgen dat er dan genoeg vrijwillige hulpverlening is. Ik neem ook graag afscheid met een handdruk en dat ik zeg: ik hoop dat dit het laatste contact is geweest. Want als je me weer ziet, is het niet best. Ik probeer die drie jaar te gebruiken om zoveel mogelijk te bereiken, zodat jij daarna jezelf in het gareel kunt houden. Maar als je af en toe wilt bellen, dan kan dat natuurlijk altijd. Je kunt ook af en toe een individueel gesprek aanvragen bij ....(behandelcentrum). Dat kan altijd, als je er echt behoefte aan hebt.'*

Verwachtingen van de organisatie

Ook de organisatie moet haar rol in de begeleiding verduidelijken. De reclasseringswerker legt uit waar de organisatie heldere eisen of grenzen stelt, mogelijkheden biedt of procedures voorschrijft die voor de cliënt belangrijk zijn. Dit kan alleen goed gebeuren als de organisatie hierover helder is naar de reclasseringswerkers. Ook de reclasseringswerkers moeten naar de organisatie toe duidelijk maken waar ze wel of niet mee uit de voeten kunnen of waar aanvullend beleid nodig is. Trotter stelt dat reclasseringswerkers hun organisatie duidelijker en krachtiger kunnen vertegenwoordigen tegenover hun cliënten, als zij zelf goed zijn voorgelicht over allerlei aspecten van het instellingsbeleid en als ze zelf goed weten waarover zij zelf wel en niet beslissingsbevoegd zijn.

Openheid over de werkwijze

Reclasseringswerkers moeten open zijn over hun werkwijze. Het is belangrijk dat vragen van de cliënten hierover worden beantwoord en waar nodig worden verduidelijkt met voorbeelden. Reclasseringswerkers kunnen hun cliënten eerst de globale structuur van de interventie(s) uitleggen en vervolgens elke stap steeds toelichten. Daarbij kan ook een verheldering horen van hoe de reclasseringswerker wil dat er gewerkt wordt ('hoe onze manieren zijn'):

> *Rw:* ***'En als iemand dan heel boos of geëmotioneerd reageert, maak ik duidelijk dat dit precies is wat ze hier moeten doen: duidelijk zijn over de emoties. En ook zeg ik: 'je moet hier niet gaan zitten zeggen wat je denkt dat ik graag wil horen. Dat wil ik niet. Zo wil ik het niet hebben.'***

9.6 De reclasseringswerker streeft naar motivational congruence

Gezamenlijkheid van de doelformulering en de probleemoplossing is volgens Trotter essentieel in de onvrijwillige transactie. De onvrijwilligheid blijft in de beleving van de cliënt op de voorgrond zolang hij niet ervaart dat het contact – tenminste gedeeltelijk – ook in zijn eigen belang kan zijn. De reclasseringswerker spoort de doelen en de problemen van de cliënt op en sluit daarbij zo goed mogelijk aan. Eenzijdig werken aan doelen van de reclassering werkt niet volgens het onderzoek van Trotter. Overigens geldt ook het omgekeerde: een eenzijdige aansluiting bij de doelen van de cliënt en bevestiging daarvan, zonder rekening te houden met de context en met de doelen van de reclassering, werkt evenmin.

Rooney spreekt in dit verband van 'motivational congruence'. Hierbij is er een *voldoende werkbare overeenkomst* tussen de doelen van de cliënt en van de reclasseringswerker. De cliënt gaat het werken aan verandering zien als een mogelijk belang van hemzelf. Rooney formuleert een bescheiden invulling van 'motivational congruence'. Hij streeft niet naar meer overeenstemming dan nodig is voor een werkbare begeleidingsrelatie. Deze relativering is belangrijk. Andere verschillen in doelen tussen reclasseringswerker en cliënt kunnen en zullen gewoon blijven bestaan. Tijdens een gesprek kan de reclasseringswerker denken aan het doel 'hoe vergroot ik zijn motivatie?', terwijl de cliënt denkt aan het doel 'hoe voorkom ik dat hij begint over de ruzie met mijn baas'. Tegelijk is er een voldoende gelijkend gezamenlijk doel: de cliënt wil komen, omdat hij anders zijn baan misschien echt kwijt raakt. De reclasseringswerker weet dat 'geen werk hebben' een belangrijke criminogene factor is en werkt daaraan. Rooney heeft onderzocht op welke manieren de reclasseringswerker condities kan scheppen om deze motivational congruence te vergroten. Deze hangen samen met de strategieën om reactance te doen afnemen, en ze zijn, net als die strategieën, empirisch onderbouwd. Ook deze interventies lijken voor de gemiddelde reclasseringswerker volstrekt vanzelfsprekend. Een aantal hiervan is in dit boek ook al in een ander verband genoemd. Van de volgende acties is volgens Rooney het verband met het vergroten van motivational congruence aangetoond:

- er wordt gewerkt met expliciete contracten waarin doelen, werkwijze, rechten en plichten van beide partijen duidelijk zijn omschreven;
- de cliënt wordt ook buiten de contracten om nog regelmatig geïnformeerd over zijn rechten;
- de reclasseringswerker benadrukt dat er ruimte is voor eigen keuzes van de cliënt, verheldert deze en ondersteunt de cliënt bij het benutten van deze ruimte;
- de reclasseringswerker betrekt de cliënt zoveel mogelijk bij de te nemen stappen.

9.7 Werkzame aspecten in de relatie

Waar enkele decennia geleden hulp of begeleiding vrijwel uitsluitend leek te bestaan uit 'het leggen van een relatie', dreigt de relatie tussen reclasseringswerker en cliënt de laatste tijd volledig uit de aandacht te verdwijnen. De nadruk op effectiviteit van de interventies brengt het risico met zich mee dat het reclasseringswerk wel erg sterk wordt neergezet als een te objectiveren interventieproces dat slechts in één richting verloopt: van de reclassering naar de cliënt. Toch is aandacht voor de relatie onontbeerlijk. Elk contact, elke vorm van communicatie kent immers, een inhoudsniveau en een betrekkingsniveau. Het inhoudsniveau gaat over de onderwerpen waarover de gesprekspartners met elkaar spreken. Het betrekkingsniveau gaat over de verhouding tussen de gesprekspartners en de manier waarop de betrokkenen deze verhouding zien en proberen te beïnvloeden. Aandacht hiervoor is alleen al belangrijk, omdat het bekend is hoe sterk mensen op dit betrekkingsniveau reageren. Ook Trotter wijst erop dat de relatie wel degelijk een belangrijke factor is: een werkrelatie die aan een aantal kenmerken voldoet, kan bijdragen aan de effectiviteit van de interventies. En het is in ieder geval duidelijk dat het ontbreken van een relatie bijdraagt aan het uitblijven van effect of zelfs een averechts effect heeft op de effectiviteit van de interventies. In zijn onderzoek gevonden relevante kenmerken van de relatie zijn: empathie, humor en optimisme.

Empathie

Empathie is decennialang een van de kernbegrippen geweest in veel literatuur over agogische begeleiding. Ook binnen de reclassering fungeerde het lange tijd als dé sleutel voor een geslaagde interventie. Uit diverse onderzoeken blijkt empathie, opgevat als het begrijpen en benoemen van de gevoelens van de cliënt, inderdaad een rol te spelen bij het reclasseringswerk. Maar deze rol moet worden gerelativeerd en gespecificeerd. Het tonen van empathie is alleen effectief – in de zin van verminderen van de kans op recidive – als het samenhangt met het begrijpen, benoemen en versterken van gewenst gedrag. Empathisch begrip voor bijvoorbeeld het criminele gedrag kan juist tot slechtere resultaten leiden.

Andere bevindingen, waaronder die van Trotter zelf, geven aan dat empathie niet zozeer bijdraagt aan een goed resultaat. Maar dat het *ontbreken* van empathie in ieder geval bijdraagt aan een slecht resultaat. Empathie lijkt dus een voorwaarde te zijn voor effectieve begeleiding. Trotter concludeert dat empathie selectief kan worden gebruikt om 'de cliënt te helpen zijn gevoelens te begrijpen'. Een 'overkill aan begrip' werkt volgens Trotter niet. Empathie kun je demonstreren door reflectief te luisteren, dat wil zeggen zoeken naar de betekenis van wat de cliënt zegt of doet en deze betekenis benoemen.

Een ET-cliënt wordt vandaag afgekoppeld.

Rw: *'U bent klaar. Het zit erop. Bent u er blij mee?'*
Cl: *'Ja, ik kan nu naar mijn vrouw. Mijn vrouw is ziek.'*
Rw: *'Zij is ook zieker geworden, geloof ik?'*
Cl: *'Ja, ze is opgenomen. Ze was twee dagen in het ziekenhuis, toen weer terug en nu weer in het ziekenhuis.'*
Rw: *'Het wordt er niet echt beter op, hè?'*
Cl: *'Nee, maar ik ga nu naar Londen.'*
Rw: *'Om uw vrouw op te zoeken?'*
Cl: *'Ja.'*
Rw: *'Ik kan me goed voorstellen dat u nu bij uw vrouw wilt zijn.'*

Een ander gesprek:

Rw: *'Nou, het waren wel zware dagen voor u.'*
Cl: *'Je kunt niet alles hebben...'*
Rw: *'Ja, maar de feestdagen liepen wel anders dan u had gedacht.'*

Humor

Humor kan volgens Trotter worden ingezet om impasses te doorbreken en situaties weer goede proporties te geven. Maar humor kan soms ook een verkeerde uitwerking hebben. Wat voor de reclasseringswerker grappig is, kan voor een cliënt een hele andere betekenis hebben. Humor werkt contraproductief als het de cliënt te negatief afschildert of anderszins tot boosheid of verdriet leidt. Ook komt het voor dat reclasseringswerkers (of andere professionals) kiezen voor hilariteit als bliksemafleider: als de cliënt een opmerking plaatst waar ze zelf zo gauw geen raad mee weten. Soms werkt dit goed, soms mis je hierdoor juist een kans. Humor werkt goed als de cliënt de humor begrijpt en het gebruik van humor aansluit bij de persoonlijke stijl en het gevoel voor humor van de reclasseringswerker. Mooi is het als de humor een metafoor wordt voor een bepaald probleem of voor de aard van het contact.

Een man die de reclasseringswerker liever ziet gaan dan komen, heeft in zijn voortuin een vijvertje met een kleine, maar stijle brug erover. Het is januari, het heeft gevroren en het bruggetje is spekglad. Het is een hele kunst eroverheen te komen en het gaat gepaard met een boel geglibber. De reclasseringswerker zegt halverwege het bruggetje:

Rw: 'Dat is zeker om de drempel voor mij heel hoog te houden, he?'De cliënt lacht erom en de sfeer bij binnenkomst is een tijdlang ontspannen en enigszins lacherig. Dit maakt de start van het gesprek makkelijker. Op de terugweg herhaalt de scène zich en ook de reclasseringswerker herhaalt zijn opmerking. Deze roept nu nog grotere hilariteit op. De cliënt zegt dat hij ervoor zal zorgen dat het bruggetje bij het volgende bezoek (eind maart) ontdooid is.

Soms kan humor juist zo uitwerken dat een spannend moment soepel en respectvol wordt doorbroken.

Er valt een lange stilte tijdens een gesprek. De stilte heeft duidelijk betekenis: hij valt nadat de cliënt een belangrijke opmerking over zichzelf heeft gemaakt. De reclasseringswerker laat de stilte een tijdje duren. Na verloop van tijd wordt het een beetje te drukkend. Hij wil de stilte niet invullen door een volgende vraag, maar toch iets doen. En hij zegt: 'De papagaai is ook stil he?' De cliënt beaamt dit, lacht en gaat verder met het belangrijke punt waarna de stilte viel.

Dit is niet alleen humor, hoewel het op dat moment een komisch effect heeft. Met deze opmerking vestigt de reclasseringswerker de aandacht op de stilte, terwijl hij tegelijk de zwaarte eraf haalt. Daarmee doorbreekt hij het moment zonder de gedachtegang van zijn cliënt te verstoren.

Optimisme

Optimisme is een effectief middel in het contact. Maar ook hier is een relativering op zijn plaats. Het werkt alleen als de reclasseringswerker wérkelijk gelooft dat de cliënt kan veranderen én wanneer de cliënt gelooft dat de reclasseringswerker hem daarbij kan helpen. Het tonen van optimisme over de mogelijkheden van de cliënt en het te bereiken resultaat is effectiever als het gepaard gaat met actieve ondersteuning bij de oplossing van concrete problemen. Dit betekent ook dat de reclasseringswerker verantwoordelijk is voor het zoeken en identificeren van taken en opdrachten die voor de cliënt haalbaar zijn en waarbij de kans op resultaat maximaal is.

9.8 Samenvatting

De reacties en gedragingen van mensen van wie de vrijheid (tijdelijk) wordt ingeperkt zijn onderzocht. Men noemt deze gedragingen 'reactance'. Het gaat hier dus niet om dieperliggende weerstand tegen verandering, maar om verzet tegen onvrijwilligheid.

Reactance is sterker naarmate:
- *iemand meer denkt dat hij onbelemmerd over een vrijheid kan beschikken;*
- *de bedreigde vrijheid belangrijker is voor de persoon;*
- *meer vrijheden worden bedreigd die achter de rechtstreeks bedreigde liggen.*

Reactance activeert vele gedragingen, te ordenen onder:
- *rechtstreeks proberen de verloren vrijheden te heroveren;*
- *dit indirect proberen door sabotage;*
- *agressie tegen de bron van de dreiging;*
- *strategische zelfpresentatie (jezelf beter, dreigender, zieliger voordoen om de ander te beïnvloeden);*
- *ontkennen of gedeeltelijk ontkennen van het delict.*

Interventies bij reactance van de cliënt:
- *beschouw reactance als iets normaals, zie in dat het erbij hoort;*
- *weerhoud de cliënt er niet van er uiting aan te geven. De reactance wordt anders hierdoor sterker! Reageer niet gelijk, gooi geen olie op het vuur, ga niet meteen de confrontatie aan. Stel wel een of meer concrete vragen over specifieke punten. Beperk je daarbij tot feiten en zichtbare gedragingen;*
- *maak een contract waarin duidelijk wordt hoe de handelingsvrijheid op termijn is te vergroten. Hierbij is het belangrijk om concreet en specifiek te blijven;*
- *verhelder de eisen. Laat je niet verleiden water bij de wijn te doen;*
- *benadruk de keuzemogelijkheden die er wél zijn en benut die;*
- *maak kleine stappen en benoem en honoreer resultaten en inspanningen.*

Wind geen doekjes om de rol van de reclassering. Helderheid maakt je tot een betrouwbare partner. Maak en houd duidelijk:
- *dat de rol van de reclassering tweeledig is: je bent begeleider en controleur;*
- *wat onderhandelbaar is en wat niet;*
- *dat alle informatie die hij geeft besproken kan worden (geen geheimpjes), wat er op schrift komt en wat hij zelf mag inzien;*
- *wat de rol is van de vaste begeleider en van de uitvoerders van de programma's;*
- *wat de aard is van de professionele relatie;*

- *wat verwachtingen en procedures van de organisatie zijn (waar relevant);*
- *wat de eigen werkwijze is.*
- *Stem je informatie hierover zo goed mogelijk af op de verwachtingen en vooronderstellingen van je cliënt. Onderzoek deze verwachtingen dus ook!*

Bij de start is er vaak een aanzienlijk verschil tussen doelen van de cliënt en de reclassering. Erken dit en zoek op die basis 'voldoende gelijkende' werkdoelen. Wat kan je doen om de overeenkomst in doelen te vergroten?

- *Probeer de doelen van de cliënt zo open mogelijk op tafel te krijgen.*
- *Werk met expliciete contracten waarin doelen, werkwijze, rechten en plichten helder staan beschreven.*
- *Blijf regelmatig herhalen welke rechten en keuzeruimten er wel zijn.*
- *Betrek de cliënt zoveel mogelijk bij de te nemen stappen.*

De relatie tussen cliënt en reclasseringswerker kan een toegevoegde waarde zijn bij de beïnvloeding van de ervaren onvrijwilligheid.

- *Het tonen van empathisch begrip voor gewenst gedrag kan effectief zijn. Van empathisch begrip in het algemeen is de effectiviteit niet aangetoond.*
- *Humor kan impasses doorbreken. De humor moet wel aansluiten bij de stijl van de reclasseringswerker en de cliënt niet negatief afschilderen.*
- *Optimisme over de mogelijkheden van de cliënt werkt stimulerend als het gepaard gaat met actieve steun bij de oplossingen.*

Hoofdstuk 10

Ontkennende cliënten

10.1 Inleiding

Ontkenning van het delict door de cliënt stelt de reclasseringswerker voor een aantal problemen. Dit geldt vooral voor de moderne reclasseringswerker, die werkt volgens de aangetoonde principes van effectiviteit. Deze principes impliceren immers dat het delict van de client dé legitimering vormt voor het reclasseringshandelen. Daarmee vormen het delict, de functie ervan en de criminogene factoren voor recidive het vanzelfsprekende centrum van de reclasseringsinterventie. Dit alles lijkt op losse schroeven te komen staan als een cliënt het delict ontkent. Kunnen mensen die geen delict bekennen reclasseringscliënt worden? Hoe is iemand die het delict niet bekent, te motiveren voor de interventies? En hoe kun je bij zo iemand het doel om recidive te voorkomen, waarmaken?

10.2 Gedwongen kader en ontkennen

De opkomst van 'What Works', waarin het delict vanzelfsprekend centraal staat, gaat hand in hand met een ontwikkeling waarin de reclassering steeds meer werkt met cliënten in gedwongen kader. Het mag paradoxaal klinken, maar juist deze ontwikkeling maakt het noodzakelijk om niet zonder meer de ontkennende verdachten uit te sluiten van reclasseringsbegeleiding.

Reactance

Cliënten in gedwongen kader vertonen reactance, zoals in hoofdstuk 9 is besproken. Ontkennen kan een manier zijn om (het gevoel van) autonomie te herstellen, althans voor de korte termijn. Ook kan het een manier zijn om tegenmacht te ontwikkelen en om de eigen korte termijndoelen, bijvoorbeeld vermijden van de confrontatie of vermijden van contact, te realiseren. Het is de taak van de reclassering om zodanig op deze reactance te reageren, dat het kan afnemen. Datzelfde geldt dus ook voor de ontkenning als vorm van reactance.

Minimale startmotivatie voldoende

Werken in gedwongen kader vraagt geen sterke motivatie als startcriterium voor een traject. Justitie legt het reclasseringscontact op. De cliënt vindt het niet nodig dat de reclassering zich met hem bemoeit, ánderen vinden dat. En justitie heeft voldoende reden gevonden om deze uitspraak te doen. De cliënt heeft zich formeel medeverantwoordelijk gemaakt door een handtekening te zetten onder de akkoordverklaring. Of dat betekent dat hij werkelijk van plan is te gaan werken aan de problemen die de criminogene factoren vormen, is nog maar de vraag. Deze, vaak minimale en ook vaak externe, startmotivatie is voor justitie en voor de reclassering voldoende.

De reclassering is er onder andere juist voor deze motivatie te beïnvloeden en te doen toenemen. Als dat de beleidslijn is, moet deze lijn ook gelden voor de ontkenning als uiting van deze minimale startmotivatie. Het moet dus ook bij ontkenning vooral gaan over de vraag of de cliënt tot gedragsverandering is aan te zetten naar de inschatting van de reclasseringswerker. Mocht na verloop van tijd blijken dat dit niet het geval is, dan ontstaat een andere situatie die in overleg met de werkbegeleider en unitmanager kan worden opgelost.

Aanknopingspunten

Ontkennend gedrag kan vele vormen aannemen: rechtstreeks het hele delict ontkennen, gedeeltelijk ontkennen, het eigen aandeel verkleinen, het hele gebeuren bagatelliseren, het eigen gedrag rond de delictsituatie rationaliseren, vorige delicten wel erkennen maar deze niet, verbaal ontkennen maar nonverbaal signalen geven dat er wel iets loos is. Met name de genuanceerde ontkenningen bieden aanknopingspunten voor een reclasseringsinterventie. Hiervoor is allereerst nodig dat de reclasseringswerker nagaat welke functie de ontkenning bij deze cliënt kan hebben.

10.3 Functies van ontkennen

Ontkennen en de juridische betekenis

Een verdachte die een delict ontkent, doet dit tegenover politie, officier en rechter. Bekennen heeft juridische consequenties. Bekennen zou soms 'stom' zijn, want 'ze kunnen je toch niks maken'. De verdachte kan, in samenspraak met de advocaat, tot de conclusie komen dat ontkennen strategisch de beste keuze is.

Ontkennen en de feiten

Soms heeft iemand het echt niet gedaan.

Ontkennen en cultuur

Ontkennen kan passen in de cultuur van een cliënt. Cultuur wordt hier bedoeld in brede zin: jongeren die zijn opgegroeid in een cultuur van armoede en werkloosheid zijn ook vaak opgegroeid met andere waarden dan die van de reclasseringswerker. Wie als kind vooral heeft geleerd dat het gaat om overleven zal 'eerlijkheid' als deugd minder hebben meegekregen. Niet iedereen krijgt in zijn opvoeding mee dat je altijd hoort uit te komen voor wat je hebt gedaan. Het is voor veel mensen vaak ook lonender om dat niet te doen. Daarnaast is het een ervaringsgegeven dat allochtone jongeren vaker ontkennen dan autochtone jongeren. De vraag is hoe zo'n ontkenning moet worden opgevat. Vooral binnen culturen waar het gedrag van de enkeling gevolgen heeft voor de status en de eer van de hele sociale groep waar hij deel van uitmaakt, kan ontkennen een duidelijk doel dienen. Het is een manier om gezichtsverlies voor jezelf en je familie te voorkomen.

Ontkennen en de fase van het traject

Als iemand net is opgepakt, kan het zijn dat hij even niet overziet hoe hij ervoor staat. Beginnen met ontkennen vanuit onzekerheid en angst is dan een normale eerste reactie. Als de situatie duidelijker is, kan een gesprek over het delict, en het eigen aandeel daarin, stap voor stap worden gevoerd.

Ontkennen en ernstige misdrijven

Met name bij ernstige misdrijven die indruisen tegen het geweten van de cliënt, kan het voor de cliënt erg moeilijk zijn om onder ogen te zien wat er is gebeurd. Soms kan iemand het zich zelfs echt niet herinneren. Ook komt het in dit soort situaties voor dat mensen het zich wel (al dan niet vaag) kunnen herinneren, maar zeggen dat ze het echt niet meer weten.

10.4 Wat kan de reclasseringswerker doen?

Het gaat hier niet om de juridische vraag of iemand iets wel of niet heeft gedaan. Het is immers niet aan de reclassering uit te maken of iemand schuldig is of niet. Aanklagen doet de officier, verdedigen de advocaat en de rechter doet de uitspraak. Het maakt wel uit of de reclasseringswerker te maken heeft met een cliënt voor- of nadat er een vonnis ligt. Na het vonnis kan de reclasseringswerker zeggen: 'ik ga uit van de uitspraak van de rechter.'

Bij een juridische betekenis

Als het duidelijk is dat de ontkenning een juridische betekenis heeft, kan de reclasseringswerker zich in de vroeghulp voorlopig beperken tot het doornemen van het juridische verloop. De reclasseringswerker kan de cliënt informeren over wat hem te wachten staat en welke rechten hij heeft.

Iemand heeft het echt niet gedaan

Het is niet de taak van de reclassering om vast te stellen of iemand terecht schuldig is. Veel meer dan informeren over het juridische verloop en aanraden om de advocaat goed te informeren, kan (en mag) de reclasseringswerker niet doen.

Bij reactance

De 'reactance' functie die ontkenning kan hebben, is te bewerken zoals eerder beschreven in dit hoofdstuk. Het werkt daarbij dan in het begin soms beter de ontkenning even te laten voor wat hij is. En eerst de situatie erom heen te exploreren in plaats van meteen de confrontatie aan te gaan.

> *'Ik ben bezig met een rapport over een jongen die zijn vriendin heeft mishandeld. Hij ontkent alles. Dan ga ik in op de getuigenverklaringen, die ik ook heb gelezen. Ik zeg: 'je kunt wel ontkennen, maar hier staat dat...' En ik ga in op zijn verdere gedragsproblemen.*

>

> *Hij neemt telkens ontslag, omdat hij het dan bijvoorbeeld weer niet kan vinden met iemand. Ik zeg: 'dat lijkt me een probleem. Hoe zie jij je toekomst voor je? En met je vriendin, hoe zie je dat verder? Hoe wil je het nou verder met haar? Als er obstakels liggen, dan ga ik daarmee aan de slag. Ik probeer iemand te laten inzien dat ie niet goed bezig is en dat daaraan gewerkt moet worden. Als dat niet lukt: helaas. Jammer dan.'*

Bij een functie in de cultuur

Heeft ontkennen een functie in de cultuur van een cliënt of past het in zijn waardenpatroon, dan is het belangrijk alert te zijn op indirecte signalen. Een reclasseringswerker hierover:

> *'Soms ontkent de verdachte stellig dit delict, hij heeft het heus, echt, eerlijk, absoluut niet gedaan. Maar al die vorige keren (toen hij ook ontkende, maar waar hij wel voor is gestraft) ja, toen had hij het wel gedaan. En hij kan zich voorstellen dat hij in de toekomst weer problemen krijgt met de politie. En als de rechter, ondanks het feit dat hij het niet heeft gedaan, zou besluiten om hem ITB op te leggen, dan zou hij dat accepteren. Ik ben toen met hem gaan doorpraten hoe we konden voorkomen dat hij weer werd opgepakt voor iets wat hij niet heeft gedaan. Ik vroeg hem: 'Hoe komt het dat je in die situatie verzeild raakt?'. Vervolgens heb ik met hem een plan gemaakt op basis van zijn vorige delicten. Ook met als doel te voorkomen dat hij weer risico loopt om te worden opgepakt.'*

Cliënten – volgens deze reclasseringswerker komt dit vooral voor bij allochtone jongeren – erkennen dan wel voorgaande delicten, maar het actuele delict niet. Op die basis willen ze wel contact met de reclassering. Ze werken mee alsof ze ook dit delict hebben gedaan. Soms komen ze er in de loop van het traject mee voor de draad dat ze ook hierbij wel een rol speelden.

Een andere reclasseringswerker:

> *'Ze hebben het nooit gedaan. Ze beginnen met heel heftig reageren: dat het onterecht is dat ze vastzitten, dat ze er altijd uitgepikt worden, dat de politie gek is geworden. Ga niet proberen ze tegen jou te laten bekennen. Dat is niet je taak, uit dat gebied moet je wegblijven. Ga eromheen. Praat over hoe het met ze gaat, over problemen die ze hebben. Praat over hoe lastig het voor ze is om iedere keer weer opgepakt te worden. Praat over hoe ze hun toekomst zien. En zoek daarin de aanknopingspunten voor begeleiding.'*

Veel reclasseringswerkers gaan in op het gegeven dat iemand is opgepakt, soms niet voor de eerste keer. En ze stellen zich, samen met de cliënt, de vraag hoe het toch komt dat ze in die situatie belanden:

'Hij zei tegen me dat hij per ongeluk bij die groep stond toen die inbraak werd gepleegd. 'Maak dat de kat wijs', zei ik toen, 'ik heb nog nooit per ongeluk bij een groep gestaan die een inbraak pleegde'. Op die manier kwam er wel een gesprek over zijn leefstijl en de risico's die hij nam. Op die basis is ook wel een voorlopig plan te maken. Later in het traject konden we gewoon praten over zijn rol in het delict.'

Als je weet of vermoedt dat de ontkenning vooral tot doel heeft gezichtsverlies van de hele familie of groep te voorkomen, kan een vergelijkbare strategie werken. Je kunt met elkaar zoeken wat er nodig is om het gezicht van hemzelf en de familie te redden. Je gaat dan de discussie niet aan, maar je sluit aan bij het onderliggende motief en probeert daarin ondersteunend te zijn. Gezichtsverlies is op het moment immers het centrale probleem voor deze cliënt, dat hem ervan weerhoudt tot erkenning van het delict. Op deze basis zijn ook goede reclasseringsdoelen en interventies te bepalen. Soms leidt dit na verloop van tijd tot een meer of minder verkapte erkenning. Het is, vooral bij sommige allochtone cliënten, overigens ook belangrijk verkapte of indirecte erkenningen te horen en als zodanig te begrijpen. Met een indirecte bevestiging kan iemand tegelijk het delict erkennen en de eer van zijn familie redden. Of de reclassering hiermee uit de voeten kan, is vooral afhankelijk van de vraag of deze verkapte erkenning voldoende aanknopingspunten biedt voor een plan van aanpak gericht op criminogene factoren. Voor de cliënt gaat het er dan om te voorkomen dat hij opnieuw het risico loopt om opgepakt te worden.

Afhankelijk van de fase

Bij de start neemt de reclasseringswerker het delict erkennen even voor lief. Wel kijkt hij of er criminogene factoren in beeld kunnen worden gebracht. Als er een vonnis is geweest, gaat de reclasseringswerker uit van de uitspraak van de rechter ('De rechtbank vond dat er voldoende grond was om u te veroordelen.'). Blijft de cliënt verderop in het traject ontkennen, dan is het belangrijk in welke mate de interventies van de reclasseringswerker onmogelijk worden gemaakt: is de cliënt te motiveren om te werken aan gedragsverandering ondanks het feit dat hij blijft volhouden het delict niet te hebben gepleegd? Of blokkeert het iedere inzet, omdat hij het immers niet gedaan heeft, het onrechtvaardig/overbodig/zinloos vindt om mee te werken aan het traject?

Bij een ernstig delict

Wat de reclasseringswerker kan doen, hangt ook samen met de aard en de omvang van het delict. Gaat het om een niet zo ernstig delict met een 'lichte' toezichtvariant, dan kan je handelen zoals hierboven staat. Je kunt dan op grond van een analyse van criminogene factoren – voor opgepakt worden – en leefgebieden komen tot een plan. Gaat het om ernstige delicten met een zwaardere toezichtvariant, dan wordt deze handelswijze moeilijker of soms zelfs onverantwoord. Het is dan beter te handelen zoals een reclasseringswerker verwoordde:

'Ik ga uit van de rechtelijke uitspraak. Dat betekent dat er een streng toezicht moet komen. Ik controleer u intensief. Niet omdat ik vind dat u het gedaan heeft, maar omdat dat aan mij is opgedragen, omdat dat mijn taak is.'

Als er eenmaal een vonnis ligt, dan kan dit overigens ook de aangewezen handelswijze zijn in lichtere situaties. Dit hangt af van de situatie, van de functie van de ontkenning en van de 'persoon' van de cliënt, zoals de reclasseringswerker die inschat. Soms kiest de reclasseringswerker er daarom voor, de cliënt confronterender aan te pakken:

'Ik geloof je niet'. Of:
'Het kan zijn dat je gelijk hebt, maar ik zie wel signalen. Er gaat bij mij wel een belletje rinkelen.'

Dergelijke interventies verplichten je overigens wel helder te zijn over de aard van de signalen (Wat zie je? Wat hoor je?) en over het belletje dat gaat rinkelen (Wat denk je op grond van die signalen?). Helderheid in de communicatie is immers een belangrijke spelregel van effectiviteit in de onvrijwillige transactie.

Als het gaat om ernstige delicten die de cliënt zich niet herinnert – of zegt zich niet te herinneren – is voorzichtigheid geboden. Ontkennen kan hier een uiting zijn van afweer die dieper in de persoon is verankerd. Het is niet aan de reclasseringswerker om dit 'boven tafel' te brengen. Confronteren in de reclasseringsbegeleiding is hier niet de juiste aanpak. Daarvoor is een therapeutische behandelingssetting nodig. De reclasseringswerker kan hier wel op reageren door het delict niet als zodanig te benoemen, maar er de termen voor te gebruiken waarin de cliënt er zelf over praat.

Een vrouw staat onder toezicht vanwege mishandeling van haar kind. Tijdens het verhoor wordt duidelijk dat de moeder dit waarschijnlijk heeft gedaan tijdens een angstaanval. Ze heeft ook vroeger aan angst- en paniekaanvallen geleden, maar er is nooit eerder iets dergelijks voorgevallen. Ze herinnert het zich later niet meer. Ook na de veroordeling blijft ze zeggen dat ze er zich niets van herinnert. De reclasseringswerker laat dit zo, dringt niet aan op een volledige bekentenis. De vrouw accepteert de reclasseringsbemoeienis en werkt goed mee. Over het delict spreekt de reclasseringswerker in termen van: 'angstaanvallen waarin je dingen doet die je je niet herinnert'. Samen gaan ze na welke risicofactoren er zijn voor het voorkomen van die aanvallen. Werkstress is een duidelijke risicofactor, zodat dit een belangrijke prioriteit wordt. Verder staat de vrouw onder intensieve behandeling vanuit een PAAZ, nadat ze daar opgenomen is geweest.

Deze strategie heeft de vrouw ertoe gebracht, mee te werken met het reclasseringstoezicht. Hier bleek de aanpak een goede handelswijze. Aan de benadering kleeft echter ook een risico: namelijk dat het 'daderschap' van de cliënt te zeer uit het zicht verdwijnt. Hierover moet de reclassering in voorkomende gevallen goede afspraken maken met het behandelende netwerk van professionals en eventueel uit de sociale omgeving. Het is immers, in het totaal van interventies, de specifieke rol van de reclassering om het recidive risico te bewaken. Ontkenning en acceptatie daarvan mag er niet toe leiden dat het delict al te omzichtig wordt benaderd. Er moeten in het totale traject wel voldoende garanties zijn dat dit de aandacht krijgt die het nodig heeft. Soms lijkt dit wat te gemakkelijk uit de aandacht te verdwijnen:

Een Marokkaanse man is net begonnen aan ET/PP. Het delict ging om een familiekwestie. Een woordenwisseling met de ex-man van een familielid heeft tot een schot geleid en de ex-man is overleden. De man was erbij, maar hij ontkent dat hij schoot. De reclasseringswerker die de ET uitvoert zegt niet te weten wat er is gebeurd. Het is ook geen thema tijdens de ET-contacten.

Hier kan ook een intercultureel aspect meespelen. De reclasseringswerker geeft aan dat dit 'een familiekwestie is' en dat hij er het fijne niet van weet. Hij denkt ook dat het iets met de cultuur van de man heeft te maken. Opvallend is dat waar het woord 'cultuurkwestie' valt, nogal wat reclasseringswerkers geneigd zijn dit 'voor lief' te nemen. Is het cultuur, dan vraag je niet verder, dat is anders, dat moet je respecteren, dat is onbekend. Dit betekent dat het delict niet altijd geëxploreerd wordt. Maar ook betekent het dat er een contactkans verloren gaat.

10.5 Samenvatting

Effectief reclasseringswerk impliceert dat het delict de maatstaf vormt voor het reclasseringshandelen. Dit uitgangspunt lijkt op losse schroeven te staan als iemand het delict ontkent. Het gaat er niet om dat iemand bij de reclassering bekent. Het gaat erom of de reclassering met iemand kan werken. Kan de reclassering werken met een ontkennende cliënt? Hierop past alleen een genuanceerd methodisch antwoord en een genuanceerd reclasseringsbeleid. Bij werken in gedwongen kader is een minimale motivatie vaak het startpunt. Dat betekent:

- *ontkenning van het delict kan bij deze startmotivatie horen;*
- *het gaat vooral om de vraag of de ontkenning bewerkbaar lijkt;*
- *hiervoor onderzoek je de nuances in de ontkenning of erkenning;*
- *en je zoekt naar de functie van de ontkenning.*

Iemand kan ontkennen om heel verschillende redenen. De reclasseringswerker moet hiernaar op zoek. Mogelijke functies zijn:

- *reactance: bewerk die zoals beschreven in hoofdstuk 9;*

- *juridisch belang. Laat dit rusten zolang het juridisch niet duidelijk is. Geef duidelijke informatie over de situatie, rechten, gevolgen en de rol van de reclassering;*
- *iemand heeft het echt niet gedaan. Dit moet in het juridische circuit worden opgelost. Handel verder zoals bij juridisch belang;*
- *culturele achtergrond: soms is de overtreden norm geen overtreding in iemands eigen culturele stelsel. Maak duidelijk dat dit in deze samenleving niet mag en probeer na te gaan waarom hij bepaalde aspecten van zijn culturele achtergrond wel en niet aanhangt. Cultuur is dynamisch en bespreekbaar;*
- *culturele achtergrond: erkennen heeft soms gevolgen voor de hele sociale groep of er is een andere culturele norm in het geding. Respecteer dit, zeker in het begin. Wees alert op nuances in erkennen en ontkennen. Kijk na verloop van tijd of er beweging kan komen. Je kunt op die basis meestal wel een plan van aanpak maken gericht op voorkomen van herhaling. Sluit aan bij het motief tot ontkenning en ga bijvoorbeeld na hoe de cliënt de eer van de familie of groep kan redden. Of bouw voort op het doel dat iemand wil voorkomen opnieuw te worden opgepakt. Ga cultuurdiscussies niet uit de weg alsof je er niet aan mag komen. Cultuur is bespreekbaar, net zoals iemands verleden, doelen en problemen;*
- *ontkennen uit angst, onzekerheid (vooral in het begin van het traject). De aanpak is: informeren wat de reclassering kan en helder zijn over de situatie. Verder handelen zoals bij reactance;*
- *ontkennen van ernstige misdrijven: die zijn soms moeilijk onder ogen te zien of ze kunnen het zich echt niet herinneren. Niet zelf graven. Consulteer een psychiatrisch geschoolde collega.*

Hoofdstuk 11

De startmotivatie van reclasseringscliënten

11.1 Inleiding

Bij werken in gedwongen kader wordt van cliënten 'slechts' een minimale startmotivatie voor verandering gevraagd. De reclasseringswerker mag proberen iemand vanaf dit beginpunt verder te motiveren. Dat is makkelijker gezegd dan gedaan. Deze minimale startmotivatie komt vaak tegelijk voor met reactance, de reacties op de onvrijwillige transactie zelf. Reactance van de cliënt kan verminderen als de reclasseringswerker zich houdt aan enkele spelregels in het contact. Het is niet makkelijk beide vormen van weerstand uit elkaar te halen. Dit wordt meestal pas duidelijker in de loop van het contact, op grond van uitlatingen van de cliënt en als diverse interventies zijn uitgeprobeerd.

Dit hoofdstuk zoomt in op de motivatie voor en de weerstand tegen de feitelijke gedragsverandering. Allereerst wordt kort weergegeven welke verschuivingen de afgelopen decennia zijn opgetreden in het denken rond dit begrippenpaar. Vervolgens komt aan de orde hoe de termen motivatie en weerstand moeten worden opgevat, toegespitst op de reclasseringspraktijk. Dan komt het verhelderen van de verschillende soorten motivatie die reclasseringswerkers bij de start van het traject kunnen aantreffen bij hun cliënten aan bod. Het hoofdstuk sluit af met een paar conclusies over wat reclasseringswerkers kunnen met de verschillende soorten motivatie. In hoofdstuk 12 worden enkele toepasbare motiveringsstrategieën besproken.

11.2 Oude en nieuwe uitgangspunten

Veel soorten professionals staan dagelijks voor de taak iemand te motiveren tot gedragsverandering. Vaak gaat deze taak gepaard met grote hindernissen. Geen enkele theorie of methodiek kan al deze hindernissen wegnemen. Een deel van de problemen lijkt echter samen te hangen met een paar verouderde vooronderstellingen over motivatie en weerstand. Inmiddels is de invloed van dit oude denken snel aan het afnemen. Vooral reclasseringswerkers 'weten wel beter'. Toch ontstaan ook bij sommigen van hen af en toe knelpunten en dilemma's die te maken kunnen hebben met dit oude denken. Daarom staan hieronder toch een paar van deze oude uitgangspunten 'om het af te leren':

De oude uitgangspunten

- Je kunt niet werken met mensen die niet gemotiveerd zijn: eerst moeten zij gemotiveerd zijn, dan pas kan je doelgericht aan verandering werken.
- Motivatie is een kenmerk of een eigenschap van een persoon.
- Motivatie is statisch en niet beïnvloedbaar.

- Motivatie 'heb je' of 'heb je niet', het is een alles-of-niets fenomeen.
- Weerstand is een onbewuste blokkade: 'iets' psychisch weerhoudt iemand van een verandering die toch duidelijk in zijn belang is.
- Weerstand moet daarom worden 'gebroken'.
- Cliënten met weerstand moet je daarom overtuigen, over de streep trekken.

Deze opvattingen over motivatie en weerstand hebben jarenlang ook het werken met onvrijwillige cliënten gedomineerd. Dat heeft aanzienlijke gevolgen gehad, buiten en binnen de reclassering. Grote groepen cliënten zijn 'bij de poort' van menig hulpverleningsinstelling gestruikeld: niet gemotiveerd genoeg. Nog teveel weerstand. 'Jammer. Probeert u het later nog eens.' Zowel buiten als binnen de reclassering is het denken hierover de afgelopen tien jaar in snel tempo veranderd. Het werd duidelijk dat op deze manier juist die mensen aan de poort struikelen die bemoeienis vanuit de samenleving het meeste nodig hebben. Bij de reclassering maakte de toename van het aantal onvrijwillige contacten het extra noodzakelijk om de kwestie van motivatie en weerstand anders te gaan benaderen. Bij het merendeel van de reclasseringscliënten kan men immers nauwelijks veronderstellen dat zij ondubbelzinnig gemotiveerd zijn tot reclasseringscontact. Laat staan om met behulp van de reclassering te veranderen. De oude opvattingen over motiveren laten de reclassering dan wel met erg lege handen staan. Gelukkig zijn de laatste jaren theorieën ontwikkeld over motiveren die wel aanknopingspunten bieden voor situaties waarin cliënten onvrijwillig binnenkomen. Opvattingen die 'het motiveren van de cliënt' als een expliciet en belangrijk onderdeel van de begeleiding beschouwen. Wat zijn deze uitgangspunten van het moderne denken over motivatie en weerstand?

Nieuwe uitgangspunten

Motivatie is geen vaststaande eigenschap van een persoon, maar een resultaat van interactie.

- Motivatie is dynamisch en beïnvloedbaar.
- Weerstand is doelrationeel handelen: mensen zullen altijd weerstand bieden tegen veranderingen waarvan ze het doel niet als hun belang ervaren.
- Weerstand geeft informatie over wat mogelijk is, het geeft de benodigde energie.
- Weerstand moet open op tafel komen en worden verkend.
- Ook motivatie is doelgericht handelen.
- Bij weerstand streven cliënt en reclasseringswerker verschillende doelen na. Bij motivatie komen de doelen meer overeen.
- Tijdens het handelen kan motivatie ontstaan.

Deze nieuwe opvattingen hebben als zeer wezenlijk gevolg dat 'de schuld' voor tegenwerking, demotivatie en weigering mee te doen niet alleen bij de cliënt kan worden gelegd. Dit geldt nog sterker als er sprake is van machtsgebruik, zoals dat bij de reclassering het geval is. Het is mede afhankelijk van de kwaliteit van de inbreng van de reclasseringswerker in hoeverre iemand gemotiveerd kan raken.

11.3 Motivatie en weerstand

Deze verschillen geven duidelijkheid over oude en nieuwe opvattingen van de begrippen motivatie en weerstand. Maar ze verhelderen nog niet voldoende wat er eigenlijk precies wordt bedoeld met de termen weerstand en motivatie.

Omschrijving van motivatie

Motivatie wordt in de psychologie als volgt gedefinieerd: *'De totale constellatie van factoren, sommige in en sommige buiten het organisme, die een individu ertoe aanzetten om zich op een bepaalde manier te gedragen in een bepaalde situatie.'* (Gray, 2002). Motiveren is dan: 'to set in motion', in beweging brengen.

Voor de reclasseringspraktijk moet dit verder worden uitgewerkt. Het motiveren van reclasseringscliënten kent een aantal specifieke kenmerken. Bovendien is het belangrijk om in de omschrijving het 'moderne denken' een duidelijke plaats te geven. Met andere woorden, we moeten rekening houden met:

- het doelrationele karakter van motivatie;
- het gegeven dat motivatie een resultaat is van interactie en niet een vaststaand kenmerk van een persoon;
- het feit dat bij motiveren van een reclasseringscliënt de doelen van de cliënt niet zonder meer sturend zijn. Het gaat hier altijd om afstemming van de doelen van de cliënt op de doelen van de reclassering.

Op dit laatste punt is een korte toelichting nodig. Het inzicht dat motivatie doelgericht handelen is en dat motivatie eerder een resultaat is van interactie dan een kenmerk van een persoon, leidt tot de noodzaak om zo veel mogelijk aansluiting te zoeken bij de (korte termijn) doelen van de cliënt. Bij het motiveren van de reclasseringscliënt gaat het daarbij echter om een expliciete afstemming hiervan op de doelen en interventies van de reclasseringswerker. Anders gezegd: de reclasseringswerker streeft naar een zo groot mogelijke motivational congruence: hij streeft naar voldoende gezamenlijkheid in de (werk)doelen van cliënt en reclasseringswerker.

Het motiveringsproces

Op grond van bovenstaande kenmerken is het motiveringsproces bij de reclassering als volgt: *'Een cliënt kan gemotiveerd raken om te bewegen in de richting van het reclasseringsdoel, in de mate waarin de reclasseringswerker de doelen van de cliënt herkent, erkent, zijn eigen interventies daarop afstemt en ze in het perspectief plaatst van de doelen van de reclassering'.*

In het volgende gesprek, met een cliënt die is veroordeeld voor drugssmokkel, leidt de reclasseringswerker consequent het gesprek naar de doelen van de cliënt:

Rw: *'De vorige keer hadden we gezegd dat je zou denken over 'wat wil ik nou bereiken?'. En dat zou je opschrijven.'*

Cl: *'Ja, ik had huiswerk gekregen de vorige keer, maar mijn dochter had mijn tas opgeruimd en toen had ik dat briefje niet meer. Maar ik heb het maar op een ander papiertje geschreven. Je had gezegd 'wat wil je bereiken?'. Nou, ik wil voor mezelf bereiken dat ik werk heb waar ik plezier in heb. Misschien moet ik dan een opleiding volgen. Ja, en dan zit ik met het faillissement, maar daar kan ik hier niets mee. En ja, mijn jongste zit in Suriname en die wil ik terughebben.'*

Het gesprek neemt even een andere wending. Na een tijdje pakt de reclasseringswerker het spoor weer op:

Rw: *'In de loop van de gesprekken gaan we kijken wat we kunnen doen. We gaan stukje bij beetje kijken wat voor jou prioriteit heeft? We beginnen bij het ene en bouwen dat dan steeds verder uit. Om te kijken hoe we al je doelen kunnen halen. Je wilt zoveel en het is allemaal nog zo chaotisch. En dan kijken we ook: zijn de doelen te halen, zijn ze niet te hoog gegrepen? We gaan het structureren. Want dat is bij ieder mens, als de doelen te hoog gegrepen zijn, dan lukt het niet. Wat heb je nog meer staan?'*

Cl: *'Spullen in mijn huis, want alles is weggehaald. En dan wordt de verleiding weer te groot.'*

De cliënt spreekt hier enige tijd door, de reclasseringswerker laat het even. Dan vervolgt hij:

Rw: *'Even kijken, het is allemaal zoveel, dat moeten we op een rijtje gaan zetten. Ik vind het prachtig zoals je het hebt gedaan.'*

Cl: *'Ik wil ook een kwijtschelding van de gemeentebelasting en zo. Dus misschien moet jij me helpen. Waar moet ik zijn voor die papieren en zo?'*

Rw: *'Dat kan ik uitzoeken. Als jij het dan zelf ook uitzoekt, dan kijken we er de volgende keer naar.'*

Cl: *'Ik zweer het je, het moet mogelijk zijn.'*

Rw: *'We gaan het uitzoeken. Want financiën is een groot punt. Dat is doel nummer 1. Dat is het moeilijkste en daar hangen veel dingen mee samen. Van daaruit gaan we verder. Mag ik een kopie maken van dat blaadje?'*

De reclasseringswerker houdt de draad in het gesprek vast, terwijl deze cliënt vaak uitvoerig probeert uit te weiden. Hij hoort alle doelen aan, hij gaat niet in discussie en hij bestrijdt er geen een. Hij geeft een paar keer aan dat ze gaan kijken wat haalbaar is. Hij verbindt dat aan 'ieder mens' waarmee het iets heel normaals wordt. Hij schuift het gesprek over de prioriteiten steeds een beetje naar voren, zodat de cliënte op het moment niet wordt afgekapt in het benoemen van de doelen. Aan het eind haalt hij er zelf het doel uit dat prioriteit moet hebben: financiën. Hierop blijft de cliënt zelf het meest terugkomen en het staat in verband met het delict. Ze maken hier een paar concrete afspraken over. Tijdens de rest van het gesprek stelt de reclasseringswerker zich vooral belangstellend en rustig bijsturend op. Want hij heeft zijn doel (een eerste doel benoemen dat past in het reclasseringsperspectief) gehaald. Op dit punt is motivational congruence bereikt.

Omschrijving van weerstand

Hoe zit het nu met het begrip 'weerstand'? Als motivatie een dynamisch begrip is, dat als doelgericht handelen en als resultaat van een specifieke interactie kan worden opgevat, dan geldt dat vanzelfsprekend ook voor weerstand. Bij weerstand geldt in algemene zin het omgekeerde wat voor motivatie geldt: de drijfveer om in beweging te komen is afwezig, te zwak om effectief te zijn of om andere redenen niet aan te boren. Het doelrationele karakter van weerstandsgedrag betekent dat iemand weerstand biedt tegen de gevraagde beweging, in de mate waarin de (ervaren) nadelen van het veranderingsdoel opwegen tegen de (ervaren) voordelen ervan.

De op de reclassering toegespitste omschrijving van weerstand luidt:
'Een cliënt ervaart meer weerstand om in beweging te komen in de richting van het reclasseringsdoel, naarmate de reclasseringswerker er minder in slaagt, de doelen van zijn cliënt te herkennen, te erkennen en zijn eigen doelgerichte interventies erop af te stemmen.'

11.4 Startmotivatie: extern, extrinsiek, intern of intrinsiek?

'Bij het werken in gedwongen kader vormt de externe motivatie van cliënten het uitgangspunt voor de reclasseringswerker om aan gedragsverandering te werken.' Uitspraken in deze geest worden bij de reclassering welhaast dagelijks gedaan. Maar wat zeggen we hiermee eigenlijk? Wat is externe motivatie? Is externe motivatie een heel ander soort motivatie dan 'gewone' motivatie of dan interne motivatie?

De definitie van motivatie als uitgangspunt laat weinig verschil zien. Bij elk type motivatie is er sprake van een drijfveer om in beweging te komen. Het gaat om de vraag waar de drijfveer op is gebaseerd. In het denken over externe en interne motivatie is er vaak sprake van begripsverwarring: de termen extern en extrinsiek worden door elkaar gebruikt, net als de termen intern en intrinsiek. Als we deze termen van elkaar onderscheiden ontstaat meer helderheid en daardoor ook meer handelingsruimte.

Intrinsieke en extrinsieke motivatie

Allereerst volgt een nader beschouwing van de begrippen intrinsieke en extrinsieke motivatie en de betekenis daarvan voor de reclasseringswerker.

11.4.1 Intrinsieke motivatie

Van intrinsieke motivatie is sprake als de activiteit op zich bevredigend is. Je doet dingen die op zichzelf belonend zijn. Eten en drinken. Langs het strand lopen, omdat je het fijn vindt om de zeelucht te ruiken en de wind te voelen. Over een onderwerp lezen, omdat je daar zelf graag meer van af wilt weten. Iemand wil stoppen met roken, omdat hij het gevoel van rookvrij zijn prettig vindt, zich gezond voelen, vrij kunnen ademhalen. Sommige gedragingen, bijvoorbeeld blowen, zijn intrinsiek motiverend. Ook veel delictgedrag is intrinsiek motiverend. Het geeft een onmiddellijke behoeftebevrediging of een kick. Reclasseringswerkers kunnen dus niet iemand 'intrinsiek motiveren tot veranderen'. Zij kunnen wel proberen na te gaan of zij er iets anders tegenover kunnen stellen dat motiveert tot ander gedrag. Iets anders dat intrinsiek of extrinsiek leuk is. Het gaat er daarbij om dat de cliënt ervaart dat het leuk is, zodat hij daar na verloop van tijd voor gemotiveerd kan raken. Bijvoorbeeld naar school gaan. Soms lijkt iemand ongemotiveerd, maar is er feitelijk sprake van motivatie voor twee strijdende activiteiten die elk op zichzelf prettig zijn. Iemand heeft een keer gezeten, gemerkt hoe erg hij dat vindt en heeft besloten dat hij dat wil voorkomen. Hij vindt het meedoen aan overvalletjes nog steeds leuk en spannend. Hij voelt de 'kick' die dit hem oplevert aan hem trekken en hij vindt het moeilijk er buiten te blijven. Maar zijn gehechtheid aan het vrije leven is ook sterk. Deze wens is vaak nagenoeg in balans met de drang om zijn oude vrienden weer op te zoeken, maar blijkt soms uiteindelijk toch sterker. De reclasseringswerker kijkt hier of hij deze ambivalentie kan versterken en of hij nog motivatiebronnen kan toevoegen, zodat de balans doorslaat.

Rw:	*'Praat je wel eens met iemand over wat je hebt gedaan?'*
Cl:	*'Ja, met mijn schoondochter. Ik zeg dan: 'dat is het mooie van nu. Ik kan thuis zijn en met iedereen praten. Dan is beter dan in ..(behandelinrichting). Dat was niet fijn, daar zover weg te zijn'. Mijn schoondochter zegt dan: 'dat heb je zelf gewild. Je moet het niet meer doen'. Dan zeg ik; 'ja, je hebt gelijk. Want dan ben ik echt verkocht'.*
Rw:	*'Je bedoelt, 'verkocht', dan ga je echt de TBS in.'*
Cl:	*'Ja, dan heb ik mijn zoon ook niet meer, weer geen contact met mijn zonen.'*

Extrinsieke motivatie

Van extrinsieke motivatie is sprake als je met de activiteit iets anders verkrijgt wat bevredigend is. Iets anders dat prettig is voor jezelf. Het kan gaan om een beloning op langere termijn. Het kan ook gaan om een bepaalde waarde die voor jezelf belangrijk is. Je hebt een hekel aan ruzies uitpraten, maar je doet het omdat je weet dat daardoor je relatie goed blijft. Je loopt langs het strand, terwijl je liever thuis een boek leest. Je doet het omdat je kinderen het leuk vinden en dat jou het prettige gevoel geeft een goede vader te zijn. Je doet boodschappen voor je oude buurvrouw, omdat je vindt dat dit je burgerplicht is. En aan die waarde tegemoetkomen geeft je 'een goed gevoel'. Je studeert, terwijl je liever luiert, omdat je over een paar maanden je examen wilt halen. Extrinsieke motivatie heeft dus te maken met het vermogen van mensen, iets te doen om later iets te verwerven, of iets te doen dat in overeenstemming is met je geweten. Er is bij extrinsieke motivatie sprake van een elementair wilsbesluit om iets te doen of te laten, of om te veranderen. Voor extrinsieke motivatie voor nieuw gedrag geldt iets soortgelijks: je stopt met roken, omdat je het niet met je geweten kunt verenigen dat je vriendin moet meeroken. Extrinsieke motivatie is op vele dagen de belangrijkste drijfveer van vele mensen om uit bed te komen en naar het werk te gaan. Ook als je het werk leuk vindt, is dit gevoel lang niet elke dag opnieuw de belangrijkste drijfveer om te gaan. De dagen dat je geen 'intrinsieke' zin hebt, doe je dat omdat het moet, omdat je je verantwoordelijkheid serieus neemt, omdat je salaris krijgt, omdat je niet als 'vaak ziek' bekend wilt staan. Iemand die iets doet voor de kick kan men proberen te motiveren door de kick te relativeren, door lange termijn bewustzijn aan te brengen. Door tegenover de kick in het heden, de gevolgen op de langere termijn te onderzoeken met de cliënt en na te gaan of een 'kick' op langere termijn motiverend kan zijn. Reclasseringswerkers doen er dus goed aan te proberen de extrinsieke motivatie bij cliënten te bevorderen.

11.4.2 Interne en externe motivatie

Nu er duidelijkheid is over de betekenis van intrinsieke en extrinsieke motivatie kunnen we kort zijn over de begrippen interne en externe motivatie.

Interne motivatie

Intern gemotiveerd zijn al die cliënten die zelf willen veranderen. Het zijn diegenen die hiervoor een wilsbesluit hebben genomen of die er ambivalent tegenover staan, die erover aan het dubben zijn. Hieronder vallen ook degenen die extrinsiek gemotiveerd zijn: degenen die willen veranderen, omdat ze er iets anders mee kunnen bereiken dat waardevol voor ze is. Cliënten doen mee, omdat ze vinden of hebben besloten dat de voordelen van meedoen voor hen opwegen tegen de nadelen ervan. Of omdat ze tenminste ambivalent staan ten opzichte van de voor- en nadelen, ze zijn er nog niet uit. Soms willen ze echt zelf een ander leven leiden. En soms wil iemand het omdat hij bijvoorbeeld zijn vader niet wil teleurstellen. Deze motivatie is extrinsiek, maar ook *intern,* als deze wens (vader niet teleurstellen) *hemzelf* een gevoel van bevrediging geeft, bijvoorbeeld omdat de waarde 'een goede moslim en een goede zoon zijn' belangrijk voor hem is.

Externe motivatie

Extern gemotiveerd zijn de reclasseringscliënten die deelnemen, omdat *anderen* vinden dat ze dat moeten doen. Zij zeggen ja tegen het traject vanwege hun vader, vriendin of familie eer. Zij verbinden zich hier echter (nog) niet sterk en bewust mee. Met andere woorden: er is geen sprake van een duidelijk wilsbesluit om te veranderen. Toch is het, zeker in het beginstadium, goed een beroep te doen op dergelijke vormen van externe motivatie. Het kan de eerste motivatiebron vormen voor het contact met de reclassering en voor de eerste stappen die daarvoor nodig zijn. Het kan iemand over de streep halen om in zee te gaan met een traject of programma. Het kan een goed startpunt zijn voor verdere motiveringsstrategieën.

De uiterste vorm van deze externe motivatie is dat ze het alleen maar doen, omdat het is opgelegd. Deze motivatie gaat niet verder dan de formele akkoordverklaring bij de rechtbank, of een 'ja, oké' tegen de reclasseringswerker. Het motief is hier doorgaans het voorkomen van een strengere ingreep. Het is vaak een optelsom van kansen en risico's die de cliënt motiveert 'ja' te zeggen tegen de reclassering. Er is geen sprake van een wilsbesluit om te veranderen of van ambivalentie ten opzichte van verandering. Zij laten zich leiden door de dwang en de controle. Zij zullen er bij de reclassering vooral op uit zijn elke verdergaande vorm van contact te vermijden, bijvoorbeeld niet komen, te laat komen, ja zeggen en nee doen, zwijgen. Ook veel strategische zelfpresentatie komt voor: 'Problemen? Ik? Anderen doen moeilijk!' Of juist een voortdurende niet te sturen stroom tranen en woorden en een uitgebreid vertoon van hulpeloosheid. Deze uiterste vorm van externe motivatie vormt nogal eens het startpunt van de begeleiding.

Op basis van externe motivatie kan iemand wel nieuw gedrag aanleren. Soms ontstaat onder de externe druk gewoontevorming, het gedrag slijt in. Iemand houdt nieuw gedrag aanvankelijk vol op grond van puur externe drijfveren, maar na verloop van tijd merkt hij dat het hem allerlei andere onvermoede voordelen oplevert. In zulke gevallen kan zo iemand na verloop van tijd gaan 'besluiten', al dan niet bewust, dat hij het ook zelf wil. Dan is hij dus intern gemotiveerd. Externe motivatie is op verschillende manieren te bewerken in de richting van interne (al dan niet extrinsieke) motivatie.

In beide volgende fragmenten doen de reclasseringswerkers een beroep op de externe motivatie van de cliënt.

Rw: *'Schrijf maar op: de afspraak met het DTC ook correct nakomen.'*
Cl: *'Dat doe ik, ik weet nu welke risico's eraan hangen.'*
Rw: *'Daar zit je niet op te wachten.'*
Cl: *'Nee, daar zit ik niet op te wachten.'*

Of:

Rw: *'Ik begrijp dat je nog een beetje aan het plussen en minnen bent. Denk er nog eens over na.'*
Cl: *'Dat zal ik doen.'*
Rw: *'Het is heel goed om het voor jezelf goed af te wegen. Wat zijn de voordelen en de nadelen? Bespreek je het ook met je vrouw?'*
Cl: *'Ja, dat heb ik gedaan.'*
Rw: *'En wat vindt ze ervan?'*
Cl: *'Ze wil het graag.'*

11.5 Niet gemotiveerd?

Sommige mensen zijn of lijken niet gemotiveerd tot reclasseringscontact. Ook van enige vorm van externe motivatie lijkt geen sprake te zijn. Dit kan verschillende oorzaken hebben.

Wilsbesluit: niet veranderen

Soms is er sprake van een duidelijk en blijvend wilsbesluit om niet te veranderen, uitsluitend ritueel mee te doen en op de vlakte te blijven in het contact. De cliënt is dan gemotiveerd om niet te veranderen. Dat is iets anders dan niet gemotiveerd om te veranderen. De voordelen van het criminele leven wegen op tegen de risico's en de nadelen. Het reclasseringscontact is een tijdelijk en overkomelijk 'bedrijfsongeval' waar de cliënt zich goed in kan redden. Er zijn cliënten die lang in staat zijn het spel mee te spelen zonder in beweging te komen. Dit blijkt meestal op enig moment waarna de reclassering het contact stopzet. Soms blijkt een dergelijke houding toch beïnvloedbaar. Iemand kan bijvoorbeeld al werkend enige voordelen gaan merken, waaraan hij zich tegen wil en dank verbindt (hij krijgt een baan en blijkt daarin op te bloeien). Het eerste doel van zo'n cliënt 'net doen of ik meedoe en contact vermijden' gaat dan verschuiven naar het doel 'net doen of ik meedoe maar tenminste mijn baan houden'.

Gevoel van incompetentie of wantrouwen

De onwillende houding kan ook een uiting zijn van iets anders, bijvoorbeeld van een sterk gevoel van incompetentie. Ook dan is er sprake van doelgericht gedrag: door zich niet te verbinden, kan iemand bijvoorbeeld het doel nastreven 'een confrontatie met mijn onvermogen vermijden'. Het kan ook de enige mogelijkheid voor contactlegging zijn die iemand kent. Soms is iemand niet (meer) in staat vertrouwen te hebben in welke ander dan ook. De onwil staat dan voor het doel: 'voorkomen dat ik weer word teleurgesteld'. Bij deze schijnbaar ongemotiveerde cliënten gaat de reclasseringswerker op zoek naar manieren om ze in beweging te krijgen. Bij deze cliënten gaat het er dan om, de competentie ervaring te vergroten. Hier kan het kader van het toezicht een agogische werking hebben: de cliënt wordt als het ware gedwongen bepaalde ervaringen op te doen, in de hoop dat hij daarmee ervaart dat hij het kan. Dit is niet makkelijk, succes hangt af van tal van factoren die de reclassering lang niet allemaal naar haar hand kan zetten. Het gaat vaak om moeilijke en weerbarstige contacten. Het is mede afhankelijk van de motiveringsstrategieën die de reclasseringswerker inzet, of deze cliënten ook blijvend in beweging komen.

Intrinsiek of extrinsiek?

Vaak wordt gedacht dat intrinsieke motivatie het hoogste doel is en dat extrinsieke motivatie niet voldoende is om gedragsverandering te bewerkstelligen. Deze opvatting blijkt niet te kloppen. Hoewel het bij extrinsieke motivatie niet gaat om een activiteit die in zichzelf bevredigend is, gaat het wel om een volwaardige vorm van motivatie. De reclassering doet er dus juist heel goed aan te proberen haar cliënten tot een vorm van extrinsieke motivatie te brengen. Het is zelfs denkbaar, de extrinsieke motivatie van iemand op te vatten als een competentie: deze persoon is immers in staat de eigen behoeften in te dammen voor een langere termijn doel, of voor een sociaal doel. Deze extrinsieke motivatie kan dus ook in inhoudelijke zin een goed aanknopingspunt vormen voor de reclasseringsbemoeienis. Gedragsverandering, ook het langdurig beklijven daarvan, kan zeker tot stand komen als het aansluit bij de extrinsieke motieven die mensen hebben. Het is belangrijk te zien dat intrinsieke motivatie hiervoor niet echt nodig is. Koers je te zeer op intrinsieke motivatie, dan zet je al snel in op een (veel) hoger niveau van verandering (zie hoofdstuk 7) dan nodig of wenselijk is.

Extern of intern?

Anders ligt dit bij externe motivatie. Bij cliënten voor wie alleen de justitiële maatregel blijvend de enige externe motivatiebron is, komt gedragsverandering niet tot stand en beklijft niet. Tijdens het traject moet de reclasseringswerker vooral op zoek gaan naar andere motivatiebronnen. Dat kunnen ook andere externe motivatiebronnen zijn zoals de familie, werk of andere sociale contacten.
Externe motivatie kan wel een goed startpunt zijn voor de eerste belangrijke besluiten: wel of niet met dit reclasseringstraject in zee? Het kan ook leiden tot een korte termijn verandering, onder druk tot stand gekomen. Soms leidt dit tot herkenning van andere voordelen, waardoor iemand sterker gemotiveerd raakt. Externe motivatie kan een aanknopingspunt zijn voor interventies die tot doel hebben de interne motivatie te vergroten. Daarvoor kan worden aangesloten bij juist die externe motivatiebronnen: wat is er nog meer nodig om detentie te voorkomen? Of om je familie voorlopig tevreden te stellen? Het gaat er om dat iemand tot het punt komt dat hij een wilsbesluit neemt om te veranderen. Of hij dat doet voor zichzelf, omdat hij het 'van binnenuit' graag wil, of voor anderen die hij graag tevreden stelt, is daarbij minder relevant.

Niet veranderen

Sommige cliënten zijn gemotiveerd om niet te veranderen. Zij hebben een wilsbesluit genomen om het criminele bestaan voort te zetten. Hiermee kan de reclassering geen zinvolle samenwerking aangaan. Cliënten die teveel wantrouwen hebben om gemotiveerd te (willen, kunnen, durven) raken zijn een ander verhaal. Hier kunnen goed doordachte motiverende interventies wel werken. Het gaat er vooral om dat zij stap voor stap, in een sterk handelingsgerichte benadering, het vertrouwen in de eigen handelingscompetentie weer opbouwen.

11.6 Samenvatting

Het denken over motivatie is de laatste decennia aan verandering onderhevig. Eerder overheerste het idee dat motivatie statisch, niet beïnvloedbaar en in de persoon verankerd was. Tegenwoordig gaat men ervan uit dat motivatie dynamisch en beïnvloedbaar is en kan groeien of afnemen in specifieke interacties. In de oude opvattingen was weerstand een teken van dieper liggende blokkades tegen gewenste verandering. Tegenwoordig ziet men het als doelgericht gedrag, waarmee men zich verweert tegen veranderingen die men niet als eigen belang ziet.

'Een cliënt kan gemotiveerd raken in de richting van het reclasseringsdoel in de mate waarin de reclasseringswerker de doelen van de cliënt herkent, erkent, zijn eigen interventies daarop afstemt, en ze in het perspectief plaatst van de doelen van de reclassering. Een cliënt ervaart meer weerstand om in beweging te komen in de richting van het reclasseringsdoel, naarmate de reclasseringswerker er minder in slaagt, de doelen van zijn cliënt te herkennen, te erkennen en zijn eigen doelgerichte interventies erop af te stemmen.'

Soms wordt gedacht dat de meest innerlijke motivatie het beste is en dat je als reclasseringswerker dus daarnaar moet streven. Dit ligt een stuk genuanceerder. We onderscheiden vier soorten startmotivatie. Intrinsiek gemotiveerd is iemand voor activiteiten die voor hem in zichzelf lonend en bevredigend zijn. Je doet iets omdat je het fijn en lekker vindt. Je kunt dus als reclasseringswerker niet proberen iemand intrinsiek te motiveren.

Extrinsiek gemotiveerd is iemand voor activiteiten waardoor hij iets anders krijgt wat voor hem zelf bevredigend is. Je doet iets en je verwerft daar iets mee, iets wat prettig is voor jezelf. Een voorbeeld: je stopt met delicten plegen, want je hebt inmiddels werk en een vriendin en dat is prettig voor jezelf. Je kunt als reclasseringswerker wel proberen bij iemand deze extrinsieke motivatie te vergroten. Motiverende interventies van de reclassering zijn zelfs grotendeels gebaseerd op het verkrijgen van extrinsieke motivatie.
Deze beide soorten motivatie, extrinsiek en intrinsiek, zijn vormen van interne motivatie. Intern gemotiveerd is iemand die, om welke reden dan ook, zelf een wilsbesluit neemt dat verandering zinvol is. Hoe ambivalent iemand ook kan zijn, hoe moeilijk het ook is, hoezeer terugval ook mogelijk is, hij wil het uiteindelijk wel. Het gaat bij reclasseringscliënten vaak om 'intern-extrinsieke' motivatie. Iemand wil het, omdat het hem andere voordelen oplevert.

Extern gemotiveerd is iemand die in beweging komt onder druk van externe omstandigheden, bijvoorbeeld om de familie tevreden te stellen, om detentie te voorkomen en dergelijke. Deze externe motivatie kan een start zijn voor de eerste noodzakelijke stappen, bijvoorbeeld in zee gaan met de reclassering. Het kan ook een bron van motivatie blijven voor vervolgstappen. De kans dat verandering beklijft wordt echter groter als deze motivatie meer intern wordt. Het is een werkbaar startpunt voor de reclassering om aan deze meer interne motivatie te werken.

Ongemotiveerd noemen we de cliënten die welbewust gemotiveerd zijn om niet te veranderen. Hiermee kan geen zinvolle werkrelatie ontstaan. Ook zijn er cliënten die onvoldoende vertrouwen hebben in de eigen competenties of in de samenleving (reclassering) om in zee te gaan met een begeleidingstraject. Voor hen zijn de motiveringsstrategieën ook geschikt. Leidraad hier is dat je werkt aan het vergroten van het vertrouwen in het eigen handelingsvermogen van de cliënt.

Hoofdstuk 12

Motiveringsstrategieën

12.1 Inleiding

Dit hoofdstuk gaat over het systematisch bewerken van weerstand en het welbewust en strategisch beïnvloeden van de motivatie tot gedragsverandering. Het uitgangspunt daarbij is dat motivatie beïnvloedbaar is. Bij een deel van de cliënten zal dit inderdaad het geval blijken te zijn, bij een ander deel niet. Of dit waar is, blijkt pas op termijn als deze strategieën een tijdje zijn uitgeprobeerd. Wanneer iemand na verloop van tijd geen enkele respons geeft, er geen enkele vorm van ambivalentie of betrokkenheid ontstaat, is de conclusie gerechtvaardigd dat hier sprake is van een zo hardnekkige weerstand dat een verdere interventie geen nut heeft.

De kans op effectiviteit van reclasseringsinterventies groeit, als ze zijn gebaseerd op de cognitief-gedragsmatige aanpak. Dit geldt dus ook voor motiverende interventies. Van motiverende interventies gericht op het vergroten van het gevoel van eigenwaarde of het tonen van empathie is de rechtstreekse effectiviteit voor het verkleinen van recidive niet aangetoond. In diverse (andere) onderzoeken is echter wel aangetoond dat het ontbreken van een elementair gevoel van eigenwaarde de mogelijkheid om het eigen gedrag te veranderen kan blokkeren (Prochaska en DiClemente, 1984). De uitkomsten van dit onderzoek zijn in de Verenigde Staten ook met succes toegepast in een penitentiaire inrichting (Ginsberg, 2002). Met andere woorden: het ontbreken van een gevoel van eigenwaarde kan een negatief effect hebben op de veranderingscompetentie van de cliënten. Daarmee zijn interventies gericht op het vergroten daarvan tenminste indirect effectief. Hetzelfde geldt voor het ontbreken van empathie in de relatie tussen reclasseringswerker en cliënt. Hiervan heeft Trotter (1999) aangetoond dat dit de effectiviteit negatief beïnvloedt.

Bij de behandeling van het thema motiveren tot gedragsverandering beperkt dit boek zich tot benaderingen die effectief zijn gebleken of waarvan het indirecte verband met effectieve interventies aannemelijk is.

12.2 Weerstand als bron van informatie

De term weerstand lijkt vaker te worden gebruikt dan de term motivatie. Weerstand is ook vaak het eerste dat de reclassering tegenkomt. Het beïnvloeden van iemands motivatie begint daarom vaak met een onderzoek naar de soort weerstand die iemand biedt.
Op dit onderzoek van de weerstand gaan we hier wat dieper in.

Weerstand is erop gericht te vermijden wat je niet wilt. In positieve termen vertaald: 'je wilt bereiken dat dit niet gebeurt'. Door weerstand te bieden probeer je pijn te voorkomen, tijd te winnen, autonomie vast te houden of je eigen doel vast te houden. Weerstand is daarmee, anders dan motivatie, vooral reactief. Het treedt op nadat je bent geconfronteerd met een verzoek, een besluit of een verandering die je niet gerealiseerd wilt zien.

Weerstand van cliënten is een belangrijke bron van informatie die de reclasseringswerker kan vertalen en omzetten in doelen van reclasseringsinterventies. Om dit goed te doen zijn de volgende stappen nodig:
- onderzoeken wat de bronnen zijn van de weerstand;
- nagaan of je dit in positieve termen kunt vertalen: wat zegt dit over een doel dat iemand nastreeft;
- nagaan in hoeverre je als reclassering bij dit doel kunt aansluiten;
- nagaan of je de bezwaren kunt omzetten in voorwaarden waaraan de verandering moet voldoen.

Bronnen van weerstand

Waar kan weerstand voor staan? Wat zijn redenen dat mensen blokkades opwerpen, niet doen wat ze wordt gevraagd, schijnbaar altijd maar nooit echt meebewegen, dreigen, niet op afspraken komen, inwerken op het schuldgevoel van de reclasseringswerker in de hoop met rust te worden gelaten? Er zijn tal van bronnen van weerstand bekend. Weerstand kan bijvoorbeeld staan voor:
- onvoldoende informatie over de problemen of over de gevolgen daarvan;
- angst iets bekends te verliezen;
- nog niet toe zijn aan het nieuwe;
- het idee dat de situatie toch niet veranderbaar is;
- het idee dat je zelf niet in staat bent de verandering tot een goed einde te brengen;
- iets niet begrijpen en dat niet durven of willen zeggen;
- iets niet kunnen en het niet durven of willen zeggen;
- te weinig belang hebben bij de gevraagde verandering;
- inperking van handelingsvrijheid voorkomen;
- andere doelen die strijden om voorrang of duidelijk voor gaan.

Er is geen rechtstreekse relatie bekend tussen bepaald gedrag en de bron van weerstand. De reclasseringswerker kan er tijdens de contacten proberen achter te komen waar de weerstand vandaan komt.

Vertalen van weerstand

Weerstand is een positieve kracht. Reacties die zijn gericht op vermijden of overwinnen van de weerstand zoals over de streep 'trekken', de weerstand breken, negeren, iemand moraliserend overtuigen over de noodzaak tot verandering, niets doen en op motivatie wachten, zijn niet effectief. In het kader van het reclasseringscontact is juist het herkennen en onderzoeken van weerstand voor de reclasseringswerker zeer informatief.

Weerstand van cliënten verschaft de reclasseringswerker informatie over wat iemand niet wil, welke doelen hij wel nastreeft en onder welke voorwaarden hij eventueel in beweging is te krijgen. Weerstand kan vertaald worden.

Het vertalen van weerstand in doelen is een vrij simpele interventie. Het is zinvol om hiervan een gewoonte te maken. Want positieve formuleringen bieden aanknopingspunten voor het handelen van de reclasseringswerker. En de cliënt komt hiermee 'op een ander been te staan', namelijk op het been van de wensen en doelen die hij met zijn weerstandsgedrag nastreeft. Dit geeft het gesprek vaak een andere, positieve wending. De opsomming van weerstand geeft aan wat mensen niet willen, maar verwijst naar evenveel dingen die ze wel willen. Bijvoorbeeld:

- meer informatie, onzekerheidsreductie;
- het bekende vasthouden of meer concreet zicht op het nieuwe;
- met rust gelaten worden in de situatie die als onveranderbaar wordt ervaren;
- voorkomen dat (weer eens) blijkt dat hij het niet kan;
- zich willen voordoen als iemand dit het allemaal wel kan;
- zoveel mogelijk autonomie en handelingsvrijheid vasthouden;
- andere doelen blijven nastreven (bijvoorbeeld blijven drinken, mijn vrienden blijven zien).

Aansluiting zoeken bij doelen

Bij de meeste van deze doelen kan de reclassering aansluiting zoeken. Dit kan in de gesprekken met elkaar worden verkend. Het kan expliciet gebeuren: 'Ik begrijp dat je meer informatie nodig hebt. Het zit zo....'. Je kunt ook meer impliciet aansluiten bij de doelen van de cliënt. De reclasseringswerker schat bijvoorbeeld in dat iemand vooral een blokkade opwerpt, omdat hij denkt de verandering niet aan te kunnen. Hij merkt dit in de gesprekken en gooit er af en toe een balletje over op, maar maakt er niet al teveel woorden aan vuil. Hij gaat welbewust over op een sterk handelingsgerichte werkwijze, waarin de cliënt van zijn eigen successen kan leren. En richt zich op het versterken van het gevoel van eigenwaarde door zich te concentreren op de competenties die iemand heeft.

Bezwaren omzetten in voorwaarden

Als duidelijk is waar de weerstand voor staat en wat iemand ermee nastreeft, is het ook mogelijk te bekijken welke bezwaren om te zetten zijn in voorwaarden waaraan een concrete verandering moet voldoen. Een simpel voorbeeld om de techniek te verhelderen: iemand wil niet werken, omdat hij 's nachts slecht slaapt en niet 's ochtends vroeg wil beginnen. Tijdens het gesprek wordt dit duidelijk en de reclasseringswerker bespreekt met de arbeidstoeleider dat deze man, voorlopig, werk zoekt voor de middagen en avonden. Dit werkt uiteraard niet altijd. Soms blijkt bij dergelijke interventies juist dat er steeds nieuwe bezwaren worden geopperd. Dan is er iets anders aan de hand.

In het volgende gespreksfragment komen veel van de besproken interventies samen:

Het toezicht bij deze cliënt loopt ten einde. De reclasseringswerker ziet graag dat hij na afloop in een groep verder gaat. De cliënt voelt veel meer voor individueel. Tijdens het vorige gesprek bleek dit een punt van verschil te zijn. De reclasseringswerker heeft de cliënt erop voorbereid dat hij daar deze keer op terugkomt. Hij begint er halverwege het gesprek over:

Rw: *'Ik wil het nog even over … (behandelinrichting) hebben. De vorige keer hebben we over de groep gepraat. Dat wilde je niet.'*
Cl: *'Nee.'*
Rw: *'Ik heb… gebeld en zij vinden – en ik ook – dat het goed zou zijn als je toch in die groep gaat.'*
Cl: *'Mij lijkt dat niks.'*
Rw: *'Nee? Leg eens uit wat je bezwaar is.'*
Cl: *'Ik wil liever individueel. Dan kan je veel meer je verhaal kwijt. Je krijgt alle aandacht. Het loopt goed. Dat vindt hij ook.'*
Rw: *'Toch vindt ook hij het goed als je in een groep gaat.'*

Er valt nu een lange stilte. Tot nog toe heeft de reclasseringswerker het punt eerst helder op tafel gelegd. Vervolgens neemt hij een duidelijk standpunt in, mede namens de behandelaar. Het kader is helder, de regie van het gesprek ligt bij de reclassering. Hij gaat niet in discussie. Hij vraagt rustig door naar de bezwaren, begint dus de weerstand te onderzoeken. De cliënt doet een beroep op de afwezige behandelaar, de reclassering heeft echter met hem contact gehad en kent zijn standpunt.

Rw: *'Laten we even kijken waar we het wel over eens zijn. Vind jij dat je je hele leven toezicht kunt gebruiken?'*
Cl: *'Ja, dat wel. Maar het is teveel, voor mijn werk, met jou en hem praten en in de groep.'*
Rw: *'Maar straks val ik weg en hij ook. Als je aan het eind van je proeftijd bent en je vrijwillig doorgaat, is de groep het beste. Dat kan lang. Elke maand een keer. Individueel kan niet levenslang doorgaan. Zo'n groep wel.'*

De reclasseringswerker zoekt eerst waar de motivational congruence zit. Als de cliënt hierin meegaat, begint de cliënt concrete bezwaren te noemen. De reclasseringswerker zet die bezwaren in het perspectief van waarover ze het wél samen eens zijn: individueel kan niet levenslang doorgaan.

Cl: *'Ja, als jullie wegvallen dan kan het wel. Een keer per maand kan ik wel vrijvragen. In zo'n groep zie ik meteen wie in de recidive gaat. Dat vind ik niet fijn. Met jou alleen vind ik fijner.'*

>

> *De cliënt oppert nieuwe bezwaren als ze op het eerste punt overeenstemming hebben gevonden.*

Rw: *'Zou het ook niet zo kunnen zijn dat je ervan leert. Het confronteert je met jezelf. Je krijgt meer aandacht individueel, ja, dat is waar, dat is lekkerder. Maar het is de vraag of je er toch geen baat bij hebt. Je weet ook dat je geneigd bent op te zoeken wat je fijn vindt. Weet je nog hoeveel ruzie we hadden over de ...? En je bleek daar toch op je plek te zitten.'*
Cl: *'Ja, ik kon jou wel doodschieten.'*
Rw: *'Ik laat niet zomaar los.'*

De reclasseringswerker brengt het in verband met risicofactoren voor het delict (pedosexuele handelingen) en probeert een beroep te doen op externe motivatie (je kunt leren) voor dit besluit. Tegelijk haalt hij het punt duidelijk binnen de relatie.

Cl: *'Ik wil wel liever individueel.'*
Rw: *'Ik heb met .. gepraat. Aan het einde van de proeftijd zal je vermoedelijk geen individuele begeleiding meer krijgen. We willen je niet onder druk zetten. Je hoeft niet nu al in de groep. Maar wel aan het eind van de proeftijd alvast in de groep.'*
Cl: *'Dan heb ik niks meer, dat is het stomste wat ik kan doen natuurlijk.'*
Rw: *'Jaja, denk er eens over na.'*
Cl: *'Daar hoef ik niet over na te denken.'*
Rw: *'Hoezo niet? Je twijfelt toch?'*
Cl: *'Maar ik luister ook naar jou. Als ik niet meer individueel kan...'*
Rw: *'Denk het toch nog even goed door. We hebben het er de volgende keer weer over.'*

De cliënt komt terug op het beginpunt en de reclassering maakt helder hoe de keuzen liggen. Als de cliënt dan al te snel toegeeft, geeft de reclasseringswerker aan dat hij er nog over moet nadenken. Hij respecteert hiermee de ambivalentie van de cliënt. De volgende paragraaf laat zien dat dit erg belangrijk is voor het motiveren tot verandering.

12.3 Motivatie als besluitvormingsproces: een veranderkundig basismodel

Het onderzoeken en vertalen van weerstand leidt tot meer zicht op datgene wat iemand wel nastreeft. Deze interventies passen goed in een dynamische opvatting van motiveren. In deze paragraaf wordt een basisstrategie voor het motiveren van cliënten tot gedragsverandering geïntroduceerd.

Dit model van Prochaska en DiClemente (1984) ziet motivatie ook als dynamisch, als een kenmerk van interactie en als doelgericht handelen. Prochaska en DiClemente besteden vooral aandacht aan vergroting van de ambivalenties van de cliënt ten opzichte van het gewenste veranderingsdoel en aan de vergroting van het gevoel van eigenwaarde.

De effectiviteit van het model is empirisch onderbouwd voor het motiveren van verslaafden. In Nederland is de benadering in de verslavingszorg, ook bij de verslavingsreclassering, dan ook redelijk gemeengoed aan het worden. In Nederland wordt het model ook toegepast op het motiveren van ouders van kinderen die onder toezicht zijn geplaatst. En onlangs is bekend geworden dat dit model met succes is toegepast in diverse penitentiaire inrichtingen in de Verenigde Staten, Engeland en Canada (Grinsberg, 2002). Hier is het veranderkundige model verder uitgewerkt tot een meer interventiegerichte toepassing, motivational interviewing genoemd.

12.3.1 Uitgangspunten van het model

Het model heeft de volgende uitgangspunten:

- er zijn enkele voorwaarden nodig om gemotiveerd te kunnen zijn tot gedragsverandering;
- motiveren is een cyclisch proces;
- cognitieve dissonantie is nodig om gedragsverandering op gang te krijgen;
- vergroten van ambivalenties is daarom een belangrijke interventie;
- versterken van de handelingscompetentie is een belangrijke interventie;
- directief handelen, maar niet forceren is het devies.

Hieronder worden deze uitgangspunten verder uitgewerkt.

Voorwaarden om gemotiveerd te zijn tot gedragsverandering

Mensen kunnen meer gemotiveerd raken tot gedragsverandering, naarmate er meer aan de volgende basisvoorwaarden is voldaan:

- zij zijn zich voldoende bewust van de aard van het (aanvankelijk vaak alleen door anderen ervaren) probleem;
- zij zijn voldoende bezorgd over het probleem en over de gevolgen ervan;
- zij hebben voldoende vertrouwen dat de situatie veranderbaar is;
- zij hebben voldoende vertrouwen in het eigen vermogen om de situatie te beïnvloeden;
- zij hebben een voldoende gevoel van eigenwaarde (ze vinden zichzelf letterlijk 'de moeite van het veranderen waard').

Het proces van motiveren moet zich dus op deze voorwaarden richten.

Motiveren is een cyclisch proces

Motiveren wordt opgevat als een cyclisch proces. Dit proces verloopt volgens een redelijk voorspelbaar patroon en kent verschillende stadia. Het cyclische karakter betekent dat het proces niet lineair toewerkt naar een stabiel eindpunt. Als iemand alle stadia heeft doorlopen, kan het zomaar gebeuren dat hij weer helemaal opnieuw moet beginnen. Uitval of terugval is in elk stadium mogelijk. Soms is het nodig dat iemand de hele cyclus meerdere malen doorloopt, voordat het nieuwe gedrag is gestabiliseerd. Veel reclasseringswerkers zullen dit herkennen: juist als je denkt dat het beter gaat, als je echt contact had en de cliënt laat echt iets zien, is de kans groot dat het de volgende keer helemaal mis is. Elke werkelijke stap confronteert iemand immers met wat hij aan het doen is, hoe moeilijk het is en hoeveel hij ervoor over moet hebben. In de reclasseringspraktijk gaat het vaak om complexe en veelvoudige situaties, waarin cliënten evenzoveel beslissingen nemen. Daardoor lopen er meestal diverse 'cycli' tegelijk. Iemand kan wel willen meewerken aan de diagnostiek, maar nog niet toe zijn aan de belangrijkste interventie. Iemand kan wel gemotiveerd zijn geraakt voor een baan, maar nog geen wilsbesluit hebben genomen om met de rest mee te doen. Of, andersom, iemand heeft wel besloten te willen veranderen, maar schrikt bij concrete stappen steeds terug.

Cognitieve dissonantie voorwaarde voor gedragsverandering

Cognitieve dissonantie is een voorwaarde tot gedragsverandering. Als bij iemand kennis, gevoelens en gedrag niet met elkaar in overeenstemming zijn, treedt deze cognitieve dissonantie op. Alle mensen, dus niet alleen reclasseringscliënten, vinden dit in het algemeen onaangenaam. Daarom proberen mensen meestal één van die elementen zo te veranderen dat de kennis, de gevoelens en het gedrag weer met elkaar overeenstemmen. Iemand wil weer tevreden worden over zijn gedrag. Hij past daarom óf zijn gevoelens aan, óf zijn gedachten, óf zijn gedrag. Meestal proberen mensen eerst hun gevoelens en gedachten te veranderen en pas als dat niet meer werkt, als men met de rug tegen de muur staat, kijken mensen naar hun gedrag. Voordat je overweegt je gedrag (bijvoorbeeld winkeldiefstal) te veranderen, bagatelliseer je de risico's en de gevolgen (je past je gedachten aan), zeg je dat je beter winkels kunt bestelen dan mensen (je past je normen aan), zeg je dat jongens die dat niet doen mietjes zijn, of dat je wel moet met al je schulden (je past je gevoelens aan). Pas als het onmogelijk is dit vol te houden, komt verandering van gedrag in beeld. Om dit te bereiken is soms een ingreep nodig (je wordt opgepakt), maar dat leidt nog niet automatisch tot een stap in de richting van verandering. Vaak is juist te zien dat mensen de eerste dagen in detentie nog sterker terugvallen op oude gedachten en gevoelens die het gedrag in stand houden. De motiverende interventies van de reclasseringswerker geven dan de doorslag of iemand bereid is een stap te zetten. Hoe sterker de cognitieve dissonantie is, dus hoe groter de spanning tussen het feitelijke gedrag en de gevoelens en gedachten, des te sterker is de reactie. Dus hoe meer iemand zich realiseert dat het 'eigenlijk' niet kan wat hij doet, des te sterker zal hij aanvankelijk zijn gedachten en gevoelens aanpassen: de schuld bij anderen leggen, bagatelliseren, rationaliseren, ontkennen. Daarmee krijg je het paradoxale beeld dat sterk weerstandsgedrag juist kan wijzen op een groeiende motivatie. En daarom is het vergroten van de ambivalentie een centraal doel van de motiveringsstrategie.

Vergroten van ambivalenties is een belangrijke interventie

Motivational interviewing helpt cliënten hun eigen ambivalenties ten aanzien van gedragsverandering te onderzoeken en op te lossen. Zowel aan het wel veranderen als aan het niet veranderen zijn immers voor- en nadelen verbonden. Dit is een bron van ambivalentie: wel of niet meedoen aan de diagnostiek? Wel of niet meewerken aan de rapportage? Wel of niet meedenken over het plan van aanpak? Wel of niet aan een reclasseringsprogramma meedoen? Wel of niet recidiveren? Deze ambivalenties worden 'op scherp' gezet. Als dit goed gebeurt, neemt de kans toe dat de balans doorslaat naar de voordelen van wel meedoen of wel veranderen. Daarbij geholpen door de nadelen van niet meedoen. Met name de overtuigingsstrategie moet hierbij vermeden worden. Hoe meer je zelf aan de plussen trekt, des te meer jaag je je cliënt in de richting van de minnen. Weerstand heeft immers een doel en dient een belang. Ook moraliseren ('je mag niet ambivalent zijn') heeft eerder een averechts effect. Je kunt wel winst- en verliesrekeningen maken met de cliënt. In de penitentiaire inrichtingen in de VS schakelt men hiervoor ook wel twee medegevangenen in: de ene speelt de engel en de andere speelt de duivel. Zij verwoorden beide kanten van de zaak. Waarom doorgaan met het oude? Waarom stoppen? Dit werkt krachtig. Niemand kan zo goed de voor- en nadelen van een delinquent bestaan bedenken als medegevangenen. Reclasseringswerkers kunnen dit ook zelf doen met hun cliënten. Het is daarbij belangrijk dat de voordelen van het oude gedrag net zoveel aandacht krijgen als de voordelen van veranderen. Je kunt een flip-over gebruiken, een weegschaal tekenen of een ander symbool, en samen nagaan wat beide kanten van de balans te zeggen hebben. Als de reclasseringswerker zich strikt houdt aan een reeks uitgangspunten en communicatietechnieken (zie hieronder), kan op deze manier worden bereikt dat de cliënt zelf een innerlijk wilsbesluit neemt om van gedrag te veranderen. Het kan hier ook gaan om een besluit te veranderen om externe redenen.

De reclasseringswerker die de man probeerde te motiveren tot deelname aan een groep was sterk gericht op het vergroten van ambivalenties.

De meest zichtbare manier om ambivalentie te vergroten, is om beide polen expliciet te onderzoeken en de argumenten voor en tegen verandering met elkaar te confronteren. Maar dit is niet de enige manier. Vaak ben je ook bezig met de vergroting van ambivalentie bij een cliënt als je hem confronteert en steunt. Met andere woorden: als je tegelijkertijd zijn bezorgdheid over het probleem vergroot en hem steunt om een oplossing te zoeken. Dit zijn beide voorwaarden om gemotiveerd te raken.

Het volgende fragment gaat over een jongeman die probeert ter vermijden dat hij in begeleid kamer wonen project moet.

Rw: *'Heb je verder nog vragen over het DTC of is het helder?'*

Cl: *'Het is helder ja, alleen heb ik nog een vraag over of ik in V (begeleid kamer wonen) ga of zelf op kamers ga. Als ik in V ga, krijg ik dan extra bijstand voor reiskosten? (de cliënt moet in dat geval heen en weer reizen).'*

Rw: *'Dat kan je proberen,maar als je het niet krijgt dan gaat het toch wel door. Want je wilt zelfstandig wonen. Je denkt dat je daarvoor genoeg financiële ruimte hebt. Ook voor de vaste lasten? Kan je dat opbrengen? Ik denk haast van niet.' Cl geeft een advertentie van een woning en vraagt: 'Is dit nog vrij?'*

Rw: *'Kijk, we hebben afgesproken dat we uitgaan van de realiteit en niet van fantasie. En dan is het duidelijk: dit is niet meer vrij.'*

Cl: *'Ok, ik geef iets wat niet meer kan…'*

>

>

Rw:	*'Ja, dat denk ik wel. Dus we zoeken oplossingen die haalbaar zijn. Wat denk jij dat het beste is?'*
Cl:	*'Bij mijn ouders blijven wonen.'*
Rw:	*'Of V, dat is ook haalbaar. Denk de volgende week nog goed na wat je wilt: thuis of V.'*
Cl:	*'In V zijn ze strenger, daar zijn regels. In het HvB waren regels en nu ik vrijkom zijn er dan opnieuw regels. Dan heb je het gevoel van weer opnieuw regels.'*
Rw:	*'Heb je niet altijd regels? Thuis zijn ook regels en bij het DTC ook.'*
Cl:	*'Ja, maar dan heb ik het gevoel: twee keer regels, bij DTC en V.'*
Rw:	*'Dat heb je ook nodig, daardoor ben je de mist in gegaan. Je kunt het ook zien als een leerpunt...'*

Deze reclasseringswerker is tijdens de rest van het gesprek zeer steunend en structurerend, gericht op het versterken van het gevoel van eigenwaarde en de handelingscompetentie. Ze probeert tegelijk de externe motivatie te versterken. Zij combineert dus effectief een confronterende met een handelingsgerichte en steunende stijl. De confrontaties en de vragende problematiserende interventies hebben hier tot doel om de ambivalentie te vergroten ten opzichte van het DTC. Zij probeert hem te laten zien dat zijn poging het DTC te vermijden bij zijn 'oude gedrag' hoort.

Versterken van de handelingscompetentie

Het veranderkundige model gaat er van uit dat de overtuiging van iemand dat hij niet in staat is de verandering te volbrengen een belangrijke blokkade is om gemotiveerd te raken. De bevindingen van Prochaska en DiClemente hierover lijken op die van aloude onderzoekers als Seligman (1979), die stelde dat iemand in de loop van zijn leven kan hebben geleerd dat het eigen handelen niet succesvol is en dat hij geen invloed heeft. Zo iemand gaat daarop anticiperen: 'het gaat toch zo, ze doen maar'. Deze gedachte leidt tot een houding waarover snel wordt gezegd: 'hij ziet zijn eigen aandeel niet. Anderen hebben het altijd gedaan'. Dergelijke waarnemingen van reclasseringswerkers kloppen, maar het is niet meer dan een feitelijke constatering van een competentie die ontbreekt. Namelijk de competentie zichzelf te zien als een invloed uitoefenende actieve deelnemer aan het sociale verkeer. Moraliserende opmerkingen over het feit dat je toch eigenlijk zelf de verantwoordelijkheid moet nemen, werken hier niet. Motiverende interventies moeten hier onder andere gericht zijn op het versterken van het vertrouwen van de cliënt dat hij succesvol aan verandering kan werken. Het gevoel van eigenwaarde kan met behulp van gesprekstechnieken worden vergroot.

Daarnaast kan een sterk handelingsgerichte benadering aanslaan. Parallel aan de motiverende gesprekken met de vaste begeleider kunnen cliënten daarom kleine taken krijgen, bijvoorbeeld in het kader van reclasseringsprogramma's, die zo zijn gekozen dat de kans op succes maximaal is. Hiermee kan de handelingscompetentie toenemen. Deze handelingsgerichte benadering veronderstelt wel dat er al enige beweging is in de motivatie. Het is overigens niet zo dat het succes van de actie op zichzelf een succeservaring voor de cliënt oplevert. Om dit te bereiken, is het belangrijk dat de reclasseringswerker de behaalde successen duidelijk aan de cliënt toeschrijft. De cliënt moet immers de resultaten van zijn handelingen aan zijn eigen krachtsinspanning gaan verbinden en niet aan de hulpverlener, het toeval of aan geluk. Het toeschrijven van resultaten aan je eigen inspanningen wordt 'interne attributie' genoemd. Deze interne attributie is juist niet sterk ontwikkeld bij mensen die zichzelf zien als een onsuccesvol handelend wezen. Door interne attributie te bevorderen, beïnvloedt en versterkt de reclasseringswerker het zelfbeeld en het gevoel van eigenwaarde van de cliënt. En dat is weer van invloed op de veranderingsbereidheid.

Een voorbeeld met dezelfde cliënt en reclasseringswerker als in het vorige kader. Het gaat om een jongeman van twintig jaar die moeite heeft met het aanbrengen van structuur in zijn leven. Hij heeft schulden. Meteen na binnenkomst ontstaat een 'doe-sfeer'. Als de cliënt begint te praten over zijn schulden zegt de reclasseringswerker: 'ga nu maar meteen een afspraak maken met de GKB'. De cliënt belt zelf de GKB om een afspraak te maken. Als hij ophangt zegt de reclasseringswerker:

Rw: *'Dat ging snel. Complimenten dat je duidelijk je naam noemde en dat je doorvroeg op welke tijden je precies kon komen. De cliënt overhandigt de reclasseringswerker vervolgens een overzicht dat hij heeft gemaakt van zijn schulden.*

Rw: *'Dat heb je goed voor elkaar: de namen van de schuldeisers, het bedrag, alles staat erop, perfect.'*

De reclasseringswerker handelt niet alleen. Hij schrijft het succes toe aan de cliënt zelf en doet dat heel concreet: hij benoemt specifiek welk gedrag zo goed was. Meteen hierna begint de jongen over een brief van een andere bank waar hij rood staat.

Cl: *'Ik maak wel een afspraak als ik thuis ben.'*

Rw: *'Wat mij betreft doe je het meteen. Want je weet, je hebt de neiging uit te stellen. Bel nu maar naar mevrouw X. We zijn toch bezig de zaak flink aan te pakken.' Cl belt weer. Hij verwijst naar de brief, geeft het rekeningnummer en maakt een afspraak voor morgen 10 uur. Ook vraagt hij waar hij moet zijn.*

Rw: *'Je hebt het druk morgen. Heb je een idee of je voor 10 uur of na 10 uur naar de GKB gaat?'*

Cl: *'Ik ga maar voor 10 uur.'*

Een andere techniek die kan bijdragen aan het vergroten van de handelingscompetentie is het vergroten van het bewustzijn van de cliënt van allerlei kleine besluiten die leiden tot het ongewenste gedrag. Op die manier krijgt de cliënt er meer greep op en kan hij er beter de eigen verantwoordelijkheid voor nemen. Aan de uitkomst 'Ik zat ineens in de kroeg' gingen vele kleine besluiten en handelingen vooraf. Je bent op de fiets gestapt. Je besloot die kant op te rijden. Je was je ervan bewust dat je zin had in drank. Je besloot door te fietsen. Je zag X. Je besloot hem aan te spreken in plaats van door te rijden. Je besloot af te stappen bij de kroeg.

Directief maar niet forceren

Het model is directief, maar dat houdt niet in dat motivatie voor gedragsverandering bij de klant wordt geforceerd. Een uitgangspunt is juist dat dit onmogelijk is. Motivatie is niet 'iets' in de persoonlijkheid van de cliënt dat moet worden bevorderd. Het is een *kenmerk van de interactie* tussen cliënt en reclasseringswerker. Ook de tegenpool van motivatie, weerstand bij de klant, wordt gezien als onderdeel van de interactie. De reclasseringswerker is wel directief als hij de ambivalenties die de cliënt naar voren brengt dieper onderzoekt en bij het nemen en uitvoeren van het besluit om te veranderen.
De reclasseringswerker neemt dan een sturende rol op zich.

12.3.2 Stadia in de motiveringscyclus

Motivatie ontwikkelt zich cyclisch in een soort draaideurmodel. Groei en terugval wisselen elkaar af en zijn op elk moment mogelijk. De eerste drie fasen zijn voor het reclasseringswerk het meest cruciaal. In die stadia zijn welbewuste motiverende interventies nodig. Daarom komen die het meest uitvoerig aan bod. Deze eerste stadia zijn aan de orde vanaf het allereerste contact. Dus ook, of zelfs juist, tijdens de diagnostische fase komt het aan op een juiste toepassing van deze principes. Laat je dat na, dan kan dat al snel ten koste gaan van de kwaliteit van de diagnose, en daarmee van de basis van de hele reclasseringsinterventie.

De stadia die Prochaska en DiClemente beschrijven, zijn:

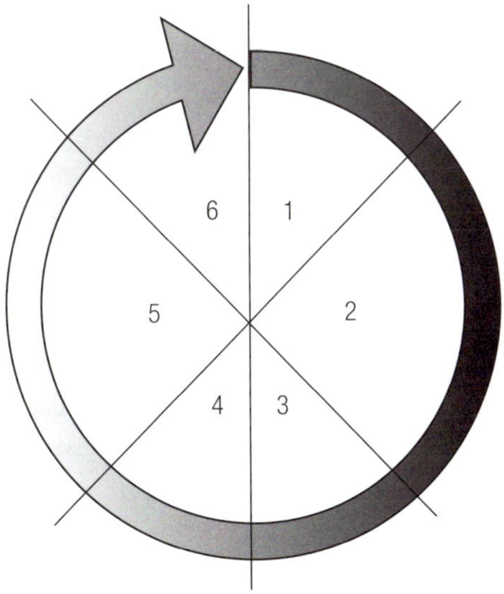

1e: Voorbeschouwing

Kenmerk: De cliënt zegt geen problemen te ervaren. Hij denkt niet na of wil niet nadenken over de problemen, over de gevolgen daarvan of de risico's. Ook niet over zijn wensen en mogelijkheden. Anderen signaleren het wel. De cliënt heeft vaak wel last van de anderen die volgens hem moeten veranderen.

Gedrag: *In discussie gaan met de reclasseringswerker*

De cliënt daagt de expertise, integriteit of waarheidsgetrouwheid van de reclasseringswerker uit door middel van:

- zeggen dat het niet klopt wat de reclasseringswerker zegt;
- de autoriteit en/of expertise van de reclasseringswerker in twijfel te trekken;
- verbale agressie.

Onderbreken van de reclasseringswerker

- er dwars doorheen praten;
- afbreken/afkappen van de reclasseringswerker.

Afwijzen

De cliënt laat merken dat hij niet over problemen wil nadenken of wil meewerken, verantwoordelijkheid wil nemen of naar advies wil luisteren, door middel van:

- anderen de schuld geven;
- het oneens zijn ('ja, maar...');
- zichzelf vrijpleiten, excuses aandragen;
- zeggen dat problemen of gevaren hem niet raken (onkwetsbaarheid);
- minimaliseren, relativeren van problemen en gevaren;
- pessimisme, moedeloze houding;
- aarzelen, twijfelen aan het nut van...;
- weigeren.

Negeren

- niet opletten;
- geen antwoord geven;
- inhoudsloze antwoorden geven of antwoorden die niet passen bij de vraag;
- over iets anders gaan praten.

Blokkades: De overgang naar een volgend stadium wordt belemmerd door:

- weinig vertrouwen dat de situatie veranderbaar is;
- laag zelfbeeld;
- onvoldoende besef van het probleem;
- onvoldoende bezorgdheid over de gevolgen van het probleem.

Interventies: Interventies zijn gericht op het vergroten van probleembesef en bezorgdheid én op vergroten van eigenwaarde. Dus: gericht zijn op confronteren met het probleem, de gevolgen en de ernst ervan. Informeren over wat er kan gebeuren als iemand zo doorgaat, twijfel zaaien, uitingen van ambivalentie versterken. Tegelijk de zelfwaardering versterken. Nagaan wat er wel goed gaat of ging. Deze successen aan de cliënt toeschrijven.

Waarderen van inspanningen. Selectief luisteren en vooral uitingen van zelfwaardering versterken.
Let wel: Een éénzijdige nadruk op alleen vergroten van bezorgdheid of alleen vergroten van zelfwaardering werkt contraproductief. Met alleen confronteren kan de zelfwaardering van iemand onder een kritische grens zakken, waardoor de blokkade versterkt. Je kunt alleen een verandering overwegen als je een minimaal zelfvertrouwen hebt. Met een eenzijdige nadruk op het versterken van zelfwaardering verzwak je de kans op het ontstaan van ambivalentie.

Veel van de in alle hoofdstukken opgevoerde fragmenten staan model voor deze basishouding. Het lijkt ingewikkeld, maar menig reclasseringswerker doet het 'als vanzelf'. De reclasseringswerker die tegen zijn cliënt zei: 'heb je niet altijd regels?' en daar een tijdje op doorging, spoorde de cliënt enkele minuten later aan tot handelen. Daarna complimenteerde hij hem duidelijk en legde uit wat hij goed deed. Deze jongen is net uit detentie en laat zien dat hij zich op een aantal punten in het stadium van de voorbeschouwing bevindt. Hij is wel aan te spreken op een beginnende ambivalentie, maar het heeft nog weinig effect. Het gesprek komt op zijn ouders.

Rw: *'Weet je hoe je moeder het vindt dat je weer thuis woont? En hoe vind jij het? Daar zijn ook afspraken en regels.'*
Cl: *'Daar zijn geen afspraken. Alleen dat ik meld dat ik thuiskom.'*
Rw: *Je moeder heeft me gebeld. Je bent natuurlijk welkom thuis, maar er is ook een risico dat het weer misgaat. Ze heeft het liefst dat je zelfstandig leeft. Daar wil ik het de volgende keer over hebben.'*

De uitwegen die hij verzint, worden tijdens het gesprek allemaal geblokkeerd, waardoor hij een duidelijker beeld krijgt van het probleem. Steeds wordt de blokkade een paar minuten later gevolgd door een steunende of complimenterende opmerking.

Rw: *'We maken een afspraak met je moeder erbij.' Cl kijkt op een papiertje.*
Rw: *'Wat heb je daar allemaal staan? Erg goed dat je alles opschrijft. Ik merk steeds dat je dat heel goed doet. Ook toen je net belde.'*

Een andere reclasseringswerker probeert het probleembesef te vergroten door vanaf het begin heel helder te zijn in het contact:

'Als iemand zegt: 'het kwam door dit of dat', dan zeg ik: 'onzin, dan had je ook naar de hoeren kunnen gaan'. Op álles wat je aandraagt als oorzaak zal ik zo reageren. Je had altijd ook iets anders kunnen kiezen.'

2e: Overpeinzing

Kenmerk: Er is een beginnend idee dat verandering mogelijk is. De cliënt begint hierover te praten met de reclasseringswerker. Hij staat er ambivalent tegenover, de voordelen van 'alles bij het oude houden' ervaart hij nog sterk.

Blokkades: De overgang naar stadium drie wordt belemmerd door:

- angst om voordelen van het oude gedrag te verliezen;
- vrees niet in staat te zijn de benodigde verandering te kunnen bewerkstelligen.

Hierdoor neemt de ambivalentie en de neiging zich vast te houden aan het oude toe. Een toename van probleembesef betekent immers ook dat iemand een 'negatieve' gedachte gaat koesteren over zijn gedrag. Die gedachte is vooralsnog niet welkom, dus hij moet weg. De cliënt gaat de gedachte overschreeuwen, wegduwen, ontkennen, de reclasseringswerker bestrijden, enzovoort.

Interventies: Ambivalentie en cognitieve dissonantie zijn dus een teken dat er een begin is van probleembesef en bezorgdheid. Het is zelfs een voorwaarde voor gedragsverandering. Dit stadium staat in het teken van de vergroting van deze ambivalentie (zie verder onder de kenmerken van het model). Forceren of op een andere manier de weerstand vergroten, is op dit moment fataal.

De reclasseringswerker die zijn cliënt probeerde te motiveren voor een groep creëert welbewust ambivalentie. Hij stelde eerst vast waar zijn motivatie wel ligt. Deze man heeft, zo blijkt uit het gesprek en de andere gegevens, wel een wilsbesluit genomen om te veranderen, maar bij tal van concrete punten valt hij even terug naar het stadium van de overpeinzing. Nadat ze het samen erover eens waren dat hij zijn leven lang toezicht nodig zou hebben, dat hij delictvrij wilde blijven, zette de reclasseringswerker elk bezwaar van de cliënt af tegen dit wilsbesluit. Door hier een beroep op te doen, vergroot hij merkbaar de ambivalentie bij deze concrete beslissing: wel of niet in de groep.

3e: Besluitvorming

Kenmerk: De ambivalentie neigt naar een besluit. Wel of niet meedoen aan de diagnostiek, wel of niet meedoen aan reclasseringsprogramma's. Dit is een kritiek stadium waarin terugval veel voorkomt.

Blokkades: Als in stadium 2. Maar dan sterker. De ambivalentie komt tot een ontknoping.

Interventies: Als in stadium 2.

Aandacht houden voor ambivalentie en de voordelen van verandering goed duidelijk blijven maken. Maar ook het omgekeerde blijven honoreren: de voordelen van handhaven van het oude gedrag en de moeilijkheden van veranderen.

'Eerlijke balansen' hebben een sterker motiverend effect, dan de nadelen van verandering ontkennen of erover moraliseren. De cliënt ondersteunen bij het bepalen wat voor hem de beste strategie is om aan de verandering te werken. In dit stadium kan handelingsgericht werken met kleine opdrachten die tot succes leiden, ondersteunend zijn. Deze vergroten de handelingscompetentie en het idee, invloed te hebben op de omgeving. Denk hierbij wel aan de interne attributie.

4e: Veranderen

Kenmerk: De verandering gaat zich stukje bij beetje voltrekken. De cliënt werkt actief mee bij het in kaart brengen van problemen, kansen en wensen. Hij denkt mee over diagnostiek of interventies (programma's, doelen). Terugval is mogelijk.

Blokkades: Preoccupatie met terugval. De cliënt is vaak sterk gefixeerd op de wens en de vrees om het oude gedrag te vertonen. Gebrek aan vertrouwen in de eigen competentie.

Interventies: Blijven steunen in het zoeken naar de strategie die het beste bij hem past. Terugvalpreventie: honoreren dat veranderen moeilijk is en met horten en stoten gaat. Terugval voorspellen, helpen dit aan te zien komen, aangeven dat het erbij hoort en concrete afspraken maken over wat betrokkene in dat geval kan doen. Hierdoor kan de schaamte erover verminderen. Daarmee kan soms worden voorkomen dat iemand volhardt in de terugval. Blijven koersen op vergroten van handelingscompetenties.

5e: Consolidatie

Kenmerk: Het nieuwe gedrag gaat beklijven.

Blokkades: Als in stadium 4.

Interventies: Als in stadium 4.

6e: Terugval (of definitieve verandering)

Valt iemand terug, dan kan hij worden ondersteund in het proces om opnieuw door te gaan zonder dat hij wordt gedemoraliseerd. De reclasseringswerker beschuldigt of veroordeelt niet. Hierbij past de aantekening dat dit geldt met inachtneming van de verantwoordelijkheid van de reclassering voor risicobeheersing. Een besluit hoe te handelen bij terugval komt langs twee beoordelingslijnen tot stand. De veranderkundige: welke werkwijze en reactie vergroot de kans dat de noodzakelijke verandering uiteindelijk tot stand komt? En de risicobeheersing: welke interventies zijn nodig met het oog hierop? (zie ook hoofdstuk 15).

12.3.3 Interviewtechnieken in het kader van het model

De interviewtechnieken die in het kader van dit model van motivering worden ingezet, noemt men 'motivational interviewing'. Deze technieken zijn gebaseerd op de volgende uitgangspunten:

- motivatie tot verandering komt vanuit de cliënt en wordt niet van buitenaf opgelegd;
- het is de taak van de cliënt en niet van de reclasseringswerker om uitdrukking te geven aan en een oplossing te zoeken voor de eigen ambivalentie;
- proberen iemand te overtuigen is geen effectieve strategie om iemands ambivalentie op te lossen;
- de stijl en de sfeer zijn over het algemeen kalm en uitnodigend van karakter;
- de reclasseringswerker is directief in het bijstaan van de cliënt die de eigen ambivalenties onderzoekt en oplost;
- de reclasseringswerker schept een klimaat van partnerschap.

Bij het toepassen van deze uitgangspunten in de praktijk houdt de reclasseringswerker zich aan de volgende principes:

- wees empathisch (ten opzichte van gewenst gedrag);
- versterk ambivalentie, cognitieve dissonantie;
- vermijd argumenteren;
- beweeg mee met weerstand;
- ondersteun beheersingservaringen, momenten waarop iemand merkt dat hij invloed kan uitoefenen en in staat is te veranderen.

In elk van de zes fasen in het model van gedragsverandering past de reclasseringswerker onderstaande gesprekstechnieken toe.

- *Stel open vragen.* Vuistregel: stel nooit meer dan twee vragen achter elkaar die de cliënt met 'ja' of 'nee' kan beantwoorden.
- *Luister reflectief, vermijd 'roadblocks'* die bij de cliënt de weerstand verhogen. Roadblocks kunnen zijn:
  - Met de cliënt in discussie gaan over verandering: de reclasseringswerker praat alleen over het voordeel van veranderen en probeert de cliënt hiervan te overtuigen.
  - De rol van expert innemen: de reclasseringswerker praat met de cliënt op een toon waaruit blijkt dat 'hij alle antwoorden heeft'. Dit uit zich ook in het stellen van veel gesloten vragen (verhoren) en het de les lezen.
  - Kritiek hebben op de cliënt, hem voor schut zetten of beschuldigen: de reclasseringswerker lijkt de cliënt met een schok tot verandering te willen bewegen door hem zijn eigen negatieve emoties over de status quo te tonen.
  - Een etiket opplakken: de reclasseringswerker gebruikt een bepaald begrip om het gedrag van de cliënt te verklaren (alcoholist, meeloper). De nadruk ligt op wat de cliënt 'is' of 'heeft' in plaats van hoe hij denkt en zich gedraagt.
  - Haast hebben: door tijdgebrek besluit de reclasseringswerker tot een snelle en 'doortastende' aanpak om 'door te dringen' tot de cliënt. Dit verhoogt de weerstand bij de

cliënt zeer sterk. Als de reclasseringswerker daarentegen doet alsof hij nog de hele dag heeft, vermindert dit de weerstand aanzienlijk.
  - Opeisen dat je belangrijker bent: de reclasseringswerker zegt of laat merken dat zijn doelen en zienswijze belangrijker of beter zijn dan die van de cliënt. Dit is de paternalistische houding: 'ik weet wel wat goed voor jou is'.
- *Ondersteun en bevestig* de cliënt.
- *Geef samenvattingen.*
- *Ontlok zelfmotiverende uitspraken* over:
  - zelfwaardering (dit is de belangrijkste uitspraak, de hoeksteen: ik ben in staat en het waard om te veranderen);
  - bezorgdheid over eigen gedrag;
  - competenties/krachten/mogelijkheden;
  - kennis over problemen en oplossingen;
  - verlangen om te veranderen.

12.4 Samenvatting

In dit hoofdstuk staan enkele strategieën die de reclassering kan hanteren bij het motiveren van cliënten tot gedragsverandering. Deze zijn zoveel mogelijk ingebed in bevindingen rond effectiviteit.

Het eerste wat de reclasseringswerker tegenkomt, is de weerstand van cliënten.
Bij weerstand:
- *Onderzoek je eerst de bronnen, de redenen van de weerstand, wat maakt dat iemand iets wil weerstaan? Bijvoorbeeld iemand gaat er vanuit dat hij het niet kan en verzet zich daarom tegen verandering door de boel te vertragen.*
- *Dan vertaal je deze redenen in positieve termen, doelen die de cliënt kennelijk nastreeft. De aangehaalde cliënt streeft met zijn gedrag blijkbaar na dat hij voorkomt dat (weer eens) blijkt dat het niet lukt.*
- *Dan ga je na hoe je als reclassering bij dit doel kunt aansluiten. Je moraliseert niet over wel en niet willen. Maar je probeert een sterk structurerende en handelingsgerichte werkwijze toe te passen, waarin iemand met kleine stapjes kan merken dat er iets mogelijk is.*
- *Indien nodig zet je bezwaren om in voorwaarden, bijvoorbeeld als iemand zegt: 'dit is veel te moeilijk', dan kan je reageren met: 'dus als we iets bedenken dat niet te moeilijk is, dan zou je het willen proberen?'*

Motivering: uitgangspunten van een veranderkundig model
- *Om te willen veranderen zijn enkele voorwaarden nodig: zo moet men zich bewust zijn van de problemen, daar bezorgd over zijn, voldoende vertrouwen hebben dat de situatie veranderbaar is, dat je dat zelf kunt volbrengen, en je moet jezelf genoeg de moeite waard vinden.*
- *Motiveren is cyclisch: het kent voorspelbare stadia en steeds is terugval mogelijk.*
- *Cognitieve dissonantie is nodig om gemotiveerd te raken tot verandering.*

- *Vergroten van ambivalenties is daarom belangrijk.*
- *Evenals het versterken van de handelingscompetentie.*

Stadia in de motiveringscyclus

1 *Voorbeschouwing: men ervaart geen problemen, anderen zien het wel. De overgang naar stadium 2 wordt belemmerd door te laag (zelf) vertrouwen in de veranderbaarheid, onvoldoende besef van en bezorgdheid over de problemen. De reclasseringswerker richt zich op het vergroten van bekendheid en bezorgdheid over de problemen en op het vergroten van het gevoel van eigenwaarde.*

2 *Overpeinzing: er is een beginnend idee dat verandering mogelijk is. Beginnende ambivalentie. De overgang naar stadium 3 wordt vooral belemmerd door angst om de voordelen van het oude gedrag te verliezen en de vrees niet in staat te zijn de verandering te volbrengen. Ambivalentie neemt toe, soms is daardoor tijdelijk toename van verzet. De reclasseringswerker richt zich op de explicitering en de versterking van deze ambivalentie.*

Niet teveel pushen, ook rustige aandacht voor de voordelen van oud gedrag. Aandacht voor de handelingscompetentie, dus handelingsgericht werken, taakjes, stapjes, meer doen dan praten.

3 *Besluitvorming: de cliënt neigt naar een besluit. De ambivalentie komt tot een ontknoping: wel of niet meedoen met de reclassering, wel of niet deze concrete gedragsverandering. Dit is een kritiek stadium met veel terugval! Belemmeringen voor overgang naar stadium 4: als in vorig stadium. De reclasseringswerker handelt als in stadium 2.*

4 *Veranderen: de cliënt gaat stap voor stap veranderen. Terugval is mogelijk. Blokkade om het vol te houden: preoccupatie met terugval en weinig vertrouwen in de eigen handelingscompetentie. De reclasseringswerker heeft veel aandacht voor het versterken van deze handelingscompetentie (denk aan interne attributie!) en voor de manier van veranderen die het beste past. Ook terugvalpreventie (dit voorspellen, overdenken, en afspraken maken over wat dan te doen) is een belangrijk aandachtspunt.*

5 *Consolidatie of 6 terugval: iemand houdt de verandering vol. De preoccupatie met terugval blijft een tijdlang bestaan. Of iemand valt terug naar een ander stadium. De reclasseringswerker handelt dan zoals bij dat stadium past en realiseert zich dat terugval erbij hoort (ook om zijn eigen motivatie op peil te houden).*

Hoofdstuk 13

Normeren als bestanddeel van methodisch handelen

13.1 Inleiding

Een steeds terugkerend onderwerp van discussie is de vraag of de reclassering een normerende organisatie is, of zij dit kan en mag zijn. En als dat zo is, hoe dat inhoud en vorm krijgt.

Effectieve interventies worden uitgevoerd door effectieve reclasseringswerkers. Een kenmerk van effectieve reclasseringswerkers is dat ze een geschikt pro-sociaal rolmodel zijn. Ook Trotter geeft het belang van een 'pro-sociale benadering' aan. Dit betekent dat zij 'het goede voorbeeld geven' en dat zij een aantal waarden en normen uitdragen. Dit impliceert ook dat effectieve reclasseringswerkers normatieve uitspraken doen en/of zich normerend gedragen. Er is een groep reclasseringswerkers die voor deze pro-sociale benadering goed model kunnen staan. Ze doen dit vanzelfsprekend, het lijkt in hun persoon te zijn ingebakken. Aan de andere kant zijn er reclasseringswerkers die 'niet moraliseren' juist een belangrijk methodisch uitgangspunt vinden. Het is effectief in de dagelijkse praktijk en nodig om contact op te bouwen. De termen moraliseren en normeren lijken hier door elkaar te lopen. In dit hoofdstuk worden ze onderscheiden.

Het is bekend dat professionals, ook reclasseringswerkers, die zeggen dat zij niet normeren of dat niet willen, zich desondanks in veel situaties normerend *gedragen.* Dit is vanzelfsprekend. Ook professioneel handelen wordt maar ten dele gestuurd door bewust en rationeel handelen. Met normeren is het zoals met macht: zolang je niet accepteert dat het in de reclasseringsfunctie is ingebakken, kan je er niet precies en methodisch over nadenken. Zolang je niet accepteert dat het gebeurt, kan je gaan normeren 'met een slecht geweten' en dus niet overtuigend. Of je doet het niét waar het wel goed zou zijn. Of te hard om je eigen morele twijfel te overtroeven. Daarom gaat dit hoofdstuk over normeren als een van de bestanddelen van de reclasseringsmethodiek.

13.2 Normeren, waar hebben we het over?

Algemene definitie van een norm:
Een norm is: een regel, een richtlijn, de toestand die voor een bepaalde categorie van personen normaal is of waarnaar zij zich kunnen of moeten richten.
Normatief is: een norm bevattend of een norm stellend.
Normeren is: een norm vaststellen.

Normeren is niet hetzelfde als moraliseren. Vaak wordt dit door elkaar gehaald. Normeren is de norm vaststellen. Normeren is een proces waarbij de reclasseringswerker probeert het gat te dichten tussen het perspectief van de cliënt en het maatschappelijke perspectief. 'Wij zijn aan het normeren' wil zoveel zeggen als 'we zijn aan het bespreken naar welke regels de cliënt zich in deze situatie zou moeten richten'. Hierbij zijn verschillende beïnvloedingsstrategieën denkbaar. Moraliseren is één van deze strategieën. Moraliseren wil zeggen dat je eenzijdig je eigen morele opvatting over de ander uitstort: 'jij zit fout en ik vertel jou waarom en hoe het wel moet'. Je kunt in bepaalde situaties bewust kiezen voor de strategie van moraliseren: 'tegen de cliënt aanpraten om hem ervan te doordringen dat hij fout zit, dat hij zich moet richten naar de regel die ik benoem'.

'Ik zeg wel: als jij iets wilt veranderen in je leven, dan zul je ook eens moeten denken aan hoe je je opstelt, over de grove taal die je gebruikt, dat je zo onderuit gezakt niet wordt aangenomen voor een sollicitatie.'

Maar moraliseren is slechts een van de mogelijkheden. Normeren is een omvattender begrip. In de volgende paragrafen wordt het begrip normeren in deze brede zin opgevat.

13.3 Normeren: vier niveaus

In het denken over normeren is er vaak sprake van niveauverwarring. We onderscheiden hier (tenminste) vier niveaus.

- Is de reclassering *een organisatie* met een normerende functie in de samenleving?
- Zo ja, op *welke terreinen* en met betrekking tot welke onderwerpen heeft de reclassering een normerende rol? Met andere woorden: wat is de reikwijdte van het normerende optreden? Bijvoorbeeld alleen het delict en delictgerelateerde terreinen? Of ook andere onderwerpen?
- Heeft *de reclasseringswerker* een normerende rol ten opzichte van de individuele cliënt?
- Zo ja, *hoe doet* hij dat? Hoe kan de reclasseringswerker deze rol methodisch het meest effectief inzetten?

13.4 De reclassering als normerende organisatie

De eerste vraag is of de reclassering als organisatie een normerende rol heeft. Maatschappelijk gezien kun je niet om de constatering heen dat dit zo is. In literatuur, interne notities, interviews en observaties wordt dit beeld bevestigd.

'De mission statement van de reclassering is tweeledig: voorkomen dat delictplegers recidiveren, en een veilige maatschappij. De uitgangspunten voor vervulling van deze mission statement

zijn dat een delictpleger moreel verantwoordelijk gehouden kan worden voor zijn eigen gedrag en dat hij kan leren zijn gedrag te veranderen. Althans zijn delictgedrag. De criminaliteit waar de reclassering mee te maken krijgt, bestaat, ongeacht de maatschappelijke dimensie ervan, uiteindelijk gewoon uit personen die delicten plegen. Dat zijn veelal mensen die zich – om welke reden dan ook – niet houden aan de regels van die maatschappij. De reclassering betrekt delictplegers weer bij de maatschappij en haar regels, en brengt hen ertoe geen nieuwe delicten te plegen. Daar hebben zowel de samenleving als de delictpleger baat bij.' (interne notitie RN Friele, Poort, 2003).

Vergelijking van deze mission statement met de definitie van normeren hierboven leidt tot de conclusie dat dit een normerende mission statement is. De reclassering wil de delictplegers zodanig beïnvloeden dat zij zich houden aan de maatschappelijke regels.

Maar daarmee is niet alles duidelijk. Er moet verder worden genuanceerd. Want over welke maatschappelijke regels gaat het? De nuancering zit hem vooral in de vraag 'op welke domeinen kan de reclassering normerend optreden?'.

13.4.1 Op welke domeinen normeren?

De vraag 'op welke domeinen kan de reclassering normerend optreden?', leidt tot een tweede vraag: 'tot welke domeinen strekt deze normerende rol zich uit?'. De normerende rol geldt voor de volgende domeinen:

Delictgedrag is aanleiding

Het delictgedrag waarvoor de cliënt in aanraking kwam met justitie en dus met de reclassering is de aanleiding. Op dit domein maakt de reclassering duidelijk voor welke normen zijzelf staat en dat zij delicten afwijst. Zij moedigt het gewenste gedrag aan. Een reclasseringswerker over de noodzaak tot normeren:

> *'Het is hypocriet om niet te benoemen of te bagatelliseren wat er is gebeurd en welk delict de cliënt heeft gepleegd. Je bent er als reclasseringswerker namens de gemeenschap. 'Ik kom om met u te kijken wat er nodig is om te voorkomen dat het weer gebeurt.' Dat is je taak, daarvoor word je betaald. Niet net doen of het delict er niet is, of dat het eigenlijk niet zo erg was, of meteen doorschieten naar de akelige jeugd van de cliënt. Reclasseringswerkers staan niet buiten de wet. Je kunt als reclasseringswerker niet zeggen: 'wat deze cliënt heeft gedaan, is eigenlijk niet zo erg', of 'het is wel te begrijpen'. Deze samenleving kan alleen functioneren bij de gratie van het accepteren van een aantal centrale ethische principes.'*

Ander wetsovertredend gedrag

Ook over ander wetsovertredend gedrag maakt de reclassering duidelijk voor welke normen zij staat en dat zij wetsovertreding afwijst. Gewenst gedrag moedigt zij aan. Dit geldt in ieder geval voor gedrag dat in verband is te brengen met het centrale delict. Dat is meestal het geval: wetsovertreding heeft altijd te maken met het overschrijden van grenzen. Cliënten van de reclassering komen in de problemen in verband met dit grensoverschrijdende gedrag. Daarom is het van methodisch belang voor deze specifieke doelgroep allerlei vormen van grensoverschrijding serieus te nemen en er niet te makkelijk over te doen. Dit gegeven legitimeert een normerend optreden van de reclassering. Ook bij wetsovertredingen die in maatschappelijke zin meer algemeen zijn aanvaard, zoals een zwartwerkende schoonmaakhulp.

Ander gedrag

Het gaat hier om gedrag dat de dynamische criminogene factoren negatief beïnvloedt. Welk gedrag dit is, verschilt per cliënt, bijvoorbeeld weer gaan drinken, niet solliciteren, je ouders opzoeken tegen de uitdrukkelijke afspraak in. Als het plan van aanpak goed in elkaar zit, zijn de voorwaarden, de aanwijzingen én de begeleidingsdoelen afgestemd op deze dynamische criminogene factoren. Dat geeft je een duidelijke grond om normerend te opereren.

Grensoverschrijdend gedrag

Over bedreiging, agressie, pogingen tot chantage en dergelijke, treedt de reclassering altijd normerend op. Het gaat ook hier altijd over het grensoverschrijdende gedrag waardoor cliënten in de problemen komen. Bovendien gaat het hier over het vaststellen van en vasthouden aan de basisregels voor het reclasseringscontact. De organisatie accepteert geen bedreiging, chantage en agressie ten opzichte van haar personeel. De organisatie geeft hierdoor ook vorm aan het veiligheidsbeleid. Reclasseringswerkers moeten weten dat zij effectief worden gesteund en beschermd door de eigen organisatie als zij eens in de problemen komen met een cliënt. Dat ondersteunt hen weer in hun taak normerend op te treden bij cliënten die dit gedrag vertonen.

13.4.2 Normeren buiten deze domeinen

Helderheid over de domeinen waarbinnen de reclassering als instituut een normerende functie heeft, kan voor de reclasseringswerkers enig houvast bieden. Op grond hiervan kan men zich explicieter afvragen: 'gaat het om gedrag dat valt onder deze domeinen?'. In dat geval kan de reclasseringswerker normerend optreden op grond van de normerende functie van de reclassering. Valt het daar niet onder? Dan hoef je niet uit te sluiten dat je wel normeert. Maar dan doe je het op grond van andere overwegingen. Het gaat dan vaak om vragen als: 'hoe reageer ik op racistische uitspraken?', 'op een rommelig huis?', 'op te laat komen?', 'op een petje dat opblijft tijdens het gesprek?', 'op onverschillig gedrag?'. En hoe normerend ben ik – al dan niet bewust – ten opzichte van gedrag dat in andere culturen dan de mijne algemeen is geaccepteerd, maar mij vreemd voorkomt? Diverse mensen gaven tijdens de interviews aan dat het goed is, als de reclassering een (klein) aantal basiswaarden en normen zou verduidelijken. Daaraan kunnen de reclasseringswerkers zich dan collectief houden en hun cliënten op aanspreken.

'Ik vind dat een belangrijk deel van mijn taak is om mensen andere normen bij te brengen, om mee te helpen aan het herwaarderen van normen, zeg maar. Ja, natuurlijk heeft de reclasseringswerker een normatieve opdracht. Dat ze niet een vrouw van 83 op straat uitmaken voor oud lijk. Dat ze hun baas geen grote bek moeten geven. Dat ze dan niet raar moeten opkijken als ze ontslagen worden. En dat ze het niet raar moeten vinden, dat als ze dat een paar keer hebben gedaan men ze nergens meer moet. En dat dit in hun land van herkomst al helemaal niet gepikt wordt. Je moet als reclasseringswerker de krant lezen. Waarom? Je moet de normen toch ergens vandaan halen. Je kunt niet je particuliere gedachtegoed op de cliënt loslaten. Het mag niet zo zijn dat je eigen normen en waarden alleen maatgevend zijn. Dat kan echt niet. Want hoe ben je zelf groot geworden? Veel reclasseringswerkers zijn toch tamelijk beschermd. En hier word je met geteisem geconfronteerd. Die leven in een andere wereld. Daar heb je meer voor nodig dan alleen je eigen normen. Hoe toets je die? Wat is voor onze klantengroep een goed stel normen? Hoe wordt daar maatschappelijk over gedacht? Daar moet je met elkaar over praten. Je moet daar eigenlijk als reclassering standaardregels voor hebben. Je krijgt hier mensen in allerlei soorten en maten. Soms iemand van de Vikingjeugd, zo'n extreem rechtse groep, dan weer mensen van de milieubeweging die als protest tegen de Betuwelijn hun voeten in beton hebben vastgezet. Wat voor normen hanteer je dan? Alleen die van jezelf? Dat kan toch niet. Daarom zeg ik ook: reclasseringswerkers moeten de krant lezen. En tv kijken. Naar van alles. Dat je een beeld krijgt dat breder is, dan dat van jezelf.'

13.4.3 Normeren versus aangeven

Er is een onderscheid tussen normerend optreden in het contact met de cliënt en iemand aangeven voor het overtreden van de wet. Normerend optreden in het kader van het reclasseringscontact is iets anders. Het betekent dat een cliënt wordt geconfronteerd met het feit dat hij een norm overschrijdt. Dat hoeft niet meteen te betekenen dat je iemand afrapporteert of een uitkeringsfraude actief meldt bij sociale zaken.

13.5 De reclasseringswerker en zijn normerende taak

De reclassering als organisatie heeft dus een normerende rol. Dat brengt ons op onze derde vraag van dit hoofdstuk: 'heeft de individuele reclasseringswerker een normerende rol ten opzichte van zijn individuele cliënt?'. Gezien het antwoord op de eerste twee vragen, is het ondenkbaar dat dit niet ook voor de reclasseringswerkers geldt. Zij voeren het reclasseringsbeleid uit en zij werken mee aan het herwaarderen van normen. Toch wordt de vraag of je wel 'mag' normeren regelmatig gesteld. Daarom eerst een paragraaf over deze kwestie.

13.5.1 Ondergronds normeren

Er zijn reclasseringswerkers die zich op het standpunt stellen dat het niet goed is de cliënt normerend te benaderen. Dit getuigt volgens hen van onvoldoende respect voor de cliënt en voor de verantwoordelijkheid die de cliënt zelf heeft voor zijn leven.

Dit standpunt gaat ervan uit dat normeren altijd alleen een bewuste methodische interventie is. Deze stelling is echter onhoudbaar.

Je kunt niet 'niet normeren'

Het allereerste axioma uit de systeemtheorie (Watzlawick, Palo Alto, 1970) is dat het onmogelijk is om niet te communiceren. Hoe je ook je best doet om je eigen normerende standpunten buiten de communicatie te houden, iets daarvan zal altijd een rol spelen in het contact. Volgens dezelfde systeemtheorie heeft elke boodschap een inhoudsaspect en een betrekkingsaspect. Door middel van de 'betrekkingsboodschap' communiceer je hoe je jezelf ziet, hoe je de ander ziet en wat je van de ander wilt. Wie zegt 'hou daarmee op', zegt hetzelfde als degene die zegt 'zou je dat nou wel doen?'. Beiden willen dat de ander ermee ophoudt. Zij zeggen dus hetzelfde, maar ze zien de relatie waarin zij dit zeggen verschillend.
De eerste denkt 'onze relatie is zo, dat ik dit gewoon rechtstreeks kan zeggen'. De tweede denkt 'onze relatie is zo, dat ik het beter indirect en vragend kan doen'. De tweede uitspraak 'zou je dat nou wel doen', is niet minder normerend dan de eerste. Het klinkt misschien neutraler en je laat misschien de ruimte aan de ander om te beslissen. De opmerking 'zullen we eens nagaan welke voor- en nadelen dit gedrag voor jou heeft?' is ook niet normvrij, evenmin als alleen maar bedenkelijk of neutraal kijken.

Ondergronds normeren is niet effectief

Een goed verstaander hoort goed wat je niet zegt, maar wel vindt. Door het niet expliciet te maken, blijft het verborgen. De normering gaat ondergronds en is daarmee onbespreekbaar en oncontroleerbaar geworden. De normerende invloed die de reclasseringswerker op de cliënt probeert uit te oefenen (stiekem, want het mag niet van jezelf) is op deze manier niet werkzaam en effectief te maken. En de cliënt kan er minder expliciet van leren. Een slimme cliënt 'speelt het spel mee' en kan langs heikele vragen laveren.

Rw:	*'Dus je rijdt niet meer met de scooter? Want dat is riskant zonder papieren en zo.'*
Cl:	*'Nou, ik ben tot nu toe nog nooit aangehouden.'*
Rw:	*'Tot nu toe niet nee.'*
Cl:	*'Ja, waarom zouden ze je aanhouden? En als er controle is, dan zie je dat aankomen. Ik heb speciaal een bril daarom, dan kan ik dat van verre zien. Ik kan wel helemaal tot die lamp (wijst) kijken nou. En zonder bril (zet hem af) niet.'*

Ruimte voor misverstanden

Grote delen van dit spel gaan via het non-verbale kanaal. Als deze twee kanalen tegenstrijdige informatie uitzenden, zijn mensen geneigd het non-verbale kanaal te geloven. Als wat je zegt niet klopt met wat je laat zien, dan gelooft de cliënt eerder wat hij ziet of wat hij hoort in de toon. Het probleem hiermee is dat non-verbale signalen en betrekkingsboodschappen voor vele interpretaties vatbaar zijn. Dus hoe meer een reclasseringswerker zijn eigen normen en zijn normerende gedrag 'ondergronds' houdt, omdat hij 'eigenlijk' vindt dat hij het niet hoort te doen, des te groter is de kans op misverstanden in het contact. Impliciet normeren kan de weerstand vergroten of iemand vasthouden in een bepaalde fase van de motiveringscyclus.

Normeren is onontkoombaar

Een reclasseringswerker ontkomt er niet aan zich normerend op te stellen. Door het expliciet en openlijk te doen, is het een punt van bespreking. Reclasseringswerker en cliënt kunnen dan met elkaar in gesprek over de rechtmatigheid en het nut van deze opstelling. Het vergroot de congruentie van de reclasseringswerker – wat je zegt is in overeenstemming met wat je laat zien – en het verkleint de kans op misverstanden.

> *Een reclasseringswerker: 'Ik zeg dit soort dingen openlijk. Hij moet weten dat ik er zo over denk. Alleen op die manier kan ik met hem verder. Ik weet ook dat het anders op een andere manier te merken is hoe ik erover denk (onderhuids). Ik zeg ook altijd: 'ik jok niet tegen jou, jij niet tegen mij, we zeggen hier alles tegen elkaar, we draaien er niet omheen'.'*

Dit alles wil niet zeggen dat een indirecte houding of een neutrale vraag als 'zullen we de voor- en nadelen eens bekijken?' fout is. Integendeel, dergelijke interventies kunnen om diverse redenen heel belangrijk zijn (zie hoofdstuk 11 en 12). Het gaat er hier om dat de reclasseringswerker zich expliciet bewust moet zijn van het normerende karakter van dergelijke uitspraken. Hij kan op grond van allerlei factoren kiezen voor een laverende, indirecte of neutrale stijl. Dit kan afhangen van de cliënt, de situatie, de gebeurtenis, de fase in de motiveringscyclus en de persoonlijke kwaliteiten van de reclasseringswerker. Maar hij kan niét voor deze strategie kiezen, omdat hij denkt dat hij hiermee niet normeert.

Dit brengt ons bij de vierde vraag van dit hoofdstuk: Hoe kan de reclasseringswerker dit doen? Welke interventies zijn mogelijk? In de volgende subparagrafen staan hiervoor aanknopingspunten aan de hand van de volgende thema's:

- de reclasseringswerker als bemiddelaar in tweerichtingsverkeer;
- het drie-werelden-model om na te gaan of het wel een norm betreft;
- de reclasseringswerker als pro-sociaal rolmodel.

13.5.2 De reclasseringswerker als bemiddelaar

Een uitgangspunt voor normerend handelen is dat het altijd gaat om tweerichtingsverkeer. Normerende interventies zijn alleen effectief als ze rekening houden met het tweezijdige spanningsveld tussen twee mensen die elk normerend zijn ten opzichte van de ander.

Een reclasseringswerker die normeert moet een verschil overbruggen: het gat tussen het cliëntperspectief en het maatschappelijk perspectief. De cliënt heeft een aantal normen die afwijken van de maatschappelijke normen. Hij houdt zich niet aan de wet. De vraag is hoe dat gat gedicht kan worden. De reclasseringswerker heeft hierbij een 'bemiddelaarsrol'. Hij probeert de perspectieven van cliënt en maatschappij met elkaar te verenigen. Het is niet altijd simpel om vanuit beide perspectieven te werken, maar dit vormt niettemin het hart van het reclasseringswerk.

Een reclasseringswerker verwoordt de complexiteit hiervan duidelijk: 'Er is een gigantische druk vanuit de media. Ingezonden brieven waarin de lezers 'schreeuwen' om maatregelen. Wij moeten maar zien hoe de cliënt daar zonder extra kleerscheuren vanaf komt. Laatst bijvoorbeeld een man die buiten op het plein voor de kerk voor de hele kerkgemeenschap moest vertellen wat hij had gedaan en dat hij er zo'n spijt van had. Die kan daar dus niet meer wonen. Mensen willen niet dat een pedofiel bij hen in de buurt woont. Mensen vertrouwen niet meer op de sociale controle. Vroeger woonde iemand in de buurt, de mensen waarschuwden hun kinderen en hielden het wat in de gaten. Nu moet zo iemand weg. Je moet als reclasseringswerker oppassen met hoe je zo'n zaak aanpakt. Voor je het weet, dient een burger een klacht in. Vroeger waren we daarin ook wel te makkelijk: wij waren puur dadergericht, zonder ons erg om het slachtoffer te bekommeren. Dus vroegen we te snel om schorsing. Tegenwoordig denk je 'laat die eerst maar eens even brommen', vanwege de maatschappelijke veiligheid.'

Een reclasseringswerker die een normerende interventie wil inzetten, moet zich dus realiseren dat beiden proberen de ander te overtuigen van de eigen opvatting. Mensen leggen elk een eigen claim op de interpretatie van de situatie. In welke mate een claim gehonoreerd wordt en de situatie kan gaan bepalen, hangt af van de kracht van de claim. En ook of er andere claims werkzaam zijn binnen de situatie.
Simon (1994) werkt deze tweezijdigheid van het normeren verder uit. De reclasseringswerker die normeert, oefent volgens hem een bepaald soort macht uit. Macht die opvoedt, binnenhaalt en beloont, macht die inwerkt op de mentale voorstellingen van de cliënt. De cliënt leert zijn probleem met andere ogen te zien. Met de ogen van de reclasseringswerker. Er vindt overdracht van waarden plaats. Inzet is dat de cliënt zich deze waarden eigen maakt en zich erdoor laat leiden. Het gaat hier om de macht van gedragsnormering. De cliënt die normeert komt met verwachtingen, eisen en belangen. Hij zal proberen de reclassering een andere kijk op de situatie te laten ontwikkelen. Het is belangrijk om verbinding te zoeken met de perspectieven en de doelen van de cliënt. Dit geldt ook voor diens normen. Als een reclasseringswerker de normen van de cliënt en het normerende gedrag ten opzichte van de reclasseringswerker buiten beeld laat, zal hij sneller geneigd zijn gedragingen of opvattingen die niet stroken met die van hemzelf te beschouwen als verzet, weerstand of onbegrip. Met andere woorden: hij interpreteert de situatie niet precies genoeg en dit leidt tot niet passende interventies. Bij culturen, waarden en normen die niet overeenkomen met die van de reclasseringswerker is het nog belangrijker dat hij zich dit goed realiseert. Dus beide partijen proberen de ander te beïnvloeden. Maar er zijn wel machtsverschillen. Daarmee is de claim van de reclassering op de interpretatie van de situatie sterker.

Veel reclasseringswerkers verwoorden hun normen helder. En niet alleen om te normeren namens de samenleving. Zij zijn zich goed bewust van de tweezijdigheid van de situatie en van hun rol als bemiddelaar. De reclasseringswerker onderzoekt het cliëntperspectief en het maatschappelijk perspectief. Hoe kijkt de cliënt tegen de wereld aan? Vanuit welke normen beoordeelt de cliënt situaties? Hoe rechtvaardigt de cliënt zijn eigen gedrag? Maar ook: 'hoe richt deze cliënt schade aan, hoeveel, aan wie?'. Vervolgens probeert de reclasseringswerker bruggen te slaan.

Deze rol is door een reclasseringswerker aldus treffend verwoord: Bij zedendelinquenten: 'Ik geef ze bij de eerste kennismaking een hand en zeg meteen: 'ik reageer op twee manieren, als reclasseringswerker en als moeder van een dochter. Als moeder vind ik dat je van je dochter moet afblijven. Als reclasseringswerker ga ik professioneel met je werken. Je hebt je straf uitgezeten en je hebt berouw. Daarom kunnen we samen gaan zoeken hoe je verder kunt leven. En ons eerste doel is dat je kinderen verder onaangetast blijven'.
Cliënten reageren hier goed op. Ze weten toch wel dat iedereen er 'eigenlijk' zo over denkt. Het is ook veilig en betrouwbaar om het dan maar meteen gezegd te hebben. Ik vind dat de reclassering een plek moet zijn waar de cliënten zich kunnen manifesteren als mens, waar ze leren door te leven met hun geweten. Waar mensen wél zeggen wat ze verder verzwijgen, maar wel denken.
Daarna zeg ik dan bijvoorbeeld: 'Nu heb ik gezegd wat ik ervan vind, ik haal even koffie, en dan ben jij aan de beurt, dan kan jij zeggen wat je hiervan vindt'.'

13.5.3 Drie werelden: gaat het hier wel om een norm?

Soms wijst bepaald gedrag op een norm, en op een poging deze norm geldig te maken in de interactie met de reclassering. Bijvoorbeeld: een cliënt probeert de norm 'ik kan rustig een kwartiertje te laat komen' geldig te maken in het reclasseringscontact. Soms beschouwen we echter iets als een norm terwijl het om iets heel anders gaat. Bij een effectieve normerende interventie stel je daarom eerst de vraag of het hier wel gaat over een norm.

Om dit uit te werken kan het drie-werelden-model van G. van der Laan (TvA, 2001-4) een handvat bieden. In het model wordt een onderscheid gemaakt tussen:

- De wereld van de feiten: is het waar?
- De wereld van de normen: geldt deze norm hier?
- De wereld van de expressies: wat betekent dit voor mij persoonlijk?

Normen versus feiten

Wie zijn eigen normerend optreden analyseert, komt vaak tot de slotsom dat hij normerend doet over iets wat gewoon 'het geval' is. Reclasseringswerkers zeggen bijvoorbeeld 'hij kan totaal niet met geld omgaan', of 'zij komt nooit op tijd'. Dergelijke verzuchtingen zijn vaak normerend bedoeld, al dan niet bewust. Nadere analyse leert echter dat het hier veel vaker gaat om het constateren van feiten. Iemand heeft niet de vaardigheid om met geld om te gaan. Iemand heeft geen enkel belang bij het structureren van tijd, houdt de tijd dus niet in de gaten en mist dus het vermogen steeds op tijd te komen. Vaak gaat het om competenties, vaardigheden of het ontbreken van een belang dat iemand ertoe kan bewegen bepaald gedrag te vertonen. Benader je dit gedrag dan uitsluitend normerend, dan sla je de plank mis. Ook voor de verzuchting 'hij is niet gemotiveerd' gaat iets dergelijks vaak op.

Normen versus expressies

Naast normen versus feiten is er de vermenging met de wereld van de expressies. Hier gaat het om de uitdrukking van de persoonlijke gevoelens en de manier waarop je dit doet. Iedereen heeft zijn eigen allergieën: specifieke gedragingen waar je niet goed tegen kunt, waar je je standaard aan irriteert, waarvan je 'op tilt slaat'. De professionele reclasseringswerker kent deze allergieën van zichzelf en weet wat hij eraan kan doen. Maar niemand komt er helemaal van af. Dat hoeft ook niet. Je kunt immers ook meer over je cliënt te weten komen door je eigen reacties op te merken en te analyseren. Wat echter vaak gebeurt, is dat de eigen irritaties worden aangezien voor normen. Je gaat normeren over iets wat niet thuishoort in de wereld van de normen, maar in de wereld van je eigen persoonlijke expressies. Je ergert je aan bepaalde uitingen van passief gedrag. Dat hoeft echter niet altijd in relatie te staan tot het delict. Het is evenmin grensoverschrijdend gedrag te noemen. Behandel het in dat geval ook als een persoonlijke ergernis en niet als een norm.

Normeren: alleen de wereld van de normen

Op deze manier kan de reclasseringswerker lastige situaties analyseren. Het kan je behoeden voor normeren op een te breed domein. Mensen hebben de neiging om de wereld van de normen groot te maken. Het komt meer voor dat wij een feit of een expressie ten onrechte als een norm opvatten, dan omgekeerd. Hierdoor loop je de kans dat je iemand normerend aanspreekt op een competentiegebrek, waardoor de weerstand tegen verandering toeneemt. Bijvoorbeeld: je spreekt iemand aan op zijn vermeende onwil om zijn inkomsten en uitgaven op een rijtje te zetten, op het feit dat hij dat nu alweer niet heeft gedaan. Daarmee wordt het moeilijker voor de cliënt om te bekennen dat hij gewoon niet weet hoe hij dat moet doen. Hij neemt daarom zijn toevlucht tot een onverschillige passieve houding: 'wat kan het mij schelen wat je ervan zegt'. In professionele interacties, zoals bij de reclassering, komt ook het omgekeerde voor. Normen van een cliënt worden geïnterpreteerd als weerstand of onvermogen. Hiermee kan je dus gedragingen van een cliënt gaan 'pathologiseren' die zich eerder lenen voor een volwassen confrontatie van twee verschillende normenstelsels. De ervaring leert dat de meeste mensen het heel goed in de gaten hebben, als je iets als norm behandelt, terwijl het eigenlijk een feit of een expressie is. Mensen krijgen dan het gevoel niet als persoon te worden gerespecteerd. Vermenging van werelden komt veel voor. Het is onvermijdelijk dat reclasseringswerkers er af en toe in verzeild raken. Het drie-werelden-model kan echter, in consult of casuïstiekbesprekingen, bij de analyse van de situatie verhelderend zijn.

Het onderscheiden van de drie werelden als interventiestrategie

In het jongerenwerk heeft men van het drie-werelden-model een interventiemodel gemaakt dat goed werkt (G. van der Laan, 2001). Een jongere komt in het slaaphuis voor thuislozen, drinkt iets aan de bar en gooit zijn glas kapot. De jongerenwerker zegt:

Jw: *'Klopt het dat ik je het glas kapot zag gooien?'*
Hij checkt de feiten en geeft de jongere de gelegenheid te reageren.

Jw: *'En je weet dat dit hier niet mag?'*
Hij stelt de algemene norm en geeft de jongere gelegenheid te zeggen dat hij dit niet wist.

Jw: *'Ik baal ervan dat je dat hebt gedaan.'*
Hij geeft zijn persoonlijke oordeel en gevoel weer, waardoor hij de norm in de relatie plaatst. Hij zegt impliciet: je komt mij tegen als je de norm overtreedt.

Deze werkwijze slaat aan. De jongeren laten zich veel gemakkelijker aanspreken dan voorheen, toen de jongerenwerkers zich minder bewust waren van deze communicatieve niveaus. Het normeren is minder massief, de jongere voelt zich gerespecteerd, hij wordt er stapsgewijs bij betrokken. Deze werkwijze is ook toepasbaar voor de reclassering.

13.5.4 De reclasseringswerker als pro-sociaal rolmodel.

Tot slot biedt de reclasseringswerker als pro-sociaal rolmodel aanknopingspunten voor bewuste interventies. In deze rol schept hij voortdurend duidelijkheid over de sociale waarden die hij voorstaat. Hij moedigt zijn cliënt doelgericht aan deze waarden na te leven en hij prijst en beloont de cliënt wanneer hij dit doet. Dit werkt alleen als de reclasseringswerker deze waarden zelf naleeft en bewust voordoet. Ook is het belangrijk dat hij niet-sociaal gedrag van de cliënt ter discussie stelt. Het versterken en voordoen van gewenst gedrag wordt door Trotter (Londen, 1998) als de belangrijkste vaardigheid van de reclasseringswerker beschouwd. De effectiviteit hiervan berust op het feit dat mensen gevoelig zijn voor het zien en ervaren van voorbeelden. Dit is verder onderbouwd in hoofdstuk 7 van dit boek. De mate waarin de reclasseringswerker als rolmodel functioneert, is afhankelijk van de mate waarin de cliënt de relatie waardeert. Reclasseringswerkers moeten aangrijpingspunten om te belonen of gedrag voor te doen, herkennen en deze voortdurend toepassen. Trotter noemt dit 'modelling'. Modelling gaat in vier stappen:

Sociaal gewenst gedrag identificeren

In de contacten met de cliënt is de reclasseringswerker actief gericht op het herkennen, opsporen en benoemen van sociaal gewenste uitspraken en activiteiten.

Belonen

Versterking van het sociaal gewenste gedrag vindt plaats door dit te belonen. 'Prijzen' is geschikt, maar alleen als dit niet wordt overdreven en als het heel specifiek gericht op het goede gedrag. De reclasseringswerker kan, waar mogelijk samen met de cliënt, zoeken naar andere mogelijkheden, gewenst gedrag te belonen. Bijvoorbeeld het organiseren van extra hulp, opschrijven en bijhouden van positief gedrag, verwerven van specifieke handelingsvrijheden.

Voordoen

De reclasseringswerker demonstreert ongevraagd het gewenste gedrag in woord en daad. Hij zoekt daarvoor aansluiting bij dagelijkse situaties en gevoelens en maakt actief gebruik van de gesprekssituaties.

Ongewenst gedrag niet honoreren

Negatief gedrag of rationalisaties hiervan vragen om negatieve bekrachtiging door het te negeren, te benoemen of er tegenin te gaan. In hoofdstuk 7 over de cognitieve-gedragsmatige aanpak bleek dat tegenover afkeuring van negatief gedrag altijd minstens even veel beloning moet staan. In relaties waarin meer wordt afgekeurd dan beloond, is er feitelijk meer aandacht voor negatief dan voor positief gedrag. Hiermee vindt dan ook een feitelijke bekrachtiging van het negatieve gedrag plaats. 'Aandacht' op zichzelf, los van de aard ervan, is een zeer sterke bekrachtiger. Om dezelfde reden is het belangrijk om bij de afkeuring van bepaalde gedragingen, waar mogelijk toch de positieve elementen van hetzelfde gedrag te blijven prijzen. Bij afkeuring is altijd de uitspraak of het gedrag in het geding en niet de persoon.

In de vorige paragrafen zijn diverse aanknopingspunten voor normerende interventies besproken. In het volgende gespreksfragment komt een aantal van deze strategieën voorbij. Reclassering en cliënt hebben al meer dan een jaar contact. De cliënt, een jongeman van 21, die bij joyriding schade aan een auto van iemand heeft aangericht, komt omdat hij zijn financiën niet rond krijgt. De reclasseringswerker stelt voor om een betalingsregeling te treffen met het CJIB voor de boetes.

Rw: *'Dus je verdient dan per maand (rekent even op een papiertje: zoveel per week, maal zoveel, gedeeld door dat is…). Ik vul in 758 euro in de maand.'*

De reclasseringswerker checkt de feiten.

Cl: *'Die bekeuring, die kan ik dan wel meteen betalen. Maar die vent van die auto niet.'*

Rw: *'CI, je weet hoe ik in elkaar zit. Afspraak is afspraak. Je hebt met die man een afspraak gemaakt. Daar moet je je aan houden.'*

>

>

Hij geeft de algemene norm en zijn eigen oordeel. De norm is daarmee ook een onderdeel van hun relatie. Het gaat om een norm buiten het directe domein van het delictgedrag. De reclasseringswerker dient als pro-sociaal model.

Rw: *'Dan kun je beter voor die bekeuring een regeling met het CJIB treffen. Dan houden we wat je aan hen betaalt minimaal. En dan zorgen we dat je er voor de zomer vanaf bent. Dan kun je daarna andere dingen gaan doen. Je wilt toch ook je rijbewijs een keer halen. Nou, dan kun je daarna daar eens aan denken(vult in).'*

Hij steunt hem om zich aan de afspraken te houden door concrete mogelijkheden te bedenken. Hij probeert aan te sluiten op doelen van de cliënt (je wilt toch…). Hij legt meer accent op het gewenste gedrag dan op het af te keuren gedrag.

Rw: *'Wat betaal je bij het hostel?'*
Cl: *'Niks.'*
Rw legt pen neer: 'Wat zijn we dan aan het doen? Als jij 758 euro hebt, dan kun je toch die rekeningen betalen?'

Hij geeft hem geen kans om te ontglippen en stelt opnieuw een regel.

Cl: *'Ja, als ik werk heb. Maar dat heb ik nou niet.'*
Rw: *'Maar dan heb je toch een uitkering? Hoe lang ben je nu werkloos?'*
Cl: *'Zes weken.'*
Rw: *'Daarvoor krijg je een uitkering. Als je dat geld krijgt, dan is er geen probleem volgens mij.'*
Cl: *'Ja, maar ze kunnen geen enkele garantie geven.'*
Rw: *'Waarom niet?'*
Cl: *'Dat weet ik niet, dat zeggen ze. Dat ik het waarschijnlijk wel krijg, maar dat ze geen garantie geven.'*
Rw: *'Wat we kunnen gaan doen is…. Wie is je contactpersoon bij het CWI?'*
Cl: *'X.'*
Rw schrijft dit op en zegt: 'Als je de komende week niks hebt gehoord, dan trek je eerst zelf aan de bel bij het CWI. En als je dan niet wijzer wordt, dan ga ik er samen met jou achteraan. Je kunt niet zonder geld zitten.'

Hij blijft vervolgens aansluiten bij de doelen van de cliënt, geeft ruimte voor diens interpretatie van de situatie. Hij geeft ook aan wat maatschappelijk normaal is: 'je kunt niet zonder geld zitten'. En 'als je het niet alleen afkunt, dan word je geholpen'.

13.6 Slotopmerkingen

Normeren is effectiever naarmate de interventie is ingebed in een betrouwbare werkrelatie. Het gaat dus niet om een losse interventie. Maar het is niet zo dat je pas kunt normeren als de relatie een beetje stevig is. Normeren kan ook een functie hebben in het opbouwen van zo'n betrouwbare relatie. Je bent immers helder en expliciet in het stellen van grenzen en daarmee in het aangeven van de aard van de relatie.

'Ik confronteer wel. Ik zeg wat ik voor gedrag zie. Bijvoorbeeld dat ze geen verantwoording nemen voor wat ze hebben gedaan, of dat ze weinig spijt lijken te hebben, of dat ze geen gevoel voor het slachtoffer hebben. Dat benoem ik als een probleem en zeg dat daaraan moet worden gewerkt. Ze worden soms boos, pikken het niet. Maar daar vind ik het bespreken van het rapport altijd een reuze hulp bij. Daar staat het dan nog eens in als conclusie van een aantal gegevens. Dan zien ze het nog een keer staan en dan begint het door te dringen. In de beginfase vond ik het heel moeilijk om dit soort confronterende dingen te zeggen. Dan stelde ik het uit en deed ik het alleen met het rapport. Maar daar kom je mee in de problemen. Als je niet blijft confronteren, dan denken ze dat je meegaat in hun verhaal. Als ze dan het rapport lezen, zijn ze erg teleurgesteld: ze hebben immers zo goed met je kunnen praten over hun problemen, jij begreep het toch zo goed?'

Normeren werkt beter als de reclasseringswerker het doet op een manier die bij de cliënt en de situatie past. De een doet het met humor, de ander doet een moreel appèl. Weer een ander doet een beroep op loyaliteit met de bevolkingsgroep waartoe beiden behoren. En de een doet het subtiel en voorzichtig, de ander rechtstreeks en directief. Hier is geen juiste weg voor te bepalen. Normeren werkt beter als het gebeurt op een manier die past bij de stijl van de reclasseringswerker. De overtuiging(skracht) van de reclasseringswerker is sterker naarmate hij meer gebruik maakt van zijn eigen persoonlijke kwaliteiten.

13.7 Samenvatting

Een norm is een regel, een richtlijn, de toestand die voor een bepaalde categorie van personen normaal is, of waarnaar zij zich kunnen of moeten richten.
Normeren is een norm vaststellen.

We behandelen het onderwerp aan de hand van vier vragen:
- *Is de reclassering een organisatie met een normerende rol?*
- *Op welke terreinen heeft de reclassering een normerende rol?*
- *Heeft de reclasseringswerker een normerende rol?*
- *Zo ja, hoe doet hij dat?*

De doelstelling van de reclassering is een normerende. Men probeert delictplegers zo te beïnvloeden dat zij zich aan de regels van de samenleving gaan houden.

De normerende rol geldt voor:

- *het delictgedrag dat aanleiding is voor het contact;*
- *ander wetsovertredend gedrag. Ook als dit niet rechtstreeks samenhangt met het delict waarvoor iemand is veroordeeld. Het gaat altijd om grensoverschrijding. En dit is het gedrag waardoor men in de problemen komt;*
- *ander gedrag waarmee het recidiverisico toeneemt. Een goed plan van aanpak bevat aanwijzingen gericht op het voorkomen van dit gedrag. Dat geeft het normeren ook een duidelijke grond;*
- *grensoverschrijdend gedrag in relatie tot de reclasseringswerker of instelling: bedreiging, chantage. De organisatie accepteert dit niet en treedt normerend op.*

Normerende interventies buiten deze domeinen moet je kunnen verantwoorden ten opzichte van collega's. Bijvoorbeeld: accepteer je bij de ene cliënt dat hij zijn petje ophoudt, bij de ander doe je dat niet. Het te laat komen van de een, is iets anders dan te laat komen van de ander. Normeren is onderdeel van de methodiek. Het bespreken van elkaars normen ten opzichte van de cliënt moet daarom een vanzelfsprekende plaats krijgen in de casuïstiekbesprekingen.
Normeren is iets anders dan iemand aangeven.

Heeft de reclasseringswerker een normerende rol?
Deze vraag wordt soms gesteld. 'Mag' het wel? Deze vraag gaat voorbij aan het feit dat normeren onontkoombaar is in elke communicatie. Enkele opmerkingen hierover:

- *Je kunt niet 'niet communiceren' (Watzlawick, 1970).*
- *Je kunt je best doen om je normen buiten de communicatie te houden, maar iets daarvan zal een rol spelen in het contact. Veel reclasseringscliënten zijn er goed in getraind dit te herkennen.*
- *Ondergronds normeren is niet effectief.*
- *Een goed verstaander hoort wat je niet zegt, maar wel vindt. Maar de norm is ondergronds, niet bespreekbaar, en daardoor dus niet effectief en 'werkzaam' te maken.*
- *Ruimte voor misverstanden.*
- *Non-verbale signalen laten meer ruimte voor misverstanden, dan duidelijk uitgesproken boodschappen. Dus hoe meer je je eigen normen ondergronds houdt, omdat je vindt dat het eigenlijk niet mag, des te groter is de kans op misverstanden. Hierdoor kan de weerstand vergroten en het normeren wordt krachteloos.*

Kortom: normeren is onontkoombaar. Het is geen discussiepunt of je 'mag' normeren. Het gebeurt altijd in het contact. Het gaat er dus om dit te expliciteren en te verantwoorden!

De reclasseringswerker is een bemiddelaar tussen de normen van de cliënt en die van de samenleving. Hierbij denkt de reclassering vanuit beide perspectieven en probeert hiertussen een brug te slaan. Ook de cliënt normeert. Hij probeert zijn normen op te leggen aan de reclasseringswerker.

Het is dus een tweezijdig proces: in het contact wordt onderhandeld over de geldende regels en normen. Probeer na te gaan welke normen de cliënt inbrengt, maak een verbinding of stel ze expliciet ter discussie. Dit vergroot de kans dat de norm die je wilt inbrengen wordt gehoord.

Normerende interventies zijn alleen effectief als ze zijn gericht op een norm van de ander. Vraag je dus eerst af of je wel te maken hebt met een norm. Het kan ook gaan om een feit (iemand wil wel een budgetplan maken, maar mist de vaardigheid). Probeer hier altijd achter te komen door concrete vragen te stellen. Ook kan het gaan om een expressie (de manier waarop jij of je cliënt iets beleeft). Probeer uit elkaar te houden waar het je eigen irritatie of allergie betreft (passief gedrag waaraan je je altijd ergert) of waar je echt een norm moet stellen (het passieve gedrag bij deze cliënt staat in verband met het delictgedrag).
De boodschap in drie delen splitsen

- *Check eerst bij je cliënt of het klopt wat je ziet.*
- *Stel dan de algemene norm en check of je cliënt dit weet.*
- *Geef je persoonlijke oordeel (verschuil jezelf niet achter de algemene norm).*

Deze manier van normeren is effectief. De ander wordt stap voor stap betrokken en krijgt de gelegenheid te reageren. En hij kan er niet omheen, want je neemt er zelf de verantwoordelijkheid voor in het contact.

De reclasseringswerker als pro-sociaal rolmodel normeert volgens de stappen van modelling:

- *stel vast wat gewenst gedrag is;*
- *beloon dat gedrag zo concreet mogelijk;*
- *demonstreer zelf het gewenste gedrag in woord en daad;*
- *honoreer ongewenst gedrag niet. Dat betekent ook dat je niet onevenredig veel aandacht besteedt aan afkeuring van ongewenst gedrag. Je moet minstens net zoveel belonen van gewenst gedrag, anders bekrachtig je het negatieve gedrag met aandacht.*

Wacht niet met normeren tot je denkt dat de relatie stevig is. Normeren helpt mee aan het opbouwen van een betrouwbare werkrelatie: je weet wat je aan elkaar hebt, geen verrassingen.

Hoofdstuk 14

Benutten van steunbronnen in de omgeving/sociale netwerken

14.1 Inleiding

Eén van de instrumenten van het reclasseringstoezicht is 'het benutten van steunbronnen in de sociale omgeving van de cliënt', zo zagen we in hoofdstuk 4. Het sociaal netwerk kan een rol spelen bij de bewaking van criminogene factoren voor het delict. Het kan een belangrijk hulpmiddel zijn om iemand te motiveren tot gedragsverandering. Ook kan het iemand helpen de gedragsverandering vol te houden. Cliënten moeten het uiteindelijk zonder professionele ondersteuning en confrontaties gaan redden. Het activeren van de mogelijkheden 'in de cliënt zelf' is al jaren een vanzelfsprekend doel van elke vorm van begeleiding, binnen en buiten de reclassering. Het activeren van de mogelijkheden en de sterke kanten van de sociale omgeving komt de laatste jaren steeds meer in zwang. In deze benadering komt ook een eerder besproken accentverschuiving tot uiting: minder gericht op individuele zelfbeschikking en meer gericht op de mens als een van nature maatschappelijk wezen (zie ook hoofdstuk 5).

Deze benadering past ook goed in de doelstelling en de mogelijkheden van de reclassering. Daarom krijgt dit onderwerp apart aandacht. Hieronder volgt eerst een beeld van het belang en de verschillende functies van het sociale netwerk van mensen. Daarna volgt een overzicht van mogelijke rollen en interventies van de reclassering op dit terrein.

Het Handboek Reclassering beperkt zich tot de algemene netwerkinterventies die in het algemeen bij begeleiding en toezicht kunnen worden gedaan. Er is daarnaast meer diepgaande kennis beschikbaar over systematische en grondige netwerkinterventies en over de kenmerken van sociale netwerken bij speciale categorieën van cliënten. In dit verband is de MSNA (Maastrichtse Sociale Netwerk Analyse) interessant. Deze interventies hebben eerder het karakter van een programma dat op grond van diagnostiek wordt geïndiceerd.

14.2 Belang en functies van een sociaal netwerk

De netwerkbenadering wordt ook wel de ecologische benadering genoemd (Van Riet, Wouters, 1996). De ecologische benadering gaat ervan uit dat mensen niet alleen in de problemen komen, doordat een persoon slecht functioneert, of doordat de omstandigheden ongunstig zijn. Problemen ontstaan vaak, of duren voort, doordat een persoon in de eigen omgeving niet (meer) over de contacten of hulpmiddelen beschikt die hij nodig heeft om problemen op te lossen. De verbinding tussen mensen en hun hulpbronnen is afwezig of schiet te kort. Volgens deze opvatting is gedrag van mensen vooral te begrijpen vanuit de context. Men stelt zich dus bovenal de vraag: hoe ziet het sociale netwerk van de cliënt eruit en welke ondersteunende of ondermijnende krachten zijn er in dat netwerk aanwezig?

Functies van het sociale netwerk

Mensen zijn onderling van elkaar afhankelijk. Geen mens kan zonder anderen. Voor een deel zijn dat zakelijke, deels onpersoonlijke relaties. Maar er zijn ook verschillende vormen van sociale steun die mensen halen uit hun netwerken. Hendrix (1997) onderscheidt de volgende functies van netwerken:

- *emotionele steun:* begrip, aandacht. Je hart luchten. Even uitblazen. Iemand die je troost of opbeurt;
- *cognitieve steun:* iemand die je kan informeren of adviseren. Die weet waar je moet zijn, die een oplossing weet voor een probleem. Maar ook iemand die je feedback geeft op je gedrag, die je uitlegt wat het effect van jouw gedrag is op anderen;
- *waardering:* iemand die vertrouwen in je heeft, die het goed vindt wat je doet;
- *normatieve steun:* hulp bij het maken van keuzes, doordat iemand heldere normen stelt. Als je even niet weet wat je ergens van moet vinden, iemand in wiens oordeel je vertrouwen hebt. Het kan prettig zijn als iemand je aanspreekt op je gedrag en daar grenzen aan stelt;
- *sociaal contact:* samen iets ondernemen, een praatje maken, ergens bijhoren;
- *materiële steun:* ergens een hamer kunnen lenen, kinderkleren krijgen van een familielid als ze te klein zijn voor hun eigen kinderen;
- *praktische steun:* iemand brengt je even weg als je auto niet wil starten, iemand die een boodschap voor je doet als je ziek bent;
- *sociale en maatschappelijke invloed:* wie veel mensen kent, krijgt makkelijker iets voor elkaar. Op het juiste moment de juiste persoon inschakelen. Of met een hele groep gaan in plaats van alleen om druk uit te oefenen.

Een goed sociaal netwerk is groot genoeg, is gevarieerd en vervult een flink aantal van de hierboven genoemde functies. Bij een goed sociaal netwerk is er ook sprake van voldoende wederkerigheid. Dat wil zeggen dat de persoon door anderen wordt gesteund en tegelijk ook een steun is voor anderen. Iemand met een goed sociaal netwerk beschikt over vanzelfsprekende natuurlijke hulpbronnen als er eens een probleem ontstaat. Hierdoor zal het probleem minder snel escaleren, uitbreiden of blijven voortbestaan.

Het netwerk van cliënten

Van veel cliënten van de reclassering kan dit alles niet worden gezegd. Zij hebben een gebrekkig sociaal netwerk. Het is niet groot of niet gevarieerd genoeg, of het vervult niet genoeg functies. Het sociale netwerk kan een negatieve invloed hebben. Soms zijn de relaties te eenzijdig, is er te weinig wederkerigheid. Er wordt erg op de cliënt gesteund door anderen of de cliënt leunt zwaar op een paar mensen in de directe omgeving bij wie het krediet op begint te raken. Een speciale groep wordt gevormd door mensen die betrekkelijke nieuwkomers zijn. Zij beschikten in het land van herkomst meestal over een adequaat sociaal netwerk, maar moeten hier van de grond af aan een netwerk opbouwen. Hier kan de woonomgeving waarin ze terecht komen en de soort contacten die ze opbouwen erg bepalend zijn. Leggen ze alleen contact met mensen die afkomstig zijn uit hun eigen land? Of zoeken ze ook naar contacten met Nederlanders? Wat leren ze over de Nederlandse regels en omgangsvormen? Wat wordt in de buurt waar ze terechtkomen 'normaal' gevonden?

14.3 Rollen van de reclasseringswerker bij het sociale netwerk

Wat kan de reclasseringswerker met dit sociale netwerk? Welke rollen kan hij vervullen en welke interventies zijn denkbaar?

Netwerklid. Bij de start van een contact kan de begeleider een sterke steunende factor in het leven van de cliënt zijn en zelf een aantal van de bovenstaande functies van het netwerk vervullen.

Netwerkcoach. De begeleider staat meer in de zijlijn. Hij helpt de cliënt bij het analyseren en verbeteren van het eigen netwerk.

Netwerkmonteur. Soms is het nodig dat de begeleider zelf 'sleutelt' aan het netwerk van de cliënt. Hij kan bijvoorbeeld contact opnemen met familieleden of mensen vragen om bepaalde zaken voor de cliënt te behartigen. Soms kan een begeleider bemiddelen tussen cliënt en één of meerdere personen in het netwerk. Hij kan dan helpen bij het herstel van relaties of bij het leefbaar blijven van de situatie, totdat een betere oplossing is gevonden.

Netwerkbeheerder. Bij zware problematiek kan het nodig zijn om een actief regisserende rol in het netwerk te nemen. De belangrijke actoren worden dan door de begeleider met enige regelmaat bij elkaar gehaald. Er worden gezamenlijke afspraken gemaakt over aanpak en benadering van de cliënt.

14.4 Een sociaal netwerk bij toezicht

Bij toezicht kunnen personen uit het sociale netwerk van de cliënt een belangrijke functie vervullen bij de risicobeheersing. Zij kunnen worden ingelicht over het delictscenario van de cliënt. Er kan met ze worden afgesproken dat zij alert zijn op signalen dat het de verkeerde kant dreigt op te gaan. Het netwerk kan hiervoor alleen worden ingeschakeld als zij bereid zijn aan de vaste begeleider te melden als zij dit soort signalen zien.

Bij een man die was veroordeeld voor pedoseksuele handelingen schakelde de reclasseringswerker de (volwassen) zoon en de ex-vrouw in, die nog altijd een steunend contact waren voor de man. Hij nam met hen het delictscenario door en maakte duidelijke afspraken in aanwezigheid van de cliënt, die ermee akkoord ging. Deze personen waren bij elk evaluatiegesprek aanwezig. De afspraken werkten door in de dagelijkse leefsituatie. Ze spraken de cliënt aan op risicogedrag. Een andere werker roept in een woonwagenkamp de hele familie bij elkaar om samen met de cliënt precies de voorwaarden van het begeleidingstraject door te nemen. Hij doet daarbij een expliciet beroep op het vermogen van de groep om sociale controle uit te oefenen. Hij spreekt ze hierop aan. Dit werkt goed tijdens het traject.

Aandachtspunten bij de inschakeling van het netwerk bij toezicht

Het gaat niet altijd even gemakkelijk. Er zijn ook voorbeelden van hoe het mis kan gaan. Ouders van adolescenten die worden aangesproken op hun controlerende rol, kunnen hun zoon daardoor weer als een klein kind gaan behandelen, met de averechtse gevolgen van dien. Een partner die het moeilijk vindt om iets door te geven aan de reclassering uit angst of uit loyaliteit, komt in de problemen. Dit komt vooral voor bij huiselijk geweld.

> *Een reclasseringswerker: 'Dan zie ik dat de vrouw een blauw oog heeft, maar die heeft zich dan 'tegen een kastje gestoten'. Ik los dat dan op door aan het begin van het traject meteen met de man en de vrouw samen te gaan zitten en te zeggen 'Als jouw vrouw zich 'gestoten heeft aan een kastje' of 'van de trap is gevallen', beschouw ik dat als een signaal dat het de verkeerde kant op gaat. Want tijdens de begeleiding moet er gesproken kunnen worden over wat er gebeurt, en dat je schuld erkent als er moeilijke momenten zijn. Als er wordt weggemoffeld, als er niet over gesproken kan worden, dan is dat foute boel.' Het moet open besproken kunnen worden als je te ver bent gegaan.'*

Transparant communiceren is een belangrijke voorwaarde voor succes. De ouders van de adolescent, de zoon van een pedoseksueel, de vrouw van een mishandelende man, moeten heel helder weten wat hun rol is en tot hoever die strekt. Wat kunnen ze wel? Wat verwacht de reclassering van ze? En wat kunnen ze niet? Wat mogen ze zelfs niet tot hun persoonlijke verantwoordelijkheid rekenen? Op welke steun van de reclassering kunnen ze rekenen? Wat kunnen ze doen als het te zwaar voor ze wordt? Wat is de rol van de reclassering? Waar nemen zij de verantwoordelijkheid over? Wat kunnen ze doen als ze zich onveilig voelen? Welke afspraak maken ze voor het geval dat ze merken dat ze signalen toch niet willen of kunnen doorgeven? Dit alles moet in de gesprekken met het netwerk, in aanwezigheid van de cliënt, duidelijk worden uitgesproken. De reclassering moet hierop dus antwoorden hebben en afspraken maken met het netwerk.
Het sociale netwerk wordt aangesproken op haar natuurlijke rol, op de persoonlijke betrokkenheid bij de cliënt, op de concrete last die ze hebben van het gedrag, op de waarde die een delictloos bestaan van hun vriend of familielid voor ze heeft, op de hechtheid van de familie of de groep, op de eer en het gezicht van de familie. Houd altijd voor ogen dat het gaat om de versterking van het 'natuurlijke weefsel' rond de cliënt. Dit is professionele *interventie*, gericht op de versterking van de cliënt in zijn omgeving. Daarom is de cliënt zelf op de bijeenkomsten met netwerkpartners altijd vanzelfsprekend aanwezig.

14.5 Activeren van het sociale netwerk bij de vaste begeleiding

De reclasseringswerker kan in het kader van de vaste begeleiding nagaan of het sociale netwerk kan worden versterkt en aangevuld. Zijn er nog andere hulpbronnen in de omgeving die kunnen worden benut? Soms worden zo hulpbronnen 'herontdekt': ze zijn er wel, maar al enige tijd niet door de cliënt gebruikt. Ook kan hierdoor duidelijk worden dat er hulpbronnen ontbreken. Cliënt en reclasseringswerker kunnen dan zoeken naar andere mogelijkheden. Soms gaat het dan om een aanvulling uit het professionele circuit. De vaste begeleider brengt hiervoor eerst met de cliënt in kaart:

- hoe het sociale netwerk eruit ziet;
- welke relaties in het netwerk problematisch zijn en/of een risico vormen;
- welke hulpbronnen er aanwezig zijn en waar de relaties goed en steunend zijn;
- of de cliënt die hulpbronnen gebruikt.

Let wel: ook voor de vaste begeleiding geldt dat het voorkomen van delictgedrag de centrale invalshoek is. Dat betekent dat vooral wordt gezocht naar risicovolle relaties en naar relaties die het gewenste gedrag kunnen ondersteunen. In dat licht is niet elke relatie die afwijkt van het gangbare problematisch. En vanuit deze invalshoek is niet elke relatie die de cliënt opgeeft als 'goed en steunend' ook werkelijk in te zetten voor het reclasseringsdoel. Bij problematische relaties ga je na hoe de cliënt deze relaties zelf ervaart, welke functie ze voor hem hebben, wat er nodig is om ze te verbreken, of hij op een andere manier met behulp van andere mensen in die behoefte kan voorzien, wie hierbij steunend kunnen zijn en welke rol jijzelf hierin kunt of moet hebben.

Aandachtspunten bij het activeren

Op het moment dat de reclasseringswerker contact heeft gelegd met personen uit de omgeving van de cliënt, kan het gebeuren dat hij telkens gebeld wordt met vragen of problemen van leden van het netwerk. Of hij wordt als partij in conflicten betrokken. Hij kan zich dan laten verleiden het netwerk teveel 'op zijn nek te nemen'. De vaste begeleider moet hierop vanaf het begin alert zijn en zijn specifieke rol ook naar het netwerk scherp houden. Het kan in dit verband ook goed zijn om andere professionals in te schakelen om de verhoudingen in het sociale netwerk te verbeteren. Zeker als op grond van de diagnose duidelijk is dat dit een rol speelt bij het delictgedrag, is een flinke investering in het netwerk nodig. De vaste begeleider van de reclassering is lang niet altijd in staat, door beschikbare tijd bijvoorbeeld, om deze investering zelf te doen.

Een toezicht bij een man die wegens mishandeling van zijn vrouw tot een taakstraf is veroordeeld. Hij moet leren minder op zijn vrouw te leunen. Zijn vrouw is zwanger.
Cl roept zijn vrouw: 'kijk eens wat S (zoontje) doet, leg hem in maar in bed.'

Rw:	*'Kan je dat zelf niet? Ze is zwanger.'*
Cl:	*'Zou ik wel willen, maar...'*
Rw:	*'Ik vind dat ze er slecht uitziet. Ze redt dit niet zo. Heeft ze nog gesprekken met de algemeen maatschappelijk werker? Je roept haar, ze holt de keuken uit, dit gaat niet goed. Ze heeft ook nog haar moeder. Je zou haar ook kunnen ondersteunen.'*

Als de vrouw terugkomt, zegt Rw tegen de vrouw: 'Hoe is het met je? En met je zwangerschap?'

Vr:	*'Ik heb steeds last van mijn buik. Morgen ga ik naar de dokter.'*

>

>

Rw: 'Je ziet er moe uit. De kinderen zijn druk, je partner is veeleisend, je ouders... Is het niet verstandig dat je hulp krijgt?'
Vr: 'Ik bemoei me minder met mijn ouders.'
Rw: 'Heb je nog contact met het maatschappelijk werk?'
Vr: 'Op het moment even niet.'
Rw: 'Als je meer hulp krijgt, kan je soms dingen voorkomen.'
Het gesprek eindigt met afspraken over het maatschappelijk werk. De reclasseringswerker gaat haar ook bellen.

De reclasseringswerker heeft aandacht voor de situatie van de vrouw, adviseert haar contact op te nemen met het maatschappelijk werk en belt zelf ook even om de verwijzing te bevestigen. Hij houdt een lichte regie, maar gaat niet zelf een intensievere begeleiding starten.

14.6 Mensen die overal buiten vallen

Er is een groep mensen die er niet in slaagt om de maatschappelijke ontwikkelingen bij te benen. Zij raken sociaal geïsoleerd, missen de aansluiting met allerlei vormen van zorg of sociale activering, hebben geen familie waar ze op kunnen terugvallen. 'We kennen ze allemaal wel: de alleenstaande mannen met een fles bier op een bankje in de stad. (..) Ze hebben nu echter gezelschap gekregen: groepen drugsverslaafden huizen in nissen en garages. Op drift geraakte jongeren verwisselen kraakpanden voor de straat en omgekeerd. Illegale vreemdelingen proberen zo min mogelijk op te vallen (...). Psychisch verwarde mensen halen eten uit vuilnisbakken. Minder opzichtig is het leger anoniemen die met zware schulden uit hun huis worden gezet en bij het Leger des Heils aankloppen.' (Galesloot en Harrewijn, 1999) Er is een groep die ook wel de 'zorgwekkende zorgvermijders' genoemd wordt.

Twee reclasseringswerkers van het Leger des Heils: 'Wij komen erachter dat het eigenlijk meer 'zorgwekkend door de zorg gemedenen' moet zijn: niemand wil ze. Ze zijn of te verslaafd, of te dakloos, of te psychiatrisch, of te crimineel. Elke instelling vindt wel een criterium om ze af te wijzen.'

Voor deze groep mensen is het ambulant 'sleutelen aan het netwerk' vaak niet voldoende. Hier is een intensieve integrale aanpak nodig, waarin nieuwe netwerken worden gevormd. Voor een integrale aanpak van deze groep is samenwerking nodig tussen tal van instellingen. Er ontstaan steeds meer aanloopcentra voor dak- en thuislozen, maatjesprojecten en vriendendiensten. Hier is soms de reclassering bij betrokken, maar ook vaak opbouwwerkers, jongerenwerkers, de sociale opvangsector en kerken. De methodische aspecten van het werken met deze groep zijn heel specifiek en vallen buiten deze methodiekbeschrijving.

14.7 Samenvatting

De netwerkbenadering stelt dat problemen vaak ontstaan of voortduren doordat iemand in de eigen omgeving niet over voldoende contacten of hulpmiddelen beschikt om de problemen op te lossen. Daarom richten zij zich op de vraag hoe het sociale netwerk eruit ziet en hoe dat is te versterken.

Netwerken vervullen vele functies: steun in emotionele, cognitieve, normatieve, materiële en praktische zin, waardering, invloed. Het netwerk van reclasseringscliënten is vaak klein, onvolledig of heeft een negatieve invloed. Het netwerk van nieuwkomers vraagt bijzondere aandacht. De reclasseringswerker kan het netwerk in verschillende rollen bewerken, namelijk als netwerklid (zelf steunende factor zijn), coach (in de zijlijn helpen analyseren en verbeteren), monteur (contact opnemen met familieleden en anderen om ze erbij te betrekken, bemiddelen, herstel van relaties) en beheerder (de belangrijke personen regelmatig bij elkaar halen en afspraken maken).

Personen uit het sociale netwerk kunnen een belangrijke functie vervullen bij de risicobeheersing. Ze kunnen alert zijn op signalen dat het verkeerd gaat met het delictscenario als uitgangspunt.

Aandachtspunten: familieleden kunnen weer terugvallen in oude rollen die niet meer functioneel zijn, bijvoorbeeld ouders ten opzichte van adolescenten. Partners vinden het moeilijk om terugval te melden bij de reclassering. De natuurlijke rol van het netwerk kan worden ondermijnd, doordat men te sterk als afstandelijke professional wordt aangesproken.
Hoe dan te handelen: wees heel helder in je instructies over wat en niet verwacht kan worden, over de steun die je biedt, wat de rol is en blijft van de reclassering. Maak afspraken over wat ze doen als ze merken dat het te moeilijk wordt of als ze signalen niet door willen geven. Blijf ze aanspreken op hun natuurlijke nabije rol, voer de gesprekken met het netwerk in aanwezigheid van de cliënt.

Bij de start van het traject is het maken van een netwerkanalyse heel belangrijk. Ga na hoe het netwerk eruit ziet, welke relaties een risico vormen, welke relaties goed en steunend zijn, en welke van die relaties de cliënt gebruikt. De invalshoek is ook hier altijd: steunend of tegenwerkend bij voorkomen van delictgedrag. Dus niet alle relaties die de cliënt zelf als goed opgeeft zijn dat voor de reclassering en omgekeerd! Vervolgens kan je, in een van de bovengeschetste rollen, het netwerk helpen beïnvloeden. Bij problematische relaties ga je na hoe de cliënt hier zelf over denkt, wat deze contacten opleveren voor je cliënt, of in deze behoefte op een andere manier kan worden voorzien, wat er nodig is om de contacten te verbreken en of anderen uit het netwerk meer betrokken kunnen raken.

Een valkuil van het werken met het sociale netwerk is dat je het netwerk teveel op je nek neemt. Bespreek de grenzen van je bemoeienis duidelijk. Verwijs snel door als individuen meer begeleiding nodig hebben of als je het gevoel krijgt dat het te zwaar wordt. Neem die signalen serieus en laat je bevragen door een collega of je de grens wel goed blijft trekken.

Hoofdstuk 15

Professioneel samenwerken met andere organisaties

15.1 Inleiding

De vaste begeleider vervult in veel opzichten de functie van casemanager. Hij schakelt waar nodig anderen in: collega reclasseringswerkers voor reclasseringsprogramma's. Of daarbuiten: het algemeen maatschappelijk werk, intensieve thuiszorg, schuldhulpverlening, woningbouwvereniging, school, of een RIAGG, PAAZ, behandelinrichting voor specifieke stoornissen. Ook is de vaste begeleider degene die de contacten met de ketenpartners onderhoudt. Kortom een reclasseringstraject kan alleen slagen door inspanningen van verschillende professionals en instanties. Daarom staat in dit hoofdstuk de samenwerking met andere instellingen in de aandacht. Hierbij worden onderscheiden:

- samenwerking met de justitiële ketenpartners;
- samenwerking met andere maatschappelijke organisaties.

Er is een groot verschil in de aard van deze samenwerkingsrelaties. Justitie is voor de reclassering de opdrachtgever. Justitie bepaalt wie onder welke voorwaarden en in welk kader reclasseringstoezicht en begeleiding krijgt opgelegd. De reclassering voert dit binnen de gestelde kaders uit. Bij andere maatschappelijke organisaties is de reclassering soms juist de opdrachtgever of de aanvrager van de hulp of dienst waar die organisatie over beschikt.

De sociale kaart is echter niet overal hetzelfde. Gemeentes kennen elk hun eigen overlegmodel. Niet overal zijn dezelfde voorzieningen. In de grote steden zijn vaak veel voorzieningen, maar de situatie is onoverzichtelijk. Er zijn vaak zoveel personen en instellingen betrokken dat het moeilijk is om tot sluitende afspraken te komen. In kleinere plaatsen is dat vaak iets doorzichtiger. Maar daar komt het nogal eens voor dat een arrondissement met veel verschillende gemeentes te maken heeft. Daardoor hebben zij binnen het eigen werkgebied te maken met grote verschillen.

Dit betekent dat het sterk afhankelijk is van de lokale situatie welke instanties kunnen worden ingeschakeld voor welke cliënten, problemen of leefgebieden. Hetzelfde geldt voor de ketenpartners met wie in de verschillende arrondissementen verschillende afspraken bestaan. Algemene spelregels zijn daardoor hier niet te geven. Elk arrondissement past deze spelregels aan de situatie aan.

15.2 De ketenpartners

De reclassering heeft een positie in de justitiële keten. Voor een goed verloop van het reclasseringswerk is niet alleen een goede samenwerking, maar ook een precieze procedure onontbeerlijk. De cliënt moet ervaren dat de lijnen tussen de verschillende partners kort zijn en dat het helder is hoe er wordt gereageerd op meldingen.

Posities bij de instroom

Voor de instroom is de politie belangrijk. Wie worden er in verzekering gesteld? Hoe secuur wordt er aan de reclassering doorgegeven dat iemand vastzit? Let de politie er goed genoeg op of iemand mogelijk voor een specifiek traject in aanmerking komt? Justitie bepaalt de zwaarte van het kader en onder welke condities de reclassering aan het werk moet met de cliënt. De reclassering neemt een gedeelte van de verantwoordelijkheid voor de cliënt over van justitie. Het verplichte reclasseringscontact wordt door justitie als voorwaarde gesteld bij een schorsing of bij een voorwaardelijke veroordeling. De cliënt loopt dus vrij rond, mede op grond van de verwachting dat de reclassering de toezichthoudende taak kan waarmaken. De verschillende partners hebben verschillende functies en posities. Daardoor hebben zij soms een andere kijk op het reclasseringswerk. De één vindt het controle-aspect dat de veiligheid voor de samenleving waarborgt, belangrijker. De ander hecht meer belang aan het begeleidingsaspect, waardoor de cliënt ander gedrag kan aanleren. Om het reclasseringswerk in gedwongen kader goed te positioneren, moet in de keten goed worden afgestemd hoe de instroom in verschillende trajecten tot stand komt. Daarnaast moeten er heldere afspraken gemaakt worden over hoe de verschillende partijen elkaar op de hoogte houden en hoe gehandeld wordt bij het stopzetten van trajecten.

Reactie ketenpartners bij teruggeven toezicht

Voor de uitoefening van de controlerende taak is het nodig dat de reclasseringswerker weet hoe de justitiële keten kan (en zal) reageren als de reclasseringswerker vindt dat hij de verantwoording voor het toezicht niet meer kan dragen. Komt er een zitting en een vonnis? Op welke termijn? En wat zijn daarvan de consequenties? De mate van helderheid hiervan bepaalt hoe serieus zowel reclasseringswerker als cliënt de kaderstellende afspraken kunnen en zullen nemen. Kan de cliënt erop rekenen dat het niet nakomen van die afspraken negatieve gevolgen heeft? Alleen dan kan hij de verantwoordelijkheid voor de cliënt, die de reclassering formeel deelt met justitie, ook feitelijk delen. Dan kan hij met een grotere gemoedsrust (en daardoor professioneler) zijn werk doen. De betrouwbaarheid van de reclassering is hier ook in het geding. Gebeurt datgene waarmee is gedreigd? En is de reclasseringswerker nog geloofwaardig voor de cliënt? Het management heeft een verantwoordelijkheid in het maken van afspraken met justitie.

Werken vanuit een gezamenlijk belang

De helderheid van de procedures en de snelheid waarmee er in de keten wordt gehandeld, bepalen ook hoe snel de reclasseringswerker een traject kan starten. De tijd dat de cliënt in voorarrest of in detentie zit, moet zo goed mogelijk worden benut. Maar met alleen een goede procedure ben je er niet. De partners moeten ook met elkaar door de deur kunnen, elkaars taak respecteren en vanuit een gezamenlijk belang aan de slag gaan. Het is hierbij essentieel dat de verschillende visies op de cliënt, die samenhangen met de verschillen in functie en positie van de ketenpartners, kunnen worden uitgewisseld. De reclasseringswerker moet met de ketenpartners over concrete zaken voor een bepaalde cliënt kunnen onderhandelen. Dit impliceert dat de reclasseringswerker in staat moet zijn het reclasseringsstandpunt helder te presenteren bij justitie en dat hij daarbij een eigen positie inneemt als reclasseringswerker. Ook moet hij duidelijk zijn over de voorwaarden die hij nodig heeft om de verantwoordelijkheid voor het toezicht op zich te nemen.

15.3 Maatschappelijke organisaties

Het welslagen van reclasseringstrajecten is afhankelijk van de bijdrage van verschillende professionele instellingen. Die bijdragen moeten goed op elkaar zijn afgestemd.

Eerdere ervaringen navragen

De reclasseringswerker is meestal niet de eerste professional die zich met de cliënt bemoeit. Een onderdeel van het diagnostisch instrument RISc is dossieronderzoek. Daarin wordt de delictgeschiedenis en de hulpverleningsgeschiedenis, voor zover relevant, nagegaan. Om deze informatie te preciseren kan bij de meest belangrijke instellingen worden nagevraagd wat er precies is gebeurd. Een nieuwe cliënt bij de reclassering kan een oude cliënt van de jeugdreclassering zijn. Weten wat er door de jeugdreclassering is ingezet en hoe dat uitpakte, kan helpen bij het bepalen van de strategie. Er kan blijken welke strategieën al zijn uitgeprobeerd, maar niet hebben gewerkt. Hiermee voorkom je dat dezelfde fouten worden gemaakt. Hieruit kunnen ook situaties blijken van cliënten die tegen iedereen zeggen dat jij 'de eerste en de enige bent die hij vertrouwt.' Het is goed als de reclasseringswerker dit soort zaken weet. Als alle betrokkenen zoiets gaan geloven ligt de regie wel erg gemakkelijk bij de cliënt.

> ***'Ik had laatst een jongen die eerst bij de jeugdreclassering was begeleid. Hij kwam met zijn vader. En ik merkte op een gegeven moment dat ik eigenlijk vooral met die vader aan de praat was. Ik was voortdurend met hem in discussie. Later bleek dat dit bij de jeugdreclassering ook zo was gegaan. Als ik dat nou had geweten, dan was ik er alert op geweest. En dan had ik bijvoorbeeld meteen bij het begin de vader kunnen vragen om op de gang te wachten. Ik had bijvoorbeeld kunnen zeggen: 'Zo doen wij dat bij de RN. O, bij bureau jeugdzorg niet? Tja, wij werken anders'.'***

Deskundigheid van anderen inschakelen

De reclassering maakt zoveel mogelijk gebruik van de deskundigheid van andere instellingen. Alles wat door een andere instelling gedaan kan worden, doet de reclassering niet zelf. Er zijn instellingen waar de reclassering standaard naar doorverwijst en waar goede onderlinge afspraken mee zijn gemaakt. Er zijn ook instellingen waar slechts incidentele contacten mee zijn. Niet elke instelling wil meewerken in een toezichttraject en daarin een signalerende verantwoordelijkheid op zich nemen.

Het is voor de reclasseringswerkers zelf te tijdrovend om voor iedere cliënt afzonderlijk met alle verschillende instellingen opnieuw te zoeken naar passende samenwerking. De ontwikkeling van netwerken, het afsluiten van convenanten, en het maken van kaderstellende afspraken met ketenpartners is een taak van het management. De vaste begeleider is wel degene die voor iedere cliënt specifieke afspraken maakt met de betrokken instellingen. Voor specifieke trajecten is een geregeld netwerkoverleg nuttig. Instellingen hebben verschillende belangen, maar in een geregeld netwerkoverleg is het vaak gemakkelijker met erkenning van de verschillen naar oplossingen te zoeken (zie ook Krechtig, Menger, 2000).

15.4 Gesprekken met samenwerkingspartners voorbereiden

Soms verloopt de samenwerking voorspoedig. Soms verloopt het ronduit stroef. En soms komt de samenwerking niet eens tot stand. Dit kan lastig en frustrerend zijn voor cliënten en reclasseringswerkers.

Het is opvallend dat reclasseringswerkers zeer geduldig kunnen zijn als het gaat om het contact maken met cliënten. Ze kunnen daarin buitengewoon capabel zijn en zich goed verplaatsen in een leefwereld die niet de hunne is, terwijl ze dan soms zo ongeduldig zijn als het gaat om andere instanties. Juist denkend vanuit de belangen van een goede interventie voor hun cliënt lijken ze te vinden dat die ander 'gewoon moet doen wat ik vraag.' Dat een andere professional vanuit een eigen vakgebied anders tegen de wereld kan aankijken, levert eerder ergernis op dan begrip. Ergernis is geen goede raadgever.
Onderhandelen met andere instellingen kan pas succesvol verlopen als je erkent dat de belangen van elkaar kunnen verschillen. Zolang de andere professional niet het idee krijgt dat er aandacht is voor zijn belang, zal de samenwerking niet soepel verlopen. Dat betekent niet dat de reclasseringswerker dan maar moet afzien van de eigen belangen. Ook die moeten worden erkend. Het gaat om de vraag of de belangen van beide partijen kunnen worden gerealiseerd. Wat heeft de ander nodig om goed te kunnen werken? En kunnen we aan die voorwaarden voldoen? Wat is voor ons essentieel om te realiseren? En hoe kunnen we dat voor elkaar krijgen?

Voordat het gesprek met een andere instelling start, is het altijd handig nog even voor jezelf na te gaan wat je nodig hebt. Stel jezelf vragen als: wat moet in ieder geval worden gerealiseerd voor het welslagen van het traject van de reclassering? Welke informatie heb ik nodig van de andere professional om het toezicht te kunnen uitoefenen? Wat is het perspectief van de andere instelling? En hoe liggen zijn belangen? Hoe kan ik daar op inspelen? Hoe belangrijk zijn wij voor deze instelling? Zijn zij afhankelijk van ons? Of zijn wij dat van hen? Een goede voorbereiding, net zoals je dat met cliënten doet, doet wonderen.

Soms is samenwerken subtiel opereren, net zoals je dat met cliënten doet. Je houdt rekening met machtsverhoudingen, maar je zoekt altijd naar het gezamenlijke doel: wat kunnen we met elkaar voor deze ene cliënt, of voor deze groep cliënten, betekenen? Goede samenwerking veronderstelt de erkenning dat het aanbod van de eigen organisatie zijn grenzen en beperkingen kent. Net als bij cliënten kan de techniek van 'bezwaren omzetten in voorwaarden' openingen bieden bij stagnerende samenwerking. De reclassering heeft de medewerking van de andere instelling nodig, omdat die iets kan bieden wat de reclassering niet heeft. Erkenning en respecteren van elkaars regels en belangen leidt vaak tot goede samenwerking en oplossingen voor lastige problemen.

Een RIAGG wil een cliënt niet behandelen, omdat hij zich agressief heeft gedragen tegenover de intaker. Deze cliënt moet voor agressieproblematiek in behandeling bij een RIAGG. De reclassering kan deze cliënt niet meer naar een andere RIAGG verwijzen. De reclasseringswerker en RIAGG-medewerker spreken onderling af, dat zij zelf een andere RIAGG benaderen, uitleggen wat er aan de hand is en regelen dat de cliënt daar terecht kan.

15.5 Samenvatting

De vaste begeleider schakelt veelvuldig anderen in. De reclassering doet niet wat anderen beter kunnen. Dat betekent dus veel samenwerken. De sociale kaart, de mogelijkheden en procedures bij samenwerking verschillen per regio. Algemene regels zijn daarom niet te geven.

De rollen en procedures bij de instroom moeten voor iedereen helder zijn. Om het reclasseringswerk goed te positioneren moet goed worden afgestemd hoe de instroom in de verschillende trajecten tot stand komt, hoe partijen elkaar op de hoogte houden en hoe gehandeld wordt bij het stopzetten van trajecten. Helderheid over de reactie van justitie als de reclassering een cliënt teruggeeft, is een voorwaarde voor effectief reclasseringshandelen. Cliënten en reclassering moeten kunnen rekenen op een passende reactie. Door de verschillende posities van de partners verschilt ook de invalshoek en de visie op cliënten nogal eens. Respecteer deze verschillen en ga na hoe je vanuit een gezamenlijk belang tot een goed totaalbeeld en tot heldere afspraken kunt komen. Strijden over visies werkt niet (bijvoorbeeld over het negatieve beeld van de politie over een ITB-cliënt die jij anders beoordeelt). Onderhandelen over concrete punten werkt wel (je wilt je ITB-cliënt nog een kans geven, ook al is er terugval geweest. Er zijn ook veel vorderingen geweest. Je legt de redenen concreet uit aan de politie).

Het kan nodig of handig zijn om professionals die eerder met de cliënt te maken hadden, te bellen voor meer informatie dan de RISc biedt. Hiermee kan je voorkomen dat je fouten in de aanpak herhaalt. Samenwerking met de reclassering en de daarbij geldende condities kan het beste worden geformaliseerd door afspraken op managementniveau. Ook stroeve samenwerking kan op dit niveau door de unitmanager worden besproken.

Samenwerken en onderhandelen met professionals is een onderdeel van je vak. Je kunt hier net zo strategisch over nadenken als over het werken met je cliënten. Bereid je goed voor als het nodig is. Bedenk goed wat je positie is ten opzichte van de ander en welk belang de ander kan hebben bij samenwerking met jou. Speel hierop in. Bedenk ook goed wat je vraag is, welk punt je wilt bereiken en welke andere condities belangrijk zijn. Ga na welke bezwaren iemand zou kunnen opwerpen. En bedenk wat je hier tegen in kunt brengen. De techniek van bezwaren omzetten in voorwaarden kan ook hier openingen bieden.

Hoofdstuk 16

Tussentijds beëindigen van het traject

16.1 Inleiding

Wanneer geeft de reclassering iemand terug aan justitie? Formeel gesproken is dit helder vastgelegd in het beleidskader: de vaste begeleider beoordeelt of een cliënt zich voldoende houdt aan wat is opgelegd. Als de cliënt niet voldoet aan de voorwaarden die door justitie zijn gesteld, dan bespreekt de vaste begeleider dit met de unitmanager. Het besluit dat een cliënt, die een voorwaarde heeft overtreden, wordt gemeld aan justitie, valt onder de verantwoordelijkheid van de unitmanager. De juridische consequenties worden in het juridische circuit vastgesteld. Deze kunnen variëren voor de verschillende vormen van toezicht. Bij een schorsing uit preventieve hechtenis kan de cliënt meteen weer vast komen te zitten. Bij begeleiding op basis van een vonnis wordt er een zitting gepland. Er kan besloten worden om eerst een formele waarschuwing te geven.

Helder dus, maar toch is er ruimte. De vaste begeleider 'beoordeelt' of de cliënt zich 'voldoende' houdt aan wat hem is opgelegd. In hoofdstuk 4, over toezicht, is in dit verband het onderscheid gemaakt tussen voorwaarden, aanwijzingen en afspraken. Dit onderscheid is bepalend voor het handelen van de reclassering bij het tussentijds beëindigen van een traject.

Voorwaarden, aanwijzingen, afspraken

Bij *voorwaarden*, door justitie geformuleerd en kaderstellend voor het traject, moet van tevoren volstrekt duidelijk zijn dat schending leidt tot melding aan justitie. De melding kan gepaard gaan met een advies over het vervolg, bijvoorbeeld stopzetten, niet stopzetten omdat de reclassering perspectief ziet, niet stoppen maar wel een formele waarschuwing van justitie. Het besluit om een traject al dan niet voort te zetten ligt bij justitie.

Bij *aanwijzingen*, die cruciaal zijn voor het toezicht en waarmee de reclassering de controlerende waarmaakt, ligt het genuanceerder. Bij de start van het traject stelt de reclassering zelf deze aanwijzingen vast. Dit moeten aanwijzingen zijn, waaraan de cliënt zich kan houden. Het kan cliënt en reclassering soms opbreken dat er in het begin te strakke aanwijzingen zijn opgesteld. Het moet voor de cliënt helder zijn welke afspraken de status van aanwijzing hebben en wat de gevolgen zijn als hij ze niet opvolgt. Het niet opvolgen van aanwijzingen kan nooit helemaal zonder gevolgen blijven, maar leidt niet altijd vanzelfsprekend tot melding aan justitie.

Houdt iemand zich niet aan *afspraken*, dan worden daar soms consequenties aan verbonden. Deze brengen het traject niet meteen in gevaar. De cliënt krijgt hier ruimte om te leren en te falen. Hij krijgt de mogelijkheid om te bespreken hoe het kwam dat hij afspraken niet nakomt en wat hij nodig heeft om het wel te kunnen. Hier beoordeelt de reclassering op grond van overwegingen als 'Zet de cliënt zich actief in?', 'Wordt er vooruitgang geboekt?', 'Wat is de betekenis van de niet nagekomen afspraak?', 'Heb ik als reclasseringswerker een te grote stap gezet?', 'Heb ik genoeg rekening gehouden met het stadium in de motiveringscyclus?' en 'Heb ik goed genoeg de bij dat stadium passende interventies toegepast?'. Een besluit over al dan niet stopzetten van een traject komt tot stand op grond van een aantal afwegingen.

16.2 Afwegingen bij voorwaarden

Overtreedt een cliënt een voorwaarde dan, is betrouwbaarheid, straatwaarde en verantwoordelijkheid in het geding. Deze drie begrippen worden hieronder verder toegelicht.

Betrouwbaarheid

Het gaat om de betrouwbaarheid van de reclassering ten opzichte van de justitiële partners. De reclassering heeft van justitie de opdracht om toezicht te houden. Ze moet er melding van maken als de cliënt zich niet aan de voorwaarden houdt. Doet de reclassering dit niet, dan is zij een minder betrouwbare partner voor justitie.

Straatwaarde

Wel of niet reageren op overtredingen heeft 'straatwaarde'. Cliënten hebben een sociaal netwerk, kennen mensen. Als de reclassering niet reageert op een overtreding, gaat het snel rond dat bij de reclassering 'de soep niet zo heet wordt gegeten, als hij wordt opgediend'. Dit heeft gevolgen voor hoe serieus de organisatie wordt genomen en voor de positie van de reclassering als toezichthouder.

Verantwoordelijkheid

Hier gaat het om de verantwoordelijkheid voor het voorkomen van recidive en schade. Bij niet reageren, wordt de reclassering medeverantwoordelijk voor het risico op schade die de cliënt zou kunnen aanrichten. Als de reclasseringswerker zich in de toekomst moet verantwoorden, kan hij niet meer aantonen zich te hebben gehouden aan wat de reclassering heeft toegezegd. De reclassering laat ook na de verantwoordelijkheid voor het risico op recidive en op schade te delen met justitie.

Deze consequenties maken een heldere lijn vanuit de reclassering noodzakelijk bij het overtreden van voorwaarden. Elk besluit over al dan niet stopzetten, moet zijn genomen na afweging van deze drie aspecten. Het besluit moet op grond van alle drie de aspecten te verantwoorden zijn. De reclassering kan de melding altijd gepaard laten gaan met een advies over de gevolgen.

16.3 Afwegingen bij aanwijzingen

Ook bij het niet opvolgen van een aanwijzing zijn de betrouwbaarheid, straatwaarde en verantwoordelijkheid in het geding. Daarnaast is er een verschil. De reclassering heeft zelf besloten iets als een aanwijzing op te nemen. Deze aanwijzingen komen niet van justitie. Hierdoor is er meer ruimte voor professionele overwegingen. Wat is de betekenis van het verzuim van de cliënt? Klopte de aanwijzing? Ben ik daar vooraf glashelder over geweest? Heb ik het met de juiste interventies en de juiste attitude omgeven? En heb ik goed genoeg ingespeeld op de fase in de motiveringscyclus? De speelruimte voor de cliënt om te sjoemelen met aanwijzingen wordt kleiner naarmate de reclasseringswerker vooraf meer helderheid schept bij de cliënt (en dus allereerst voor zichzelf) over wat aanwijzingen zijn. En welke gevolgen het heeft als hij ze niet nakomt. Ook maakt het uit hoe bewust methodisch iemand handelt. Naarmate iemand bewuster methodisch kiest en handelt, kan hij duidelijker en overtuigender zijn tegenover de cliënt. Let wel: dit kunnen ook 'intuïtieve' beslissingen zijn, gebaseerd op impliciete en geïnternaliseerde kennis. Het criterium is of je in staat bent die beslissingen later aan je collega's uit te leggen en te verantwoorden.

16.4 Afwegingen bij afspraken

Houdt de cliënt zich niet aan afspraken, dan hangt een besluit over de gevolgen meer af van de oorzaken hiervan en van de interpretatie door de reclasseringswerker. De geschikte reactie kan worden bepaald, nadat je jezelf een aantal professionele vragen hebt gesteld. Vaak heb je niet veel tijd om na te denken over een reactie. Maar ervaren reclasseringswerkers stellen zich dergelijke vragen vaak toch razendsnel en soms half bewust. In lastige situaties is het goed je aan te wennen hier toch even de tijd voor te nemen. Hieronder staat een overzicht van de terreinen waarop afwegingen kunnen worden gemaakt en welke vragen daarbij een rol kunnen spelen. Als je het goed doet, leg je de conclusie van deze professionele afwegingen nog naast de afwegingen rond betrouwbaarheid, verantwoordelijkheid en straatwaarde. Pas dan ontstaat een volledig beeld.

Is het te begrijpen vanuit het veranderingsproces?

Veranderen gaat met horten en stoten en het is geen lineair proces. Soms wil een proces maar niet op gang komen. Het lijkt er tijden op dat er niets wezenlijks verandert en dan schiet het opeens vooruit. Soms start het voorspoedig, maar dan komt er opeens een hindernis tevoorschijn. En soms is de cliënt een heel eind op de goede weg, maar valt hij weer terug in het oude patroon. Gedragspatronen die zijn ingesleten hebben de neiging steeds weer de kop op te steken. Bij de motiveringscyclus (zie hoofdstuk 12) wordt terugval als een normale fase in het veranderingsproces beschouwd. Ook komen er gaandeweg vaak doelen of problemen in zicht die tijdens de diagnostische fase niet op tafel kwamen. Ook kan een verandering in het leven (werk krijgen), of een nieuw aangeleerde vaardigheid, het perspectief van iemand op de situatie en op de toekomst aanzienlijk veranderen. Er komen dan soms problemen boven of doelen in zicht die daarvoor niet denkbaar waren.

Vanuit de invalshoek van het veranderingsproces gaat het om vragen als 'hoe verhoudt het probleem, het niet nakomen van afspraken, zich tot de beginsituatie van de deelnemer?', 'is er sprake van vooruitgang?', 'in hoeverre blokkeert het niet nakomen van deze afspraak de vooruitgang?'. De reclasseringswerker schat hierbij ook in waarom de cliënt de afspraak niet nakomt. Wordt er gesjoemeld? Is het onmacht? Is hij aan het leren? Probeert hij grenzen uit?

Het is goed om hierbij de eigen indrukken van de cliënt serieus te nemen en tegenover hem open te zijn over wat je vindt of denkt. Spreek vermoedens uit en houd geen dingen achter. Een vermoeden heeft veel invloed op je gedrag. Cliënten merken dat vaak beter dan de reclasseringswerker zelf. Veel van hen zijn getraind op het herkennen van afwijzing. En de meeste cliënten zijn uit op het herkennen van speelruimte. Daarom is het belangrijk helder en transparant te zijn over je vermoedens. Voor de reclasseringswerker zelf kan het achterhouden van vermoedens de eigen motivatie ondergraven. Uitspreken dat je denkt dat iemand liegt en erbij zeggen dat je dat niet kunt bewijzen, houdt in ieder geval de communicatie open. De cliënt weet dan ook waarom de reclasseringswerker op een bepaalde manier reageert. Hierdoor heeft hij ook de mogelijkheid om te corrigeren.

In welke fase van de begeleiding gebeurt het?

- Gebeurt het aan het begin van het traject, dan kan het wijzen op reactance, al dan niet in combinatie met het feit dat iemand zich bevindt in de voorfase van de motiveringscyclus. Je kan dan reageren zoals in het desbetreffende hoofdstukken is aangegeven. Wil je meteen strak en helder zijn, zodat de cliënt weet waar hij met jou aan toe is?
- Gebeurt het ergens midden in de looptijd van het traject? Dan is het belangrijk goed na te gaan om welke reden iemand zich minder goed aan de afspraken gaat houden. Gaat het om een stap in de motivatiecyclus? Is er een ontwikkeling naar een volgend stadium gaande waardoor de ambivalentie weer toeneemt? Of is er sprake van terugval? Is er iets gebeurd waardoor hij weer meer belang heeft bij het tonen van reactance? Probeert hij dus weer uit of de grenzen iets kunnen worden opgerekt? Is het perspectief verschoven? Is er iets concreets aan de hand of veranderd? Een passende reactie kan pas worden bepaald als er meer helderheid is over deze achtergronden. Vooral als het lijkt te gaan om een ontwikkeling in de motivatie is het belangrijk niet al te dwingend te zijn. Juist in die fase kan het weerstandsgedrag tijdelijk toenemen! De aangewezen reactie dan is om de situatie, en de moeite die dat kost, te benoemen. Ook moet je de cliënt dan steunen in het zetten van de volgende stap.
- Gebeurt het aan het eind van het traject, dan spelen dezelfde overwegingen een rol als middenin het traject. Maar het kan in dit stadium ook een signaal zijn dat iemand het traject vooral op externe motivatie heeft doorlopen en dat hij het – nu hij de vrijheid weer 'ruikt' – minder serieus gaat nemen. Of het is een teken dat iemand het zonder begeleiding wellicht toch minder zal redden. Daarmee is het een aanleiding voor de reclassering om de nazorg goed te structureren. Bekend is ook dat een groep cliënten, niet alleen van de reclassering, juist tegen het einde de neiging vertonen van terugvalgedrag. Dit is niet altijd 'echte' terugval. Het is soms bedoeld als een 'boodschap' dat iemand opziet tegen

het einde van het contact, in de hoop de ander te verleiden om door te gaan. Het kan iemand enorm helpen om dit motief boven tafel te krijgen en hem juist dan aan te spreken op de eigen kracht. En ook in dit geval is het goed, extra aandacht te geven aan de nazorgstructuur.

Wat zegt het over de interventies?

Zit je zelf op het goede spoor? Ziet de cliënt in wat het nut is van de afspraken? Is het tempo juist? Verdiep je je genoeg in de betekenis van het gedrag van de cliënt? Ga je voldoende na of je eigen gedrag de reactance van de cliënt vergroot? Zie je scherp in welke fase van de motiveringscyclus jullie aan het werk zijn? Welke motiveringsstrategieën heb je tot nog toe uitgeprobeerd? Hoe heb je tot nu toe gereageerd op het niet nakomen van afspraken? Ben je duidelijk genoeg geweest over je verwachtingen en de gevolgen? Hoe gemotiveerd ben je zelf nog? Kan het zijn dat gedrag van de cliënt een weerspiegeling is van je eigen gedrag? Welke rol spelen eigen irritaties? Waar komen die irritaties vandaan? Dit soort vragen leent zich voor advies, consultatie of interviews met collega's of werkbegeleider.

'Ik heb een tijdje veel jongeren begeleid. En dan had ik van dat soort gesprekken die over niks gingen. En dan kwamen ze hun afspraken bijvoorbeeld niet na. In het begin was ik heel zakelijk: ik stuurde ze zo terug. Maar op een gegeven moment heb ik bedacht dat ik een contractje met ze ging maken. Wat gaat er nou allemaal niet zo lekker? Waar gaan we aan werken? Wat wil jij? Wat zijn volgens mij leerpunten? En wat zijn de voorwaarden (om de zoveel tijd een gesprek, daar kunnen we elkaar op aanspreken.)? Je hoeft niet altijd een uur met zo'n jongere te praten. Het kan soms ook veel korter. Over concrete onderwerpen. Dat maakt het voor beiden duidelijk. Niet alleen de jongere weet waar hij voor komt, maar ik weet ook wat ik zit te doen. Je maakt meetmomenten. Om de zoveel tijd pak je het contractje er weer bij: 'hoever zijn we?', 'wat vind jij ervan?', 'wat vind ik ervan?'.

Incidenteel of zit er een lijn in?

Is het incidenteel? Gebeurt het af en toe, afgewisseld met periodes dat het beter loopt? Of is er sprake van een neergaande lijn? Is het al vanaf het begin hangen en wurgen? Kun je zeggen dat de cliënt zich eigenlijk gewoon niet inspant, zich niet actief inzet? Kan het duiden op het volharden in externe motivatie? Heeft iemand teveel belang bij het vasthouden van het oude gedrag? Of streeft hij hardnekkig doelen na die haaks staan op de doelen van het reclasseringscontact? Als dit zich voordoet is het belangrijk nog eens heel goed stil te staan bij de vraag wat je hebt gedaan om deze cliënt van de voorfase in de cyclus naar een volgende fase te begeleiden. Heb je dit volgens het professionele oordeel van jezelf en van collega's naar behoren gedaan en ben je ook op andere fronten helder geweest, dan kan het in deze situaties aangewezen zijn iemand terug te geven aan justitie.

16.5 Enkele mogelijkheden om te handelen

Belonen of straffen

Een klein, voor de cliënt onprettig, gevolg verbinden aan het niet nakomen van een afspraak: *'Soms als een cliënt te laat komt, zeg ik: 'jammer, ik heb nu geen tijd meer voor je. Kom morgen om dezelfde tijd maar terug.'*

Instructie

Nagaan of de opdracht te moeilijk was voor de cliënt. Een nieuwe, kleinere opdracht geven voor de volgende keer. Duidelijker en meer gedetailleerde instructie: voordoen, oefenen, iets samen doen.

Coachen

De inzet van de cliënt tot onderwerp van gesprek maken. Samen bespreken dat de reclasseringswerker het verloop niet goed vindt. Vragen stellen als 'wat doen we hier?,' 'wat is ieders rol?', 'waarom vind ik het niet goed gaan?'. Dit kan alleen bij cliënten die over voldoende reflexief vermogen beschikken en bij wie 'een goed gesprek' invloed heeft.

Informeren

Bij anderen, die bij het traject van de cliënt betrokken zijn, nagaan wat hun ervaringen zijn. Zien zij iets soortgelijks? Kunnen de betrokkenen een gemeenschappelijke lijn afspreken? Het kan betekenen dat het interventieplan wordt aangepast. Moeten er doelen bijkomen of veranderen? Moet het traject worden bijgesteld?

Inschakelen van het sociale netwerk

Waar dit mogelijk is en nuttig lijkt het sociale netwerk inschakelen. Met hen, in aanwezigheid van de cliënt, doorgeven wat de afspraken zijn en met hen nagaan of zij de cliënt kunnen bijstaan en hoe.

De paradoxale aanpak

Het omgekeerde doen wat een cliënt verwacht. Mensen zijn in het algemeen gewend dat anderen gaan 'tegenhangen' als zijzelf verzet tonen. Meebewegen met de weerstand, zoals reclasseringswerkers doorgaans doen, is dan al heel iets anders. Dat is vaak heel effectief. Nog verder kan je gaan door iemand min of meer 'rechts in te halen'. Je overtreft het weerstandsgedrag en ziet af van elke poging hem over te halen om inhoud te geven aan het contact. Bekend is de strategie van de reclasseringswerker die gaat kaarten met zijn cliënt, omdat ze nou eenmaal elke week bij elkaar moeten zitten en het duidelijk is dat de cliënt verder geen enkel probleem heeft dat hij wil bespreken. Tijdens het kaarten kunnen, tegen wil en dank, gesprekjes ontstaan die uiteindelijk leiden tot een zinvol en effectief reclasseringscontact.

'Er zijn cliënten die gaan zitten met een houding van 'ik moest hier zijn. Nou, hier ben ik. Ik heb aan mijn verplichting voldaan, dus nou doe ik verder niks meer.'. Soms ga ik dan aan de computer zitten werken. Als de cliënt dan vraagt: 'doen we nog wat?', zeg ik: 'ik zit te werken. Jij bent hier, ik ben hier. Als je iets wilt, dan hoor ik het wel.' Na een kwartier mag hij dan weg. Als ik dat drie keer heb gedaan, dan is de kans groot dat hij iets te bespreken heeft daarna.'

Let op: bij deze aanpak is het inschattingsvermogen van de reclasseringswerker heel belangrijk. Het is een interventie voor gevorderden. Het kan ook averechts werken. Als je er weinig ervaring mee hebt, bespreek dan een voorgenomen paradoxale interventie vooraf met de werkbegeleider of met een collega van wie je weet dat hij er goed in is. Een verdere uitwerking hiervan voert te ver. Het is dus niet bedoeld als een manier om eindeloos door te blijven gaan met iemand die niet wil. Het is een interventie die bedoeld is om verandering teweeg te brengen.

16.6 Samenvatting

Wanneer geef je iemand terug aan justitie? Dit hoofdstuk gaat over stopzetten in die gevallen dat de reclassering besluit dat ze de verantwoordelijkheid niet meer kan nemen voor een cliënt. Het risico is te groot of de situatie is onwerkbaar. De evaluatie en afsluiting van een traject dat goed is afgerond, is besproken in hoofdstuk 3. Beslissingen over eenzijdig stopzetten van een traject neem je op basis van afwegingen. Eerder onderscheidden wij voorwaarden, aanwijzingen en afspraken. De afwegingen bij wel of niet stopzetten verschillen op elk van deze niveaus.

Overtreedt een cliënt een voorwaarde, dan leidt dit tot melding aan jusititie. Een heldere lijn is hier noodzakelijk met het oog op de betrouwbaarheid van de reclassering voor cliënt en justitie, de straatwaarde die het heeft als de reclassering niet handelt (een slappe houding gaat snel rond in diverse criminele circuits) en de (mede) verantwoordelijkheid die de reclassering heeft voor risicobeheersing. Hierover moet je van tevoren helder zijn geweest (zie hoofdstuk 4).

Overtreedt iemand een aanwijzing dan zijn ook de betrouwbaarheid, verantwoordelijkheid en straatwaarde in het geding. Afwegingen van andere aard moeten ter toetsing naast deze drie worden gelegd. Daarnaast is er, omdat de reclassering zelf verantwoordelijk is voor de aanwijzing, ruimte voor professionele afwegingen. Bijvoorbeeld: 'wat is de betekenis en de functie van dit verzuim?', 'ben ik helder genoeg geweest?', 'heb ik voldoende ingespeeld op de fase in de motiveringscyclus?'. Ook over de status van aanwijzingen moet je bij de start helder zijn, dan kan je daar later beter op teruggrijpen.

Overtreedt iemand een of meerdere afspraken dan is er nog meer ruimte voor dergelijke professionele afwegen. Het gaat hier immers om de begeleidingsruimte waarin iemand leert, valt, opstaat (of werkelijk blijft saboteren). Belangrijkste vraag hier is: 'blokkeert het gedrag verdere vooruitgang of kunnen we het hier eerder zien als een vorm van leren via vallen en opstaan? Het kan te maken hebben met een veelheid aan factoren, zoals:

- *de aard van het veranderingsproces. Ga goed na wat er speelt. Het kan 'normale' terugval zijn. Er kunnen andere doelen in zicht komen of het gaat te snel;*
- *de fase van het veranderingsproces. Bij het begin kan het gaan om reactance. Handel dan zoals in hoofdstuk 9 staat. In het midden kan de ambivalentie zijn toegenomen, waardoor tijdelijk meer stroefheid optreedt. Stem je handelen dan meer af op deze fase van de motiveringscyclus. Er kan nieuwe reactance optreden na een nieuwe beperking. Of iemand probeert de grenzen op te rekken nu het loopt. Wees en blijf dan helder over het kader;*
- *de interventies van de reclasseringswerker. Gaat de cliënt op de rem, omdat jij te snel wilt? Speel je genoeg in op het stadium van motivatie? Ben je helder genoeg over het kader? Zijn je reacties daarop helder en expliciet genoeg? Heb je genoeg weet van de doelen, normen, behoeften van de cliënt? Speel je hierop in? Hoe gemotiveerd ben je zelf? Welke rol spelen eventuele irritaties? Al deze kwesties kunnen spelen. Als dat aan de orde is, raadpleeg dan de desbetreffende hoofdstukken voor handelingssuggesties;*
- *het is incidenteel of er zit een lijn in. Is het incidenteel? Dan kan het een onderwerp zijn voor een stevig gesprek. Gebeurt het vaker? Overheerst het idee van een niet werkende cliënt (ook al houdt hij zich aan de kaders)? Heb je goed gereflecteerd op je eigen interventies? Dan kom je ook hier uit op de betrouwbaarheid en verantwoordelijkheid van de reclassering en op de straatwaarde van niet reageren. Verduidelijk je redenen, laat je ondervragen door de werkbegeleider en neem een duidelijk besluit.*

Reactiemogelijkheden zijn:

- *belonen of straffen;*
- *instrueren;*
- *coachen, bespreken van de situatie en de verwachtingen;*
- *informeren;*
- *inschakelen sociaal netwerk;*
- *paradoxale aanpak.*

Hoofdstuk 17

De reclasseringswerker

17.1 Inleiding

De meest kenmerkende bestanddelen van de reclasseringsmethodiek zijn nu besproken. Ook is het duidelijk binnen welke kaders de reclassering haar werk doet en welke concepten daarbij fundamenteel en sturend zijn. De maatschappelijke opdracht van de reclassering, en het grote maatschappelijke belang daarvan, klinkt in dit alles voortdurend door.

Wat er verder voortdurend doorheen klinkt, is de complexiteit van dit werk. De 'zwaarte' die er door de samenleving aan wordt gegeven. Van reclasseringswerkers wordt 'verwacht' dat zij zich voortdurend inspannen om zich te verbinden aan de perspectieven van burgers, die soms door grote delen van de samenleving niet meer worden geaccepteerd. En gelijktijdig moeten ze in staat zijn om de nodige afstand te houden, zodat ze de situatie kunnen bekijken vanuit het perspectief van diezelfde samenleving.

Geen cliënt is daarbij ooit hetzelfde. Cliënten zijn vaak onvoorspelbaar. Dat geldt overal, maar zeker voor reclasseringscliënten, die juist vanwege grensoverschrijdend en onvoorspelbaar gedrag in de problemen zijn gekomen. Zij hebben overlevingsstrategieën aangeleerd in hun leven, die voor anderen die dit niet hebben geleerd, niet altijd even makkelijk te begrijpen en te pareren zijn. Reclasseringscliënten kunnen vaak meesterlijk iemand op het verkeerde been zetten, weten mensen soms goed te bespelen, zijn soms hulpeloos of gedesoriënteerd, soms zwakbegaafd en soms heel geslepen. Soms spreken ze heel gebrekkig Nederlands. Vaak hebben ze al heel wat professionele bemoeienis gehad, en lang niet altijd met een positieve afloop. En soms spreken ze de 'reclasseringstaal' goed, waarmee ze de schijn kunnen wekken dat ze uitstekend meewerken.

Wie alle bestanddelen van de methodiek op zich laat inwerken en ze combineert met de kenmerken van de cliëntengroep, kan er niet omheen dat dit werk veel vraagt van degenen die het doen. Of een methodiek nu helder is of niet, uiteindelijk is het de reclasseringswerker die als professional, maar ook als persoon, het werk moet uitvoeren. Het is belangrijk dat de reclasseringswerker deskundig is. Dat wil zeggen dat hij de bij het beroep horende vaardigheden en kennis heeft ontwikkeld en een passende beroepshouding heeft. Maar vervolgens moet de reclasseringswerker het iedere keer weer zelf voor elkaar krijgen. Door de juiste combinatie van afstand en nabijheid, door de eigen manier van communiceren, door soms aanwijsbaar en soms haast ondefinieerbaar fingerspitzengefühl, door de persoon die je bent. Toegerust met middelen en methoden, maar toch. Krijg je wel of niet contact? Krijg je wel of niet een proces op gang bij deze cliënt? Lukt het je wel of niet om controle en begeleiding te combineren tot een aanpak die helder is voor jezelf en voor de cliënt? Je moet steeds nadenken, niet alleen over de cliënten en de interventies, maar ook over de reacties en vanzelfsprekendheden van jezelf. Over je culturele vanzelfsprekendheden, je impliciete normen. Over je eigen afwijzing of zelfs afkeer van een cliënt. Natuurlijk weet je 'het gedrag afwijzen, de persoon respecteren', maar toch... Over de vraag waarom je energie op raakt bij een bepaalde cliënt. En hoe je reageert op de organisatie en politieke druk op het werk.

In dit hoofdstuk ligt de nadruk op de meer persoonlijke elementen die een rol spelen in het reclasseringswerk. Het gaat over kwaliteiten en valkuilen, over motivatie van de reclasseringswerker, over hoe moeilijk het is afstand te nemen van je eigen cultuur en over hoe de reclasseringswerkers zich staande houden in de organisatie. Zelfreflectie is een onontbeerlijk bestanddeel van het reclasseringswerk. Het is noodzakelijk dat de organisatie, op alle niveaus, hiertoe de voorwaarden schept.

17.2 Handelen op grond van meer en minder rationele overwegingen

Een methodiek kan nog zo sluitend zijn, maar het bepaalt het professionele handelen nooit helemaal. Zoals elke professional komen ook reclasseringswerkers regelmatig in valkuilen terecht die niet zomaar zijn te dichten met inzicht in de juiste kaders, begrip van de juiste methodiek of een groot scala aan vaardigheden. Ons handelen wordt niet alleen door 'rationeel inzicht' gestuurd. Zelfs het handelen van de meest doorgewinterde professional hangt ook samen met zo op het oog minder rationele overwegingen. Wij zijn veel voorbeelden van dergelijke overwegingen en valkuilen tegengekomen in de gesprekken met reclasseringswerkers. In hoofdstuk 4, toezicht, staan enkele voorbeelden. Er gebeurt iets, je laat je overvallen, je maakt een eenmalige vergissing, of je hoort iets te laat. Je komt zelf een keer je afspraak niet na en vindt het daarna moeilijker je cliënt erop aan te spreken. Een cliënt komt niet opdagen. Je voelt het als een persoonlijk falen en denkt daar meer over na dan over de kenmerken van de cliënt of van de situatie. Of omgekeerd, je wilt niet dat het aan jou ligt en denkt alleen maar na over de cliënt en de situatie. Of je hebt last van gebrekkige informatie of ontbrekend beleid van de organisatie. Je hebt geen tijd om de situatie goed te overdenken en je reageert niet handig. In al dit soort situaties kan je even, of voor langere tijd, het stuur kwijt zijn in je professionele overwegingen. Ook van elke andere beroepsgroep zijn dergelijke voorbeelden bekend, soms zelfs uitvoerig onderzocht.

Het gaat hier, net zoals bij cliënten, om gedragsketens die goed te stoppen zijn. Een eerste reactie die fout uitpakt, hoeft niet te leiden tot 'voortschrijdende stroperigheid'. Communicatie is niet lineair, maar is een proces. Als je op de verkeerde weg zit, kun je op je schreden terugkeren en een andere route inslaan. Daarvoor is wel nodig dat je onder ogen ziet dat je niet op de goede weg bent en dat je handelen dus niet het effect heeft, dat je zou willen hebben. Vervolgens denk je na over hoe je vanaf hier verder gaat. Consulteren van een collega of werkbegeleider is hierbij belangrijk.

> *'We hebben het er wel met elkaar over: bijna iedereen loopt vast op dit soort cliënten. Het komt bij iedereen wel voor dat je niet meer weet hoe je verder moet. En het helpt als je er in het team over praat. Vroeger was ik veel rechtlijniger. Dan rapporteerde ik eerder terug. Nu blijf ik langer zoeken naar mogelijke doelen waar de cliënt mee aan de slag wil. Ik vraag nog een keer om tijd in een teambespreking, en zo.'*

17.3 Kwaliteiten, valkuilen, uitdagingen en allergieën: het kernkwadrant

Je staat er als reclasseringswerker met je hele hebben en houwen. Je hebt allemaal je sterke kanten, maar ook je eigen rariteiten. De een kan fantastisch structureren, de ander is een improvisator van formaat. De een houdt van veel heftigheid, de ander heeft het liever wat rustig. Juist die verschillen maken dat een team veel soorten cliënten 'aankan' en verschillende trajecten kan bieden.
Hoe professioneel je ook bent, hoe goed je ook in staat bent de professionele afstand tot de cliënt te bewaren, toch raakt het werk je. Iedere cliënt roept iets bij je op. En je hebt daar je persoonlijke gevoeligheden bij.

> *'Hij moest bij ons een combinatie van verplicht contact en werkstraf volgen. De werkstraffer is een nogal rechtlijnige dame. Het eerste gesprek loopt meteen mis. De cliënt is goed gebekt, op het agressieve af, de reclasseringswerker voelt zich bedreigd en rapporteert hem af. Tja, dan hangt ie. Ik vind dat jammer, het komt ook omdat die collega zo rechtlijnig is.'*

Ofman (1996) geeft aan dat het niet zo moeilijk is, voor jezelf of anderen aan te geven wat er beter kan, wat je verkeerd doet of hoe het anders moet. Maar het is volgens Ofman belangrijk om stil te staan bij wat je goed kunt. Je moet contact maken met je eigen inspiratie en motivatie. Hij heeft een model ontwikkeld, waarin hij de verschillen tussen mensen als uitgangspunt neemt. Daarin wordt duidelijk hoe mensen elkaar kunnen versterken of verzwakken. Ook maakt het duidelijk hoe conflicten tussen mensen makkelijker aan te pakken zijn vanuit de erkenning van de verschillen. Dit model noemt hij het kernkwadrant. Het is dus een model met vier elementen die zich ten opzichte van elkaar verhouden.

Kernkwaliteit

Het eerste element is de *'kernkwaliteit'*. Kernkwaliteiten zijn 'eigenschappen die tot het wezen van de persoon' behoren. De kernkwaliteit 'kleurt' een mens. Het is de specifieke sterkte waarbij je direct aan hem of haar denkt. De persoon zelf is zich vaak niet eens bewust van deze kwaliteit. Als je hem erop wijst, zegt hij: 'Dat kan toch iedereen (doorzetten, flexibel zijn, attent zijn, opruimen, enzovoort)'. Hoe meer mensen hun kernkwaliteiten kunnen inzetten in het werk, des te meer zijn ze in het werk verbonden met hun kern, kunnen ze zichzelf zijn en authentiek handelen.

Valkuil

Maar een kwaliteit kan ook doorschieten. Een doorzetter wordt dan een drammer, een luchthartig type wordt een wegwuiver van alle problemen, een bedachtzaam type komt niet meer tot handelen en wordt een teut. Bij elke kwaliteit hoort een vervorming. Ofman noemt dat de *'valkuil'*. Een valkuil is dus een doorgeschoten kernkwaliteit. 'Je bent te .....'. Meestal hoef je niet lang te zoeken naar je valkuilen. Het is dat wat mensen die je goed kennen je nogal eens verwijten: 'jij bent altijd zo ...'. Het bijzondere van dit model is dat een valkuil altijd wijst op een kwaliteit. Hoe meer verschillende valkuilen, des te meer verschillende kwaliteiten.

Uitdaging

Bij een valkuil krijg je een *'uitdaging'* cadeau. De uitdaging is het positief tegenovergestelde van de valkuil: een kwaliteit die je zou kunnen oefenen of dat wat ontwikkeling nodig heeft. Let hier ook op de positieve formulering. Ofman zegt niet: 'leer je vervorming af'. Vechten tegen je valkuil, is vechten tegen de bierkaai. Het is een ineffectieve manier om met je energie om te gaan. Je steekt dan je energie in het negatieve, in het zorgen dat je niet iets doet. Ofman zegt: 'probeer je uitdaging te oefenen'. Een uitdaging versterkt de kwaliteit, omdat de opgave niet is 'zet je kernkwaliteit niet in', maar 'voorkom dat je in je valkuil schiet door je kernkwaliteit te combineren met een andere kwaliteit'. Bijvoorbeeld: iemand die erg flexibel is, schiet misschien door in chaotisch. Positief tegenovergestelde van chaotisch kan ordelijk zijn. Dus de uitdaging voor deze persoon is om flexibel geordend te zijn of geordend flexibel. Wel orde, maar met ruimte voor improvisatie. Wel flexibel, maar vanuit een basisorde.

Allergie

De laatste plek in het kwadrant is voor de allergie. 'Het probleem is dat de doorsnee mens allergisch blijkt te zijn voor een teveel van zijn uitdaging. Vooral als hij die in een ander verpersoonlijkt vindt', aldus Hofman. Een flexibele persoon kan zich verschrikkelijk ergeren aan de starheid van een ander, juist omdat dat een teveel aan ordelijkheid (de uitdaging) is.
Zo kunnen in een negatieve spiraal met elkaar terecht komen. De flexibele ergert zich zo aan de wat doorgeschoten orde van de ander, dat ie steeds flexibeler (lees: chaotischer) wordt. Dat brengt de ander tot steeds meer starheid. Voor je het weet, zit je in een conflict dat steeds erger wordt.
'Als men zijn allergie in een ander tegenkomt, ligt de valkuil op de loer. Dus wat iemand het meest kwetsbaar maakt, is niet zijn valkuil, maar zijn allergie, want het is vooral de allergie die iemand in zijn valkuil drijft'. Het is maar goed dat er mensen zijn waar je allergisch voor bent, want die kunnen je op het spoor zetten van je uitdagingen, van dat wat voor jou goed is om te ontwikkelen.
In bijlage 2 is het schema van het kernkwadrant toegevoegd. Bijlage 3 gaat ook over het kernkwadrant. Daarin staan de vragen die je kunnen helpen om voor jezelf de vier elementen in te vullen.

De waarde van dit model

Dit model kan zowel tussen collega's onderling als in contact met cliënten waarde hebben.

- Je zwakte brengt ook je kracht in beeld. Het is een manier van kijken die helpt tevreden te zijn met jezelf zonder dat het tot zelfgenoegzaamheid leidt. Tussen collega's onderling geeft het een manier van kijken weer die het goed mogelijk maakt om feedback te geven. Je dwingt je ten slotte om bij het formuleren van het negatieve (de vervorming, de valkuil) na te denken over de kwaliteit van waaruit dit is ontstaan. Het is een veel meer gewaardeerde manier van kritiek geven. Het helpt om te focussen op wat er aan positieve kanten aanwezig is. Dat klinkt mooi, maar is niet altijd makkelijk. Juist als je je ergert aan wat iemand doet, of aan hoe iemand iets doet, is het een hele toer om die ergernis even aan de kant te zetten en na te denken over de kwaliteit die iemand hiermee toont. De ervaring hiermee in trainingen leert, dat als iemand zich hiertoe dwingt en het lukt om die kwaliteit te vinden, dat de lucht dan meteen opklaart. Zelfs zonder dat de ander er nog bij betrokken is: 'ja, eerlijk is eerlijk, ze kan goed haar grenzen bewaken'.
- Je allergie brengt je uitdaging in beeld. Dus: 'ze kan goed haar grenzen bewaken, en eigenlijk zou ik dat wel eens wat meer moeten doen'.
- Het kan ook helpen in contact met cliënten. Ook daar is het belangrijk om alert te zijn op je allergieën en op hoe je hierdoor in je valkuil kunt schieten. Stel, je bent zelf heel open en eerlijk. Een strategische zelfpresentatie van de cliënt (de waarheid ten eigen voordele inkleuren) zul je dan sneller bestempelen als 'leugenachtig'. Je kunt theoretisch nog wel begrijpen dat hij het doet, maar als eerlijk voor jou een kernkwaliteit is en oneerlijk een allergie, kan je hierdoor op het verkeerde been worden gezet. Je kunt dan bijvoorbeeld moraliserend gaan doen. Als je hiervoor minder allergisch bent, wijs je de cliënt misschien op inconsistenties in zijn redeneringen, of check je ter plekke of het klopt ('ik bel even op om te horen of je er bent geweest').

17.4 Motivatie van de reclasseringswerker

Reclasseringswerkers zijn dagelijks bezig met het motiveren van anderen. Maar ook de eigen motivatie is in het geding. Bij de weerbarstige cliënten is de taak van de reclasseringswerker om motivatie tot stand te brengen, om de cliënt in beweging te krijgen en om response uit te lokken. Maar hoe blijf je gemotiveerd zoeken naar manieren om de cliënt te motiveren? In een aantal opzichten is er hierbij sprake van een parallel proces.

Reactance

Niet alleen de cliënt heeft een traject opgelegd gekregen, de reclasseringswerker heeft ook een inspanningsverplichting gekregen. Met allerlei regels en grenzen en inperking van de persoonlijke vrijheid van de reclasseringswerker. Reclasseringswerker en cliënt zijn tot elkaar veroordeeld. De situatie is voor de reclasseringswerker net zo min vrijblijvend als voor de cliënt. Dat betekent dat fenomenen als 'reactance' ook bij allebei aan de orde kunnen zijn. Vooral als er iets is in de condities waaronder je een cliënt krijgt, waarmee je het niet helemaal eens bent, bijvoorbeeld het is een cadeaugeval, je staat onder druk, je bent het met de maatregel niet eens, je hebt hem al eens eerder teruggestuurd en krijgt hem toch weer, enzovoort. Denk niet 'dat hoor ik niet te voelen'. Sta erbij stil, ga na of er nog iets in die condities is te beïnvloeden, onderzoek de gevolgen voor je motivatie en je handelen en bepaal pas dan een koers. Het (h)erkennen en bespreken van je eigen reactance is soms op zichzelf al genoeg.

Motivatie

Ook de motivatie van reclasseringswerkers kan onder druk staan. Cliënten kunnen zich heel eisend of juist heel amorf opstellen. En de reclasseringswerker moet daar maar weer iedere keer de dynamiek in zoeken, een aanknopingspunt vinden om aan verandering te werken. De relatie tussen reclasseringswerkers en cliënten kan het karakter krijgen van een 'negatieve ruilrelatie'. Dit betekent dat de reclasseringswerker meer investeert dan hij of zij terugkrijgt. Er wordt meer energie van de reclasseringswerker opgebruikt dan dat er terugkomt. De reclasseringswerker wordt leeggezogen. Aan het eind van de dag ben je kapot. Hoe bescherm je je daartegen? En hoe houd je je eigen motivatie op peil?

- Probeer duidelijk te krijgen waar het motivatieverlies mee samenhangt. Meestal weet je zelf heel goed in welke richting je het moet zoeken. Heb je echt geen idee, vraag dan een collega je te ondervragen. Heb je te hoge verwachtingen gehad waarin je bent teleurgesteld? Heb je zelf veel geïnvesteerd en laat je cliënt het afweten? Zie je uitingen van reactance over het hoofd en vat je het persoonlijk op? Zet je in op een te hoog niveau van verandering? Zet je in op een verkeerde fase van de motiveringscyclus? Zijn de voordelen van een crimineel bestaan voor de cliënt te groot en zou je het liever anders zien? Sta je onvoldoende stil bij je eigen reactance en moet je even pas op de plaats maken om na te gaan wat je hiermee eigenlijk kan? Heb je over je eigen grenzen laten lopen door de cliënt? Heeft hij met agressief of dreigend gedrag iets voor elkaar gekregen wat je niet wilde? Heeft hij effectief ingespeeld op schuldgevoel en ben je verder gegaan dan je wilde? Of heb je last van omgevingsfactoren, zoals onduidelijk beleid van de organisatie, ontbrekende netwerken, een terloopse opmerking van een collega of werkbegeleider, een onheldere lijn van justitie of geen adequate reactie van justitie na terugzending?
- Probeer de lol van het trekken en duwen, het kneden en masseren, het judoën en meebewegen te blijven zien.

'Hoe ik dat doe? Nou, een voorbeeld. Een cliënt, een hele moeilijke vent, zit in dagbehandeling. Hij heeft al eens jeugd-TBS gehad. Hij is agressief en bijzonder vrouwonvriendelijk. Hij slaat zijn vriendinnen het ziekenhuis in, echt heel ernstige mishandeling. En hij heeft ook de auto van de advocate in de fik gestoken. Het is een ongelooflijke zuursmoel. Wij hadden gerapporteerd: 'het heeft geen zin om te begeleiden'. Maar ja, een cadeaugeval, de rechter legt begeleiding op. En dan zit je met hem. Je zoekt naar invalshoeken. Je zoekt waar zijn grootste pijnpunten op dit moment liggen. Nou, dat is dat zijn rijbewijs is afgenomen: hij heeft onder invloed mensen aangereden. En zijn financiën: hij heeft 60.000 euro schuld.
Komt hij met de wagen en koopt een parkeerkaartje.

>

> *Na een half uur zegt hij: 'Ik moet weg, want mijn meter loopt af'. Ik voel wel dat het gesprek hem niet meer zo zint. En dan zeg ik: 'Man, je hebt 60.000 euro schuld, wat doet zo'n parkeerboete er dan toe. Dat kan er makkelijk bij'. Dan lacht ie en zegt: 'Je zit me toch niet in de maling te nemen hè?'. En ik: 'Dat zou ik echt niet durven'. Dan blijft ie zitten en dan kan ik met hem praten over hoe hij het doet met zijn financiën: niet betalen, wachten tot de deurwaarder komt en dan kwaad worden en slaan.'*

- Probeer tevreden te blijven zijn met de kleine successen. Niet alleen voor de cliënt is het goed om juist de kleine veranderingen te zien, maar ook voor de reclasseringswerker. Het is stimulerend om te zien hoe de cliënt stapje voor stapje verandert onder invloed van jouw interventies.

'Bij hooligans bijvoorbeeld: een doel kan zijn dat hij zijn zoon van 14 niet meer meeneemt.'

- Houd een realistisch beeld van je eigen invloed. In hoofdstuk 2 is uitgewerkt wat je wel en niet tot je verantwoordelijkheid kunt rekenen. Recidive is bij een aantal cliënten zeer waarschijnlijk. Dat is geen falen van de reclasseringswerker. Weet dat terugval erbij hoort. Zie dit ook als een fase die nou eenmaal bij het proces hoort. Onthoud dat verandering niet rechtlijnig verloopt, soms val je opeens terug en dan schiet je opeens zes stappen vooruit. Bij cliënten gaat dat zo. En bij jezelf ook.
- Probeer je niet afhankelijk te maken van de tevredenheid van de cliënt. Cliënten trekken soms alle registers open om jou te krijgen waar ze je hebben willen, of om zelf niet in beweging te hoeven komen. Soms (vaak) verricht je uitstekend werk, ondanks het feit dat de cliënt woedend is. Zoek naar andere manieren om je werktevredenheid en voldoening te vergroten. Misschien is het idee dat je iets bedraagt aan de maatschappelijke stabiliteit een reden. Of de wetenschap dat de cliënt er wel degelijk beter van is geworden, ook al zegt hij dat niet zelf. Of de leuke collega's. Desnoods de lekkere koffie. Kortom: zoek naar je eigen bronnen van motivatie. Wat drijft je? Waar ga je voor? Zorg dat die redenen worden aangeboord.

17.5 De eigen cultuur van de reclasseringswerker

Nog een terrein waarop de reclasseringswerker zichzelf tegenkomt, is het terrein van de cultuur. Niet alleen bij cliënten, ook bij collega's. Cultuur lijkt altijd iets van iemand anders. Mensen met een andere achtergrond hebben een cultuur. Wij zijn 'gewoon'. Wie 'wij' zijn in deze zin is afhankelijk van je eigen culturele achtergrond. Bij trainingen in interculturele communicatie blijkt telkens weer dat het moeilijk is om iets over je eigen cultuur te vertellen. Omdat je dat niet in je hoofd hebt zitten onder het kopje 'cultuur', maar onder het kopje 'normaal'. Je weet pas dat het misschien wel tot het domein van de cultuur hoort, als je erachter komt dat andere mensen dat minder normaal vinden. Sterker nog, dat ze het afkeuren. 'Wij eten 's avonds om 6 uur. Nou, vooruit 7 uur is ook nog wel normaal. Wat eten ze in Italië idioot laat. Het kan goed na half 10 zijn, voordat het eerste gerecht daar op tafel staat'.

Juist omdat de eigen cultuur zo vanzelfsprekend is, neem je niet onmiddellijk waar dat iemand die daarvan afwijkt misschien een ander cultureel uitgangspunt heeft. Je ergert je meer aan het gedrag van iemand: 'dat doe je toch niet! Dat is respectloos!'. Of je beschouwt het als pathologisch, als problematisch.

Naast alle aanbevelingen die in het hoofdstuk over normeren aan de orde zijn geweest, is hier belangrijk:

- Als je je als reclasseringswerker ergert (en wellicht op een 'allergie' bent gestoten) kan het goed zijn ook te onderzoeken welke norm of waarde van jezelf eigenlijk in het geding is. Waar word je in geraakt? Hoe staat dit haaks op wat je normaal vindt? Hoe dieper deze norm verankerd zit, des te onbegrijpelijker of pijnlijker is het als iemand zich hier niet door laat leiden.
- Laat het niet bij begrip alleen. Als je begrijpt hoe het gedrag van de ander vanuit een cultureel standpunt wordt gestuurd, ga dan vervolgens na of *jij* je alleen daaraan ergert, of dat het gedrag is waarmee iemand de omgeving schade berokkent of zichzelf in een marginale positie houdt.

17.6 De reclasseringswerker en de organisatie

Het werk dat je doet, doe je in een bepaalde organisatorische context. Daar heb je gemak van, maar ook last.

Regels en procedures

Iedere organisatie doet aan standaardisering. In iedere organisatie is er een niveau (waar daarover wordt gestreden) waar de beweging van top-down (zij daarboven die het zo goed weten hoe het moet) en van bottom-up (zij op de werkvloer die zich nooit aan de regels willen houden) elkaar tegenkomen. Bij sommige organisaties ligt deze botsing erg hoog. Daar liggen topmanagement en de vestigingsdirectie met elkaar in de clinch. In andere organisaties ligt dat erg laag. Daar volgen de middle-managers en teamleiders vrij goed het centrale beleid, maar is er veel gemopper door de uitvoerende werkers. Wie zich bevindt in de laag waar de strijd wordt gevoerd, doet er goed aan te zorgen dat hij niet wordt vermalen.

Professionals zijn niet makkelijk aan te sturen. Het eigenlijke werk dat zij doen, speelt zich af zonder dat anderen meekijken. Professionaliteit bestaat niet uit het keurig volgen van regeltjes, maar uit het weten hoe uit de veelheid van mogelijkheden het juiste te kiezen. Voor een organisatie is dat lastig. Hoe houd je vanuit de organisatie greep op de kwaliteit en de kwantiteit van het werk. Als reclasseringswerker ervaar je altijd spanning tussen dat wat de organisatie van je vraagt en dat wat je zelf goed/interessant/verantwoord vindt om te doen. De vraag is hoe je deze spanning oplost. Klakkeloos aanpassen, kan leiden tot verlies van inspiratie. Volkomen je eigen gang gaan, kan leiden tot gebrek aan binding en oncontroleerbaarheid.

Als werker zul je je altijd op een bepaalde manier moeten verhouden tot de regels en de procedures. Je moet je aan de regels houden en tegelijkertijd zoeken naar een creatieve manier om de dingen te kunnen doen, die volgens jou nodig zijn om het werk goed en effectief uit te voeren. Probeer de ruimte te zoeken die er is binnen de regels. Zoek een manier om de procedures voor je te laten werken in plaats van tegen je. Het is overigens de verantwoordelijkheid van managers om ervoor te zorgen dat de regels en de procedures zo zijn dat mensen daarbinnen in een zekere vrijheid hun professie kunnen uitoefenen. En om ervoor te zorgen dat de druk, harder te werken niet zo groot wordt dat de kwaliteit van het werk daar te zeer onder leidt.

Het kan zijn dat je te weinig inbedding of steun ervaart van de omgeving. Of je voelt je juist te zeer gebonden aan protocollen en procedures, waardoor je weinig ruimte voelt om eigen professionele keuzen te maken. Soms krijg je niet goed greep op de oorzaken. Soms, vaak, weet je dat wel. Inzicht is hier echter niet altijd genoeg. Want ook dan lukt het niet altijd om je daartoe zo te verhouden dat je motivatie en je energie op peil blijven. Wil je de hele omgeving veranderen? Of lukt het je, daarbinnen een terrein af te bakenen waarin je zelf wel voldoende sturing ervaart? Doet het werk een beroep op het juiste competentieniveau? Of ben je misschien aan iets anders toe? Supervisie of intervisie zijn goede instrumenten om hierop meer greep te krijgen.

Klimaat

In paragraaf 17.2 kwamen 'gedragsketens' ter sprake. Daarbij lokt de ene gebeurtenis de andere uit, waardoor het hele contact kan gaan 'glijden', bijvoorbeeld: je houdt jezelf een keer niet aan een afspraak, spreekt daarna je cliënt minder helder aan, die zich daardoor minder aan afspraken houdt. Het ontstaan van dergelijke ketens wordt uiteraard kansrijker naarmate de omgeving minder uitnodigend en minder steunend is bij de bespreking van fouten, gevoelens van teleurstelling of boosheid, uitingen van onzekerheid en twijfel. Het reclasseringswerk kan hard zijn. Dit leidt soms tot een vorm van hardheid tussen collega's onderling ('hier wordt niet gezeurd') die niet productief is. Hoe uitnodigend de omgeving is, hangt van een scala van factoren af: het klimaat tussen collega's in een unit, de kwaliteit van de casuïstiekbesprekingen, het contact met de werkbegeleider, de stijl van de unitmanager. Hoe steunend zijn ervaren collega's voor jongeren die nog niet al de 'klappen van de zweep' kennen en die zich regelmatig laten misleiden door cliënten? Hoe open staan collega's voor de nieuwe ideeën van mensen die net in dienst zijn? Accepteren nieuwkomers de expertise van de ouwe rotten? Hoe assertief zijn jongere collega's als ze uitingen van cynisme bij de ervaren collega's tegenkomen? Hoe gestructureerd of hoe vrijblijvend zijn de casuïstiekbesprekingen? Hoeveel tijd en ruimte biedt de organisatie voor de bespreking van dit soort inhoudelijke onderwerpen? Hoe goed is de werkbegeleider als instrument in de ontwikkeling van een lerende organisatie, ingebed? Hoezeer wordt zijn invalshoek ondersteund door het management? En hoe helder is zijn positie in het geheel? Hoe makkelijk of moeilijk is de kwalitatieve invalshoek die hij vertegenwoordigt aan de kant te schuiven? De ruimte die de organisatie op deze punten biedt, en de ruimte die de organisatie hiervoor krijgt van het Ministerie, heeft grote invloed op de effectiviteit van de interventies.

17. 7 Wat de organisatie kan doen

Een effectieve reclasseringsmethodiek vraagt vele condities van de omgeving. Op een groot deel hiervan heeft de reclasseringswerker geen invloed, en ook de instelling niet. De reclassering kan wel een aantal dingen doen. Hieronder een selectie die rechtstreeks verband houdt met inhoudelijke kwaliteit.

- Een klimaat creëren op unitniveau waarin onzekerheden, twijfels, fouten en successen openhartig en oplossingsgericht kunnen worden besproken. Voor de ontwikkeling van een dergelijk klimaat dragen alle betrokkenen, elk vanuit de eigen rol, hun verantwoordelijkheid.
- Casuïstiekbesprekingen die niet vrijblijvend zijn, waarin iedereen aan bod komt en niet alleen degene die 'een probleem heeft', waarin zowel succesverhalen als voortdurende problemen aan de orde kunnen zijn, waaraan iedereen actief deelneemt.
- Werkbegeleiders die duidelijk zijn ingebed in de organisatie en die zelf assertief genoeg zijn om de kwaliteitsinvalshoek te vertegenwoordigen in een omgeving die noodzakelijkerwijs óók productiegericht is.
- Trainingen verzorgen en laten verzorgen van goede kwaliteit, en in samenspraak tussen trainer en organisatie, bewaken van de inbedding van het geleerde.
- Een heldere dialoog aangaan tussen de eisen van inhoudelijk effectief reclasseringswerk en de eisen van een transparante en beheersmatig te verantwoorden procesgang.
- Een heldere inbedding van het werk die voldoende ruimte laat voor verantwoorde professionele beslissingen per individueel geval.
- Zorg dragen voor helder en ondersteunend beleid, zoals afspraken met ketenpartners, en goede interne communicatie daarvan.

17.8 Samenvatting

En hoe zit het met de reclasseringswerker zelf? Methodische handelen is bewust handelen, maar er spelen veel dagelijkse halfbewuste zaken mee. Ook je eigen persoonlijkheid, karakter, stijl, voor- en afkeuren spelen een belangrijke rol in het werk. Om hier meer zicht op te krijgen is de theorie van de kernkwadranten een hulpmiddel. Ieder mens heeft zijn eigen kernkwaliteit. Dit is een eigenschap die je kenmerkt, waar je als vanzelfsprekend goed in bent, bijvoorbeeld flexibel zijn. Je valkuil ligt in het verlengde hiervan. Het is teveel van het goede. Een flexibel mens gaat met alle winden meewaaien of wordt chaotisch. Je uitdaging is het positief tegengestelde van je valkuil. Als je doorschiet naar chaos is het je uitdaging meer ordelijk te worden. Je allergie is

vaak het 'teveel van je uitdaging'. Ben je flexibel, dan erger je je snel aan de starheid van iemand. Erger je je dus standaard aan een bepaald type gedrag, dan kan het goed zijn dat hier je allergie zit. Weet je dat, dan is het zaak te oefenen met je uitdaging. Je hebt in dit opzicht misschien iets van de ander te leren!
Ook reclasseringswerkers worden soms beperkt in hun handelingsruimte en zij vertonen net als ieder ander soms reactance. Herken en bespreek het, zodat je kunt bijsturen op jezelf, of de context waarop je reageert.

Wat doe je als je eigen motivatie onder druk staat?
Ga na waar motivatieverlies vandaan komt. Vaak heeft het te maken met een onbalans tussen wat je geeft en wat je terugkrijgt. Ga je over je grenzen heen bij je cliënt(en)? Verwacht je teveel resultaat? Blijf realistisch in je doelen. Probeer je niet afhankelijk te maken van de tevredenheid van je cliënten en blijf oog houden voor kleine successen. Krijg je genoeg ondersteuning of rugdekking van collega's en manager? Voel je je veilig genoeg binnen de organisatie? Ook hier: (h)erken het en bespreek het.

Culturele aspecten kunnen een rol spelen. Irritaties kunnen betrekking hebben op een norm. Het kan zijn dat je zaken die zich afspelen in de wereld van de normen beschouwt als iets uit de wereld van expressies. Je reageert op het verkeerde niveau, krijgt geen contact, wat leidt tot verlies van motivatie en energie. Dit kan spelen bij cliënten en bij collega's.

Het kan zijn dat je 'last hebt' van de organisatie. Hou verhoud je je tot regels en procedures? Kan je er je eigen weg in vinden? Voel je ze als een harnas? Benut je de ruimte die er is wel genoeg? Hoe zit het met je vermogen tot zelfsturing? Is het een open gesprek met managers?

Al deze kwesties hebben veel invloed op je motivatie, je energie en je vermogen methodisch te handelen. Daarom is supervisie, intervisie en consultatie erg belangrijk. Een goed werkklimaat waarin verschillen worden gerespecteerd, werkwijzen en stijlen voor open discussie vatbaar zijn, normen expliciet worden besproken, maar waar ook gelachen kan worden, is daarbij onontbeerlijk. Zorg dragen voor een goed werkklimaat is de gezamenlijke verantwoordelijkheid van alle medewerkers. Managers hebben hierin een specifieke verantwoordelijkheid.

De organisatie kan hier veel aan doen:
- *een goed werkklimaat helpen scheppen: onzekerheden en twijfels moeten besproken kunnen worden;*
- *niet vrijblijvende professionele casuïstiekbesprekingen;*
- *werkbegeleiders met een duidelijke inbedding in de organisatie;*
- *trainingen, scholing, supervisie;*
- *inbedding in goede procedures die voldoende ruimte laat voor professionele beslissingen per geval;*
- *ondersteunend beleid (netwerken) en goede interne communicatie hierover.*

Bijlagen

Bijlage 1

Ontwikkelingstaken voor gevluchte adolescenten

Algemene ontwikkelingstaken die voor gevluchte adolescenten nieuwe vaardigheden vereisen

- meer zichzelf gaan verzorgen;
- zich meer zelfstandig gaan bewegen in het maatschappelijk verkeer;
- meer zelfstandig vorm en richting geven aan het eigen leven;

Algemene ontwikkelingstaken die voor gevluchte adolescenten gecompliceerder zijn

- zelfstandig aangaan van vriendschappelijke contacten met leeftijdsgenoten;
- integratie van de, door het lichamelijk volwassen worden, toenemende seksuele impulsen;
- het hanteren van eigen agressieve impulsen en agressie in de omgeving;
- opnieuw vormgeven aan de relatie met de ouders;
- vormen van een toekomstperspectief;

Extra ontwikkelingstaken

- doorbreken van een sociaal isolement;
- omgaan met posttraumatische problemen;
- omgaan met achtergebleven familie;
- verwerven van een plaats in een vreemde, soms als vijandig beleefde samenleving;
- omgaan met normen en waarden uit twee culturen;
- omgaan met ballingschap op langere termijn.

bron: G. van der Veer, 2001

Bijlage 2: Kernkwadrant

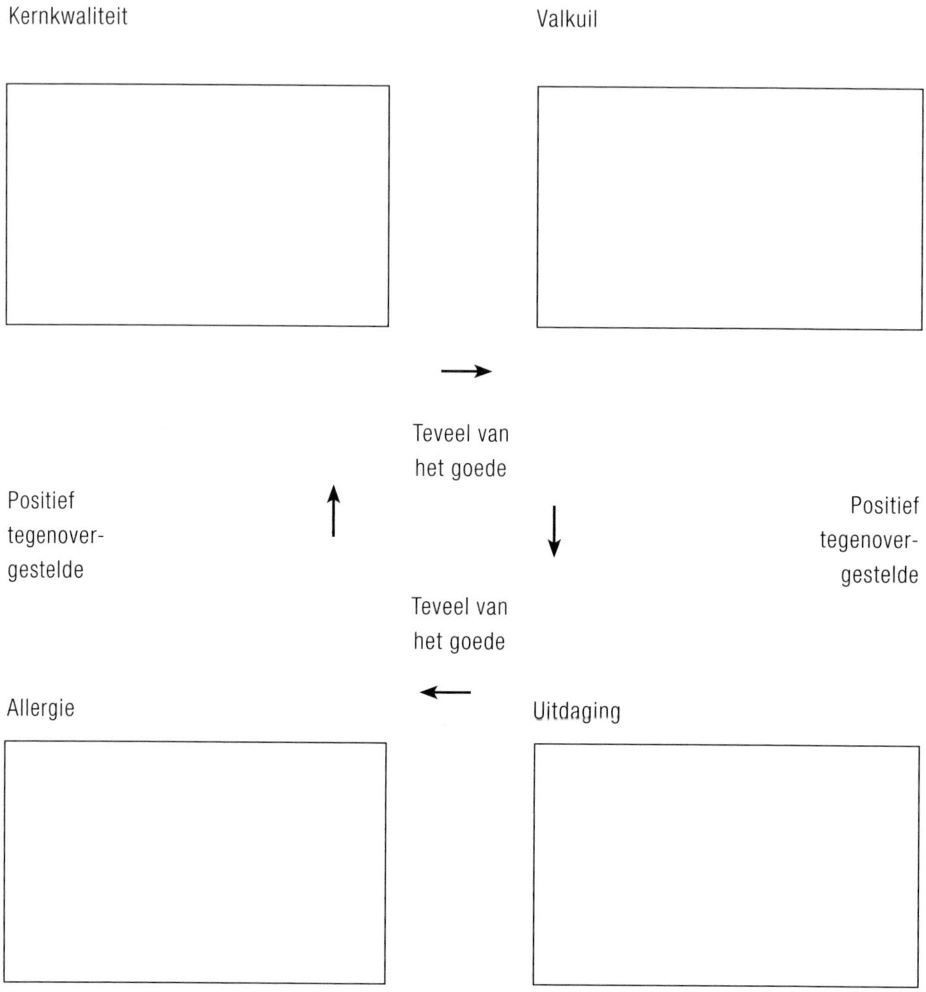

Bijlage 3: Vragen bij een kernkwadrant

Kernkwaliteit

Wat waarderen anderen in jou?
Wat gaat je moeiteloos af?
Wat verwacht je vanzelfsprekend bij anderen?

Valkuil

Welke verwijten krijg je?
Wat ben je geneigd om bij jezelf te rechtvaardigen?
Wat vergoelijk je bij anderen?

Allergie

Waar erger jij je aan bij anderen?
Wat zou je niet van jezelf pikken als je het deed?
Wat raden anderen aan om te relativeren?

Uitdaging

Welke eigenschappen mis je in jezelf?
Wat bewonder je in anderen?
Waar ben je jaloers op?
Wat wensen anderen jou toe als goede eigenschap?

Literatuurlijst

Artikelen in:
Justitiële Verkenningen 2, 2002: themanummer Recidive

Achterhuis, H.
De markt van welzijn en geluk
Baarn (Ambo) 1980

Acker Van, Prof. Dr. J.
Jeugdcriminaliteit: feiten en mythen over een beperkt probleem
Houten, Bohn Stafleu Van Loghum 1998
ISBN 90-313-2480-9

Adviesbureau van Montfoort
RISc, Recidive Inschattings Schalen
Testversie 1.0
Januari 2004

Baadsgaard, M. en Wagner, P.
Inleiding in de gedragsmodificatie
Baarn, Nelissen 1993
ISBN 90-244-1239-0

Bartels, A.J.
Het sociale-competentiemodel en de kinder- en jeugdpsychotherapie
Ontstaan, betekenis, stand-van-zaken, toekomst
In: Kinder- & Jeugdpsychotherapie, augustus 2001, jaargang 28 nr. 2

Beck, J.S.
Basisboek cognitieve therapie
Baarn, Intro 1999
ISBN 90-5574-116-7

Behrend, E.
Individuele Hulpverlening
Alphen a/d Rijn / Brussel (Samson) 1987

Boone, M.
Leren diversifiëren, reclassering en culturele diversiteit
Utrecht, Willem Pompe Instituut 2002

Boone, M. en Poort, R.
Wat werkt (niet) in Nederland? De What works principes toegepast op het programma – aanbod van de Reclassering
Justitiele Verkenningen 8 / 02
WODC / Kluwer

Chapman, T. en Hough, M.
Evidence Based Practice. A guide to effective practice
HMIP London, Home Office 1998

Dilts, R.
In: Derks, L. en Hollander, J.
Essenties van NLP, sleutels tot persoonlijke verandering
Servire Uitgevers 1996

Dishion, T.J., Mc Cord, Poulin
Wanneer interventies schadelijke effecten hebben: peergroups en probleemgedrag
In: Kind en Adolescent dec. 2002 jaargang 9 nr. 4

Dryden, W. en DiGiuseppe, R.
Rationeel emotieve therapie stap voor stap
Lisse, Swets en Zeitlinger 1994
ISBN 90-265-1249-X

Egan, G.
The skilled helper
Model, skills and methods for effective helping
Monterey, California 1982, second edition

Ellis, A.
Reason and Emotion
New York 1962

Galesloot, H. en Harrewijn, A.
Burgerschap in de rafelrand
Amsterdam, instituut voor publiek en politiek 1999
ISBN 90-6473-368-6
Bibliotheek Breda 308.9 gale

Gendreau, P., Goggin, C. en Fulton, B.
Intensive supervision in probation and parole settings
In: Handbook of offender assessment and treatment
John Wiley & Sons Ltd. 2000

Gendreau, P., T. Little, T. en Goggin, C.
A meta-analysis of adult offender recidivism: What works!
In: Criminology, 34, 575-607

Gray, P.
Psychology
New York, Worth Publishers 2002

Greeven, G.J. en Ruiter, C. de
De therapeutische relatie in de forensische psychiatrie: een empirisch onderzoek
In: Gedragstherapie, december 2000, jaargang 33 nr. 4

Handboek Reclassering
Digitale versie 01-10-2002

Hendrix, H.
Bouwen aan netwerken
Baarn, Nelissen 1997
ISBN 90-244-1335-4

Ivanoff, A., Blythe, B., and Tripodi, T.
Involuntary clients in social work practice, a research-based approach
New York

Jagt, L.
Moet dat nou?
Hulpverlening aan onvrijwillige clienten
Houten/Diegem (Bohn, Stafleu, van Logum) 2001

Junger-Tas, J. en Junger, M.
Juvenile Delinquency, backgrounds of delinquent behavior
Den Haag 1984

Kamp, M. van der
Methodiekontwikkeling: concepten en trajecten
Uit: Reeks methodiek ontwikkeling
Utrecht Uitgeverij (SWP) 1993

Kayzer, D.R.
Sociale vaardigheden van jongeren in intercultureel perspectief
In: Collot d'Escury-Koenings, A., van der Linden, A., Snaterse, T.(red.)
Van preventie tot straf
Lisse, Swets en Zeitlinger 1999

Keith-Lucas
In: Jagt, L.

Krechtig, L. en Menger, A.
Intensieve begeleiding van de harde kern
Ministerie van Justitie, DPJS april 2001

Kroft, H, Engbersen, G., Schuyt K., Waarden F. van,
Een tijd zonder werk
Een onderzoek naar de levenswereld van langdurig werklozen.
Leiden, Antwerpen, Stenfert Kroese, 1989.

Laan, G. van der
Dwang, drang en de plicht tot legitimatie
In: tijdschrift voor de sociale sector, juni 1997, nr. 6

Laan, G. van der
Methodiekontwikkeling: over systematiek en doelgerichtheid
In: van der Kamp, M. et al. Methodiekontwikkeling: concepten en trajecten
Utrecht, Uitgeverij SWP 1998

Laan, P. van der, en Slotboom, A.
Wat werkt?
In: Koppen, Hessing, Merckelback, Crombag (red)
Het recht van binnen. Psychologie van het recht.
Deventer, Kluwer 2002

Lauer, B.
Hulp onder dwang
Scriptie mwd. 2001

Logger, J.C. en Martens, J.
Aarden in vreemde grond. Handleiding vluchtelingen en netwerken
Humanitas Groningen 2000

Matsumoto, D.
Culture and psychology
Wadsworth
ISBN 0-534-35436-X

McIvor, G.
Treatment in the community
In: Handbook of offender assessment and treatment
John Wiley & Sons Ltd. 2000

Mertens, M. en Vandebroek, E.
Systeemgerichte methoden in de hulpverlening: een initiatie in het omgaan met mensen en hun netwerken
Leuven, Apeldoorn: Garant 1993
ISBN 90-5350-167-3

Offender Assessment System OASys, User Manuel v2
London: Crown copyright 2002

Ofman, Ir. D.
Bezieling en kwaliteit in organisaties
Utrecht, Servire 1996

Pinto, D.
Interculturele communicatie
Houten/Zaventem, Bohn, Stafleu, Van Loghum 1990

Prochaska, J.O. en C. DiClemente:
The transtheoretical approach: crossing the traditional boundaries of therapy.
Hoomwood, Ill, Dow Jones-Irwin, 1984.

Reclasseringsregeling 1995
Staatsblad 1994 875

Rooney, R.H.
Strategies for work with involuntary clients
Columbia University Press, 1992

Ruiter, dr. C. de, en Hildebrand, mr. drs. M. (red)
Behandelingsstrategieën bij forensisch psychiatrische patiënten
Houten/Diegem 1999

Sherman, L.W., Gottfredson, D., MacKenzie, D., Eck, J., Reuter, P. and Bushway, Sh.
Preventing Crime: what works, what doesn't, what's promising
Report to the United States congress 1996

Simon, F.
Confrontaties tussen cliënten en hulpverleners: een wijsgerige diagnose van normerende praktijken
Baarn, Nelissen 1994
ISBN 90-244-1330-3

Slot, N.W.
Competentievergroting bij straf, behandeling en preventie
In: Collot d'Escury-Koenings, A., van der Linden, A. en Snaterse, T. (red.)
Van preventie tot straf
Lisse, Swets en Zeitlinger 1999

Slot, N.W. en Spanjaard, H.J.M.
Competentievergroting in de residentiële jeugdzorg
Baarn, Intro 1999
ISBN 90-5574-110-8

Spanjaard, H., de Lange, M., Haspels, M.
Competentievergroting in een jeugdinrichting
PI Research, afd. GT & FOC De Kolkemate 1999

Trotter, Ch.
Working with involuntary clients
A guide to practice
St. Leonards NSW Australia, 1999

Underdown, A.
Strategies for effective offender supervision
Report of the HMIP What Works Project
HMIP London, Home Office

Veer, G. v.d.
Transculturele psychotherapie met gevluchte adolescenten
In Kinder en Jeugdpsychotherapie 28e jaargang nummer 3, 2001

Wilken, J.P. en Hollander, D. den
Psychosociale rehabilitatie, een integrale benadering
Utrecht, Uitgeverij SWP 1999
ISBN 90-6665-291-8

Verantwoording

Vanuit het programma Terugdringen Recidive is het diagnostisch instrument RISc ontwikkeld. Maar naast een instrument had de RN ook behoefte aan een methodiekbeschrijving: hoe ga je te werk wanneer je eenmaal de diagnose hebt gesteld?
De RN raakte bekend met What Works en Good Practices. Vanuit die combinatie van theorie en ervaring, dus van evidence-based practive en practice-based evidence werd de opdracht geformuleerd:

Beschrijf een effectieve reclasseringsmethodiek voor het werken in gedwongen kader.

Deze methodiek was niet voorhanden. Althans, niet integraal. Er waren allerlei inzichten, er was materiaal vanuit verschillende bronnen, er was allerlei onderzoek verricht en er was de stellige overtuiging dat heel wat reclasseringswerkers effectieve interventies plegen. Maar dit was onvoldoende met elkaar in verbinding gebracht.
Het beschrijven van de methodiek vereiste onderzoek. De vraag is dan: welke onderzoeksmethodiek is hiervoor geschikt? Wij hebben gekozen voor een kwalitatief handelingsonderzoek.

Kwalitatief onderzoek

Kwalitatief onderzoek gaat over de aard van sociale verschijnselen en hun onderlinge samenhang: om wat voor soort processen gaat het hier eigenlijk. Het is hierbij belangrijk om onbevangen te kijken naar wat wordt onderzocht, om nauwkeurig vast te leggen wat je waarneemt en om telkens te schakelen tussen enerzijds analyse en anderzijds het verzamelen van gegevens: waar ben je al achter, wat wil je nog verder bekijken? Dit in tegenstelling tot kwantitatief onderzoek: daarbij gaat het erom een hypothese te toetsen, om voldoende kwantitatieve gegevens te verzamelen op basis waarvan je een uitspraak kunt doen over de geldigheid van de hypothese.

Handelingsonderzoek

Het doel van een handelingsonderzoek is uiteindelijk het handelen van mensen te beïnvloeden. Dit betekent dat de uitkomsten van het onderzoek zo moeten worden beschreven, dat er richtlijnen voor het handelen van de werkers uit kunnen ontstaan. Bovendien moet de onderzoeksmethode zodanig zijn dat weerstanden bij werkers tegen de 'nieuwe' of minstens 'inperkende' handelingspatronen worden begrepen en een plaats krijgen.

De werkwijze

We hebben de opdracht onderverdeeld in een aantal fasen:

- explorative fase;
- uitwerkingsfase;
- integratiefase.

De vorderingen en bevindingen hebben we verschillende malen besproken in:

- een interne klankbordgroep met vertegenwoordigers van de drie reclasseringsorganisaties vanuit de verschillende ressorten;
- een extern deskundigennetwerk van wetenschappers die op dit terrein expert zijn.

De beginvraag 'wat is een effectieve reclasseringsmethodiek voor het werken in gedwongen kader?' hebben we opgesplitst in:

- wat is uit onderzoek bekend over effectieve interventies die gericht zijn op het voorkomen van recidive;
- wat voor knelpunten en dilemma's hebben reclasseringswerkers in de praktijk van het werken in gedwongen kader, dus wat is er voor werkers moeilijk aan het werken in gedwongen kader;
- wat voor oplossingen hebben de werkers in de praktijk gevonden;
- welke theorie ondersteunt deze praktijk?

De exploratieve fase

Deze fase had als centrale vraag: wat hangt allemaal samen met effectief interveniëren? Een open, nog niet erg precieze vraag. Het doel van deze fase was te komen tot een eerste versie van kaderstellende concepten, begrippen en basisprocessen. Een soort 'kaartenbak' van begrippen, die we voortdurend konden aanvullen en wijzigen. We gebruikten hiervoor twee bronnen:

- literatuurstudie van aanwezige kennis over effectieve en niet-effectieve interventies bij justitieel gedwongen kaders. Dit leidde tot een verslag van de belangrijkste bevindingen. Bovendien interviewden we drie deskundigen uit het netwerk, die ons op het spoor van relevante theorie zetten.
- interviews met sleutelfiguren. In deze fase waren de interviews vooral bedoeld om begrippen te genereren. We waren er dus nog niet op uit om begrippen en basisconcepten te toetsen. De interviews waren bedoeld om een tweede, onafhankelijke bron te hebben voor het vinden van informatie over knelpunten, dilemma's, vragen en successen die werkers in de dagelijkse praktijk van de Nederlandse reclassering ervaren. We interviewden zeven mensen die op verschillende posities in de organisaties zitten: werkbegeleiders (die ook deels uitvoerend werker zijn), unitmanagers en beleidsmedewerkers. Het ging expliciet en bewust om de subjectieve beleving van de handelingspraktijk van de werkers: de dagelijkse praktijk, waarvan de theorie altijd abstraheert.

Het verslag van de exploratieve fase, waarin de uitkomsten van het literatuuronderzoek en een eerste tentatieve beschrijving van kernthema's en basisprocessen, bespraken we in de klankbordgroep en het deskundigennetwerk.
Aan het eind van deze fase organiseerde de RN werkconferenties voor elk ressort, met als thema 'De inhoud centraal'. Het doel van deze conferenties was zoveel mogelijk mensen te informeren en te betrekken bij de ontwikkelingen. Tijdens deze conferenties werd informatie gegeven over zowel de ontwikkeling van het diagnostisch instrument RISc als de methodiekbeschrijving. Aan de hand van casuïstiek discussieerden we met de deelnemers

over een aantal dilemma's uit het werk. Deze discussies en de gesprekken met de aanwezigen tussendoor en na afloop leverden weer nieuw materiaal op.

De uitwerkingsfase

In deze fase ging het erom de gevonden kernthema's en basisprocessen zo nauwkeurig mogelijk uit te werken. Hoe handelen werkers precies, welke uitgewerkte theorie of methode vinden zij hierbij ondersteunend? Wat kan deze werker en waar baseert hij het handelen op? Deze fase splitsten we op in tweeën:

- interviews met uitvoerend werkers en met cliënten van de reclassering;
- observaties van gesprekken tussen reclasseringswerkers en cliënten.

Voor deze fase interviewden we dertig uitvoerend werkers uit alle ressorten. Wij wilden spreken met ervaren reclasseringswerkers die 'goed werk' leveren. Die ook moeilijke cliënten in beweging weten te krijgen en die de combinatie van dwang en begeleiding flexibel kunnen inzetten. Via de klankbordgroep, werkbegeleiders en unitmanagers kwamen we met hen in contact. Na een interview vroegen we daarnaast aan werkers of zij een collega kenden die ook goed werkt, maar het heel anders doet dan zij. Tijdens de open interviews ging het ons erom zoveel mogelijk concrete informatie te krijgen over hoe deze personen te werk gaan. De interviews zijn uitgeschreven in verslagen met een zo letterlijk mogelijke weergave van het gesprek.

Voor de observaties waren we aanwezig bij twintig gesprekken tussen werkers en cliënten. Een deel van deze gesprekken vond plaats in het gebouw van de reclassering, een ander deel bij de cliënt thuis, waarbij ook vaak andere gezinsleden aanwezig waren. Ook van deze gesprekken maakten we een zo letterlijk mogelijk verslag. Twaalf verslagen zijn met de werkers doorgesproken: 'wat je hier doet, wat wil je daarmee bereiken?' of 'klopt het dat je hier bezig bent met…'. Het was overigens niet altijd makkelijk om de observaties te plannen: het kwam bij herhaling voor dat een gesprek met een cliënt uitviel.

De integratiefase

De interviews en observaties hebben we geanalyseerd: hoe konden de kernthema's en basisprocessen worden uitgewerkt op basis van de verkregen informatie? Kwamen de observaties overeen met de interviews? Konden we in de observaties terugvinden wat werkers in de interviews hadden genoemd als belangrijke uitgangspunten voor het handelen? Waar zaten hiaten? Welke knelpunten en dilemma's uit de eerste fase konden niet door de informatie uit de interviews of observaties worden beantwoord? En welke literatuur kon ons daar wel behulpzaam bij zijn?

Op basis van dit alles kwamen we tot een herziening van onze lijst kernthema's en basisprocessen. Sommige begrippen voegden we samen, zoals motivatie en weerstand. Sommige splitsten we op, macht en normeren bijvoorbeeld. Andere begrippen vielen weg, bijvoorbeeld reïntegratie. We deden dit een aantal malen tijdens de uitwerkingsfase. Wat we nog niet wisten, probeerden we via de volgende interviews aan de weet te komen.

Deel 1 en 2

Alle materiaal hebben we geordend. De beperkende kaders van het werk en de meer theoretische grondslagen zijn ondergebracht in deel I. Dit maakte het mogelijk om de uitwerkingen in deel II zo praktisch mogelijk te houden. De indeling en de uitwerking hebben we vervolgens weer in de klankbordgroep en het deskundigennetwerk besproken. De wijzigingen zijn vervolgens ook weer doorgesproken. Daarbij was ook een voortdurende dialoog gaande met de afdeling Beleid van de RN.

Herzieningen

Bij de tweede druk

De ontwikkelingen in het overheidsbeleid en de gevolgen voor het reclasseringswerk maakten een aantal herzieningen noodzakelijk. De tijd tussen de start van het onderzoek en het verschijnen van het boek is twee jaar. Met name in het laatste half jaar werd de reclassering geconfronteerd met een aantal forse bezuinigingen en beleidsverschuivingen. Deze zullen hun weerslag hebben op het reclasseringswerk, gezien de beperkingen in de middelen die ter beschikking staan. De kern, namelijk het werken in gedwongen kader blijft echter overeind, ook wanneer de organisatie onder druk staat.

Bij de derde druk

Sinds het uitbrengen van de eerste druk van dit boek en de dag van vandaag zijn vier jaar verstreken. De ontwikkelingen in samenleving en het overheidsbeleid blijven van grote invloed op de reclassering. Als gevolg daarvan vonden aanpassingen bij de reclassering plaats die maakten dat enige herziening van de oorspronkelijke tekst noodzakelijk werd. Het betreft dan de actualisering en feitelijke aanpassing van de tekst aan de huidige terminologie en werkprocessen van de reclassering.

Lous Krechtig
Anneke Menger

Dank

Veel mensen hebben bijgedragen aan de totstandkoming van deze methodiekbeschrijving. Tijdens elke ronde was er nauw overleg met en ondersteuning door de afdeling Beleid van de RN. Bovendien hebben twee groepen mensen de werkwijze en de resultaten tegen het licht gehouden en van commentaar voorzien: de interne klankbordgroep en het deskundigennetwerk.

De interne klankbordgroep, met vertegenwoordigers van de drie reclasseringsorganisaties en uit de verschillende ressorten, was bereid om alle versies te lezen, binnen het ressort in breder verband te bespreken en vanuit hun kennis en overzicht van het uitvoerend reclasseringswerk van commentaar te voorzien. Dit gaf ons zicht op de mate waarin het verhaal aansloot bij de dagelijkse praktijk van de reclasseringswerkers.

Het externe deskundigennetwerk, met mensen die vanuit hun wetenschappelijke deskundigheid en kennis van relevante maatschappelijke sectoren onze plannen en concepten hebben becommentarieerd en behulpzaam waren bij het vinden van de goede theorie, heeft ons erg geholpen bij het goed ordenen van het verhaal, bij het opsporen van inconsistenties en bij het aandragen van de juiste theoretische concepten.

Ook hebben wij mogen putten uit de grote ervaring en kennis van vele medewerkers van de RN, het Leger des Heils en de SVG. Veel uitvoerend reclasseringswerkers, maar ook werkbegeleiders, unitmanagers en beleidsmedewerkers hebben ons met grote helderheid en openheid geïnformeerd. Grote waardering hebben wij voor de reclasseringswerkers die ons hebben toegelaten tot hun eigen dagelijkse, boeiende en weerbarstige praktijk. Wij konden bij meer dan twintig gesprekken aanwezig zijn. De openheid waarmee zij achteraf met ons reflecteerden op de gesprekken heeft ons een schat aan informatie en praktijkgericht inzicht opgeleverd. Een groot aantal van deze medewerkers zal eigen casusfragmenten tegenkomen in dit boek. Het is verrassend hoezeer de wetenschappelijke bevindingen over 'wat werkt' terugkomen in de dagelijkse praktijk van deze reclasseringswerkers.

Uiteraard danken we ook de reclasseringscliënten die bereid waren ons mee te laten kijken bij de gesprekken met de reclasseringswerkers. Ook van hen wilden sommigen met ons napraten. Het ging hier om mensen die in de loop van hun leven beschadigd zijn geraakt, die door een stoornis in de problemen raakten en die de reclassering als steun ervaren of er vooral calculerend en vermijdend mee omgaan.

De methodiek is beschreven in samenhang met het nieuwe diagnostisch instrument RISc. Voor de onderdelen van deze methodiek over de diagnose, hebben wij gebruik kunnen maken van de grote deskundigheid van Bas Vogelvang en Anneke Vinke van Adviesbureau van Montfoort. Zij hebben ook onze concepten op onderdelen kritisch becommentarieerd.

Lous Krechtig
Anneke Menger

Over de auteurs

Anneke Menger (1952) werkte in diverse inhoudelijke - en managementfuncties in de maatschappelijke dienstverlening en het onderwijs. Zij deed jarenlang onderzoek, ontwikkeling en training bij de reclassering. Thans is zij lector 'werken in een justitieel kader' bij Hogeschool Utrecht. Tevens werkt zij aan een promotie onderzoek over reclasseringsmethodiek.

Lous Krechtig (1951) is sociaal psycholoog en als trainer en ontwikkelaar verbonden aan de Transfergroep Rotterdam. Zij houdt zich vooral bezig met het veld van de gedwongen en outreachende hulpverlening, maakte een aantal methodiekbeschrijvingen voor de reclassering en jeugdreclassering en werkt op dit moment aan een promotieonderzoek over strategieën die werkers hanteren om te moraliseren.

Colofon

Het delict als maatstaf
Methodiek voor werken in gedwongen kader
Anneke Menger en Lous Krechtig

ISBN 978 90 6665 973 5
NUR 845

Redactie
Isabel Timmers

Eindredactie
Ada Andreas en Twan Moors

Uitgever
Paul Roosenstein

Voor meer informatie over overige uitgaven van Uitgeverij SWP
Postbus 257, 1000 AG Amsterdam
Telefoon: (020) 330 72 00
Fax: (020) 330 80 40
E-mail: swp@mailswp.com
Internet: www.swpbook.com